UNVERÄNDERBARES GELD:

BITCOIN UND DIE MONETÄRE REVOLUTION

ERIC YAKES

Offizielle Übersetzung des englischen Originaltitels:
The 7th Property: Bitcoin and the Monetary Revolution von Eric Yakes
Erstveröffentlichung durch: Eric Yakes

ISBN 978-3-949098-42-0 (Print)
ISBN 978-3-949098-43-7 (ePub)

Übersetzung: Stefan Gerber
Korrektorat/Lektorat: Thomas Geier
Cover Design: Tatjana Shokun
Layout & Satz: Tatjana Shokun
Druck und Bindung: CPI books GmbH, Leck
Verlag: Aprycot Media, Rheinfelden

FSC www.fsc.org
MIX
Papier | Fördert gute Waldnutzung
FSC® C083411

1. Auflage 2024
Aprycot Media – Der Bitcoin Verlag – www.aprycot.media
X (Twitter) & Instagram: @aprycotmedia

① 2 3 4 5 6 7 8 9 10

Dieses Buch ist meiner Frau und Lebenspartnerin Chandni
und unserer geliebten Tochter Ria Tara gewidmet.

Inhalt

1 **Einleitung**

5 Kapitel 1
Die Dimensionen des Geldes

27 Kapitel 2
Die Geschichte des dezentralen Geldes

51 Kapitel 3
Die Geschichte des zentralisierten Geldes

77 Kapitel 4
Die Geschichte des Zentralbankwesens

105 Kapitel 5
Die Geschichte der Federal Reserve

127 Kapitel 6
Die Funktionsweise der Federal Reserve

155 Kapitel 7
Der Zyklus des zentralisierten Bankwesens

189 Kapitel 8
Die Geschichte von Bitcoin

213 Kapitel 9
Die Grundlagen von Bitcoin

249 Kapitel 10

Die Funktionsweise von Bitcoin

279 Kapitel 11

Die Regeln von Bitcoin

299 Kapitel 12

Das Bitcoin-Ökosystem

329 Kapitel 13

Die Eigenschaften von Bitcoin

351 Kapitel 14

Die Kritik an Bitcoin

387 **Danksagung**

389 **Biografie des Autors**

Einleitung

Zunächst habe ich Bitcoin im Jahr 2015 als Student entdeckt und schrieb dann einen kurzen Essay, in dem ich zum Schluss kam, dass es sich um ein spekulatives Asset ohne fundamentalen Wert handelt. Ich wünschte, dies wäre nicht meine anfängliche Meinung gewesen, aber es war für mich mit dem, was ich in der Schule über Wirtschaftstheorie gelernt hatte, die einzige logische Schlussfolgerung. Im Laufe der Jahre habe ich dann aber immer mehr Freizeit geopfert, um etwas über Bitcoin zu lesen. Dadurch kam ich im Jahr 2018 zu der Erkenntnis, dass Bitcoin der nächste Schritt der monetären Evolution in der Welt ist. Im Jahr 2019 kündigte ich meinen Job in der Private-Equity-Branche und zog in den Keller meiner Mutter, um mit der Arbeit an diesem Buch zu beginnen.

Dieser vierjährige Prozess hätte kürzer sein können. Es hat länger gedauert, weil ich vieles von dem, was mir an der Universität beigebracht worden war, umlernen musste. So begann ich, Konzepte zu überdenken, die ich einst in Frage gestellt hatte. Ich erinnerte mich daran, wie mir zum ersten Mal beigebracht wurde, dass die Zinsen auf US-Schulden ein „risikofreier Zinssatz" sind, weil die Regierung immer mehr Geld drucken und niemals in Verzug geraten könne. Ich sagte mir: „So etwas wie risikofreie Zinsen gibt es nicht, aber was ist das Risiko beim Gelddrucken?" Noch im selben Jahr wurde mir beigebracht, dass Inflation notwendig ist und die Zentralbank eine Inflationsrate von 2 % für unsere Wirtschaft anstrebt. Niemand hat mir einen Grund genannt, warum Inflation notwendig ist; sie wurde einfach als Anreiz für Ausgaben und Investitionen akzeptiert, die unsere Wirtschaft wachsen lassen. Aber die Produktion von Waren und Dienstleistungen ist doch das, was die Wirtschaft wachsen lässt, oder? Gibt es nicht irgendeine Art von Kosten bei der Erzeugung von

Inflation? Damals wusste ich noch nicht genug, um zu dem Schluss zu kommen, dass es erhebliche Kosten gab.

Im Jahr 2016 machte mich ein enger Freund von mir, Avinash Patel, wieder auf Bitcoin aufmerksam. Ich investierte erst, als ich erkannte, dass Bitcoin keine Cashflows produzieren muss, um einen Wert zu haben, aber ich sah es immer noch als spekulative Investition an. Jetzt betrachte ich Bitcoin als Basis-Geldwert für ein neues globales dezentrales Finanzsystem.

Dieses Buch enthält die grundlegenden Gedanken, von denen ich mir wünschte, jemand hätte sie mir schon damals im Jahr 2015 vermittelt. Ich habe Tausende von Stunden damit verbracht, Aspekte der Geldwirtschaft, des Zentralbankwesens und der Kryptographie zu erforschen und zusammenzufassen. Am Ende dieses Buches wirst du zumindest die Möglichkeit in Betracht ziehen, dass Bitcoin die neue monetäre Basis eines neuen Finanzsystems ist – etwas, das es in Jahrtausenden noch nicht gab.

Dieses Buch richtet sich an Personen mit einem Hintergrund in Finanz- und/oder Wirtschaftswissenschaften. Wenn du jedoch ein allgemeineres Verständnis von Wirtschaft besitzt, kannst du das Buch mit einer gelegentlichen Google-Suche bewältigen. Lass dich vom Inhalt nicht einschüchtern – wenn du etwas nicht verstehst, schlag es nach und lies dann weiter. Die ersten sieben Kapitel können anspruchsvoll sein, liefern aber den nötigen Hintergrund, um Geld und das Bankwesen zu verstehen – eine Voraussetzung für das Verständnis von Bitcoin. Wenn du es durchgelesen hast, wirst du Bitcoin gut genug verstehen, um eine eigene Beurteilung seiner Relevanz vornehmen zu können.

Kapitel 1

Die Dimensionen des Geldes

Was ist Geld?

Warum wird es genutzt?

Welche Art von Geld ist die beste und warum?

Wer entscheidet das für uns?

Gibt es eine Möglichkeit, Geld auf einer grundlegenden Ebene zu verstehen, sodass wir selbst auswählen können?

Was bedeutet es, wenn man sagt, dass Geld durch etwas „gedeckt“ sein muss?

Das sind essentielle Fragen, die nicht auf die leichte Schulter genommen werden sollten. Die Schwierigkeit, Geld zu verstehen, liegt darin, dass es sich über mehrere Dimensionen erstreckt. Einige dieser Dimensionen sind dir wahrscheinlich bereits bekannt, aber eine ganzheitliche Zusammenfassung davon habe ich bislang nicht gesehen. Abbildung 1 bietet genau diese Zusammenfassung, allerdings bedarf sie einer näheren Erläuterung. Beschäftige dich kurz damit und verinnerliche die Struktur, bevor du weiterliest. Am Ende dieses Kapitels wirst du gedanklich in der Lage sein, Geld zu bewerten und seinen Nutzen für dich selbst zu erkennen.

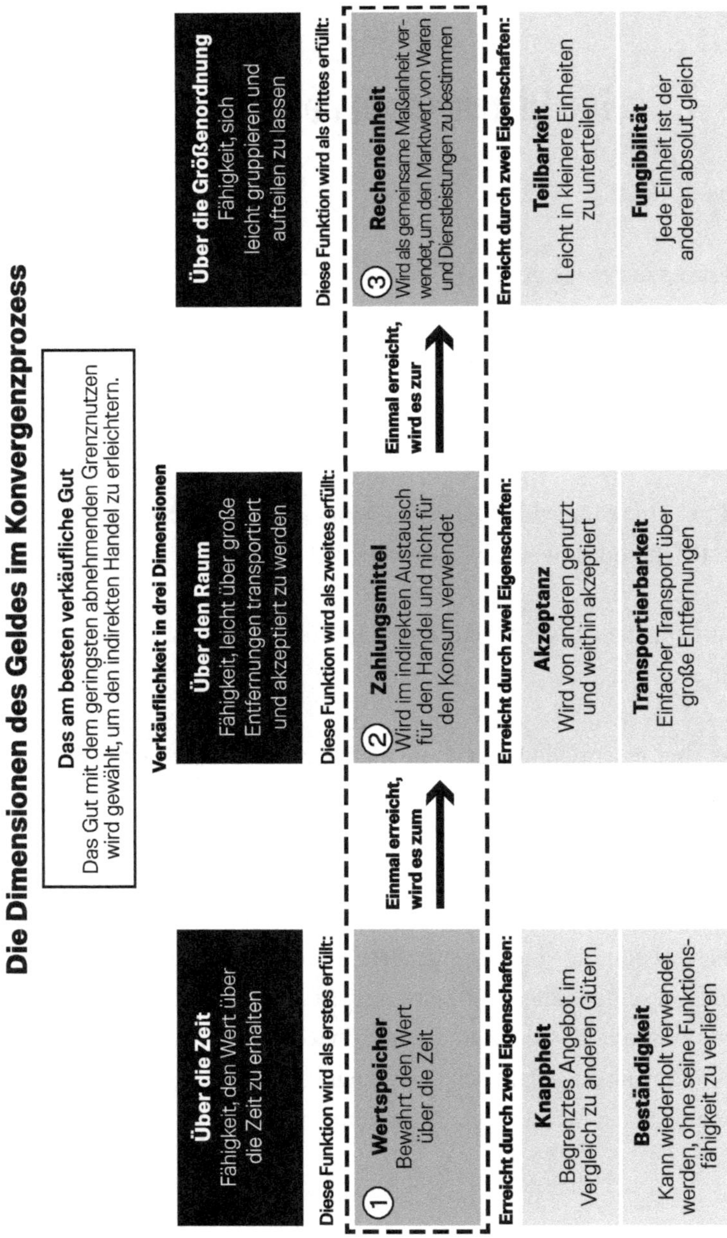

Abbildung 1: Die Dimensionen des Geldes

Der Sinn und Zweck des Geldes

Es gäbe in einer Gesellschaft keinen Bedarf für den Handel, wenn die Menschen alles erschaffen könnten, was sie wollen und wann immer sie es wollen. Aber das ist noch nicht möglich. Schon vor langer Zeit haben die Menschen erkannt, dass sie mehr konsumieren können, wenn sie sich auf eine bestimmte Art der Produktion spezialisieren und diese Produkte für ihre anderen Bedürfnisse eintauschen. Das ist der Grund, warum im Englischen für „Spezialisierung" auch der Begriff „trade" verwendet wird (was sowohl „Handel" als auch „Handwerk" bedeuten kann – Anm. d. Hrsg.). Der Handel fördert die Spezialisierung, was wiederum effizientere Produktionsmethoden und letztlich höheren Konsum ermöglicht.

Bevor es Geld gab, tauschten die Menschen Güter durch ein **Tauschsystem**, bei dem ein Gut gegen ein anderes getauscht wurde. Dieses System funktioniert in kleinen Gruppen, wird aber in größeren Gruppen schwieriger, da es eine ***Übereinstimmung der Interessen*** erfordert – das heißt man muss das gewünschte Gut, das die andere Partei **haben will**, in der richtigen **Menge**, am richtigen **Ort** und zur richtigen **Zeit** anbieten, und umgekehrt.

Tauschsysteme wurden häufiger genutzt, als die Menschen in kleinen Gruppen organisiert waren (z. B. in Jäger- und Sammlerkulturen), vor allem während der prähistorischen Ära der Menschheit. Als die Gruppen größer wurden, konnten sich diejenigen, die bestimmte Formen des Geldes zur Erleichterung von Transaktionen und zur Aufbewahrung von Reichtum nutzten, in ihren Produktionskapazitäten stärker spezialisieren, sodass sich anspruchsvollere Organisationsformen herausbildeten und der Lebensstandard anstieg.

Der Zweck des Geldes besteht darin, den Handel zu erleichtern, was es Gruppen ermöglicht, sich zu spezialisieren und komplexer zu organisieren.

Definition von Geld

Tauschsysteme sind Formen des ***direkten Handels***, während Geldsysteme Formen des indirekten Handels sind. Güter, die im ***indirekten Handel*** verwendet werden, konvergieren auf natürliche Weise (d. h. sie werden durch wiederholte Handelsvorgänge frei gewählt), weil sie Eigenschaften haben, die die meisten Menschen am häufigsten benötigen. Güter, die diese Eigenschaften beibehalten, sind begehrt, weil sie am ehesten eine Übereinstimmung der Interessen mit anderen Parteien aufweisen. In diesem Sinne ermöglicht Geld ein System des ***indirekten Austauschs***.

Carl Menger definierte in *The Origins of Money* die relative Fähigkeit eines Gutes, auf einem bestimmten Markt zum gewünschten Zeitpunkt und Preis verkauft zu werden, als die **Verkäuflichkeit** eines Gutes.[1] Durch wiederholte Handelsvorgänge kristallisiert sich für die Marktteilnehmer allmählich das am besten verkäufliche Gut heraus.

Vergleicht man zum Beispiel einen Apfelbauer und einen Hersteller von dekorativen Töpfen, so hat der Apfelbauer wahrscheinlich mehr Käufer als der Topfhersteller, aber beide Produzenten müssen ihre Waren immer wieder gegen andere Güter tauschen, die sie benötigen. Der Apfelhändler wird so viele Äpfel wie möglich gegen die Güter eintauschen, die er gerade benötigt. Da er weiß, dass seine verbleibenden Äpfel bald verrotten werden, könnte er versuchen, sie mit einem Preisnachlass bei dem Topfhändler einzutauschen. Er tut dies in dem Wissen, dass er diese Töpfe zu einem späteren

Zeitpunkt eintauschen kann, da sie über die Zeit hinweg wertvoller bleiben. Umgekehrt könnte der Topfhändler seine Töpfe gegen die Anzahl von Äpfeln eintauschen, die er essen wird, bevor sie verrotten, und dann seine restlichen Töpfe mit einem Preisnachlass an einen Salzhändler weitergeben, weil er weiß, dass Salz eine breitere Akzeptanz genießt als Töpfe. **Der Apfelhändler tauscht seinen Überschuss ein, um seinen Wert über die Zeit zu erhalten, während der Topfhändler seinen Überschuss gegen ein Gut mit größerer Akzeptanz eintauscht.** Die Händler werden diesen Prozess fortsetzen und sich auf natürliche Weise auf ein Gut einigen, das **am meisten akzeptiert wird** und **seinen Wert über die Zeit hinweg am besten bewahrt**, um sich davor zu schützen, in Zukunft von einer Übereinstimmung von Interessen abhängig zu sein. Welches Gut auch immer sich durchsetzt, wird schließlich als Geld angesehen. Käufer und Verkäufer auf dem Markt werden sich das Geld nicht wegen seines inhärenten Nutzens aneignen, sondern wegen der Gewissheit, dass sie es verwenden können, um das zu erwerben, was sie in Zukunft haben möchten.

Betrachten wir dieses Konzept aus einer anderen Perspektive. Menger beschrieb das ***am besten verkäufliche Gut*** als dasjenige, das den geringsten abnehmenden Grenznutzen aufweist. Ein Gut mit hohem abnehmendem Grenznutzen könnte ein Haus sein – denn man braucht nur eines, und jedes weitere gekaufte Haus bringt viel weniger Nutzen als das ursprünglich gekaufte Haus. Ein Gut mit mittlerem abnehmendem Grenznutzen könnte Strom sein – es wird von der ersten bis zu einer bestimmten Einheit ein ähnlicher Nutzen geboten, bis man alles mit Strom versorgt hat, was man braucht. Ein Gut mit geringem abnehmendem Grenznutzen ist ein Gut, bei dem jede weitere verbrauchte Einheit fast den gleichen Nutzen bringt wie die vorherige Einheit. Was auch immer dies ist, wird auf natürliche

Weise zu Geld und ist daher das am besten verkäufliche Gut.[2] Geld ist das Gut, von dem man nicht genug bekommen kann.

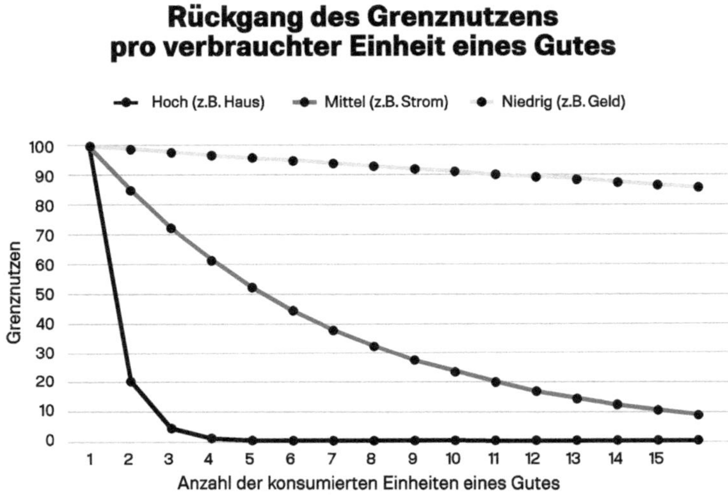

Abbildung 2: Beispiele für abnehmenden Grenznutzen

Wir haben nun den ersten Aspekt unserer Tabelle der monetären Dimensionen definiert:

Das am besten verkäufliche Gut
Das Gut mit dem geringsten abnehmenden Grenznutzen wird gewählt, um den indirekten Handel zu erleichtern.

Abbildung 3: Definition des am besten verkäuflichen Gutes

Saifedean Ammous definiert genau die Verkäuflichkeit eines Gutes über die drei Dimensionen[3], die die drei verschiedenen Arten der Übereinstimmung beseitigen:

1. **Zeitbezogene Verkäuflichkeit** – die Fähigkeit, den Wert über die Zeit hinweg zu erhalten, wodurch die Übereinstimmung der Zeit beseitigt wird.
   - (Töpfe sind für diesen Zweck besser geeignet als Äpfel.)
2. **Raumbezogene Verkäuflichkeit** – die Fähigkeit, leicht transportiert zu werden, wodurch die Übereinstimmung des Ortes beseitigt wird.
   - (Digitales Geld ist für diesen Zweck besser geeignet als physisches Geld.)
3. **Mengenbezogene Verkäuflichkeit** – die Fähigkeit, leicht gruppiert und geteilt zu werden, wodurch die Übereinstimmung der Größenordnung beseitigt wird.
   - (Wasser ist für diesen Zweck besser geeignet als ein Haus.)

Abbildung 4: Die Dimensionen der Verkäuflichkeit

In einem freien Markt wird das am besten verkäufliche Gut als Geld gewählt. Die Verkäuflichkeit kann in drei Dimensionen unterteilt werden: Zeit, Raum und Größenordnung.

Definition des monetären Wertes

Bislang haben wir erläutert, wie ein Gut seinen **monetären Wert** erhält. Diesen sollte man nicht mit dem **Marktwert** eines Gutes verwechseln. **Man kann sich das als den Unterschied zwischen dem Nutzen eines Gutes für den Handel und seinem Nutzen für den Konsum vorstellen.** Der Marktwert ergibt sich aus dem Konsumwert eines Gutes, während der Wert als Geld aus den monetären Eigenschaften eines Gutes abgeleitet wird.

Angenommen, du willst dein Auto verkaufen und findest zwei Interessenten. Die eine Person, Jim, wollte schon immer ein solches Auto haben und bietet 20.000 US-Dollar. Die andere Person, Joe, ist ein Autohändler und bietet dir 15.000 US-Dollar. Jim zahlt dir mehr, weil er das Auto nutzen möchte, während Joe es für 20.000 US-Dollar an jemand anderen verkaufen möchte und dir deshalb weniger zahlt. Daher wird der Nutzen deines Autos für den Handel mit 15.000 US-Dollar bewertet, während sein Nutzen für den Gebrauch mit 20.000 US-Dollar bewertet wird. **Das Gut, das den gleichen Handels- und Verbrauchswert hat, ist Geld.** Niemand wird dir einen Preisnachlass für Geld gewähren, weil es das am besten handelbare Gut ist. Der monetäre Wert unterscheidet sich also vom Marktwert, da er die versteckten ökonomischen Kosten des Handels (20.000 - 15.000 US-Dollar) verringert.

Der Marktwert eines Gutes existiert ohne ein monetäres Medium. Ein monetäres Medium kann jedoch nicht ohne zugrunde liegende

Güter und Dienstleistungen existieren, die einen Marktwert haben. In diesem Sinne **erhält ein monetäres Gut seinen Wert, indem es den Handel mit Gütern ermöglicht**, die einen Marktwert haben und über Raum, Zeit und Größenordnungen hinweg ausgetauscht werden müssen. Je besser die verwendete Geldform ist, desto geringer sind die Transaktionskosten und desto größer ist die Möglichkeit, Vermögen zu übertragen, zu bewahren und zu messen.

Der monetäre Wert eines Gutes ergibt sich aus seiner Fähigkeit, Handel zu ermöglichen, und ist völlig unabhängig vom Marktwert des Gutes für den Konsum.

Wie Menschen Geld auswählen

Die meisten Menschen empfinden etwas als wertvoll, wenn es in irgendeiner Form konsumiert werden kann (d. h. man kann es essen, anziehen, bewohnen usw.). Geld muss jedoch nicht konsumiert werden, um einen Wert zu haben. Das bedeutet nicht, dass Geld keinen Konsumnutzen haben kann, und in der Tat hatte es diesen während des größten Teils der Geschichte, bis das Papiergeld eingeführt wurde. **Papiergeld wurde nie auf natürliche Weise als Geld ausgewählt, es wurde erzwungen.** Bevor Geld aufgezwungen wurde, wählten die Marktteilnehmer ihre Geldform nach ihrem Nutzen für den Handel.

Auf einem freien Markt wird das durch indirekten Austausch am meisten nachgefragte Gut mit der Zeit zum Zahlungsmittel (oder Geldmedium oder Geld). Auf diese Weise begannen organisierte Gemeinschaften schließlich, Edelmetalle zu verwenden, weil diese zu jener Zeit zwar nur einen geringen Nutzen für den Konsum hatten, aber vergleichsweise bessere Eigenschaften zur Erleichterung des Handels besaßen.

Der Konvergenzprozess nimmt aufgrund von **Netzwerkeffekten** exponentiell zu – je mehr Marktteilnehmer ein gemeinsames Medium verwenden, desto wahrscheinlicher wird es, dass andere Teilnehmer es ebenfalls nutzen. Dieser Effekt lässt sich heute am Wachstum von Social-Media-Plattformen erkennen, wobei sich die Menschen auf natürliche Weise auf einige wenige Plattformen konzentrieren, obwohl es viele von ihnen mit relativ homogenen Funktionen gibt. In ähnlicher Weise konzentrieren sich Gesellschaften auf ein Geldmedium, vorausgesetzt, es gibt keine Barrieren. Denn für den Einzelnen ist es vorteilhafter, in einem Geld zu handeln, von dem er/sie weiß, dass es am meisten akzeptiert wird.

Dies setzt jedoch voraus, dass es keine Hindernisse für die Nutzung gibt. So werden beispielsweise länderspezifische Währungen verwendet, weil sie von der Regierung aufgezwungen werden. Ein Blick zurück in die Geschichte zeigt, dass innerhalb eines Landes mehrere Metalle für Münzen verwendet wurden. Schaut man noch weiter zurück, so haben sich die Menschen auf viele verschiedene Güter geeinigt, als die Menschheit noch nicht miteinander vernetzt war und die Gesellschaften die Währung der anderen einfach nicht kannten. **Diese Barrieren waren entweder das Ergebnis mangelnder Informationstransparenz, hoheitlicher Zwänge oder Kompromisse in Bezug auf den monetären Nutzen.**

Die Informationen wurden durch das Internet erheblich transparenter. Aber der staatliche Zwang besteht nach wie vor, und infolgedessen denken die meisten Menschen überhaupt nicht über monetäre Kompromisse nach (weil wir uns unser Geld nicht aussuchen). Wenn uns Geld nicht aufgezwungen würde, müsste die Gesellschaft in einem Marktumfeld zwischen unterschiedlichen Geldmedien und ihren verschiedenen Kompromissen wählen. Es gibt Kompromisse, und mir ist nicht bekannt, dass private Alternativen einen Weg gefunden hätten, sie zu überwinden (dazu später mehr). In ähnlicher Weise nutzen wir eine Vielzahl unterschiedlicher sozialer Netzwerke, weil sie sich auf verschiedene Kompromisse spezialisiert haben. Man kann nicht ein soziales Netzwerk haben, das sowohl geschäftlich als auch privat ist, also haben wir für jeden Aspekt ein eigenes Netzwerk geschaffen. Der Vorteil dieser verschiedenen Kompromisse ist das Wettbewerbsumfeld, das sich daraus ergibt und uns vor natürlichen Monopolen schützt. Wenn die Welt sich ihr Geld aussuchen könnte, würden meiner Meinung nach ähnliche Grundsätze gelten.

In einer perfekten Welt gäbe es nur eine Form von Geld. In der realen Welt gibt es aber viele Formen.

Sobald ein monetäres Medium die kritische Masse erreicht, die für eine breite Akzeptanz notwendig ist, werden die Teilnehmer beginnen, es als Recheneinheit zu verwenden – d. h. als gemeinsame Form der Preisbestimmung für alle Güter und Dienstleistungen auf dem Markt. Diese Funktion ist umso wichtiger, je größer der Markt wird und die Preisbestimmung in einer gemeinsamen Einheit die Komplexität der wirtschaftlichen Vergleiche verringert.

Je größer eine Gesellschaft wird, desto komplexer wird der Austauschprozess, da sich die Menschen immer mehr auf die Herstellung von Waren und Dienstleistungen spezialisieren. Es entsteht ein größeres Bedürfnis nach einem effizienten Austausch über längere Zeiträume und größere Entfernungen. Anders ausgedrückt: **Je mehr sich die Menschen spezialisieren, desto größer ist der Bedarf an Handel, desto größer sind die indirekten Kosten des Handels und desto größer ist der Wert, der durch einen möglichst effizienten Handel bewahrt wird.**

Außerdem lassen sich Tauschgeschäfte (direkter Austausch) aufgrund der exponentiellen Komplexität der Preisbestimmung nicht gut skalieren. Wenn n die Anzahl der Produkte ist, dann ist n^2 die Anzahl der Preise, die es geben muss. Das sind sehr viele Preise, und die Menschen würden sehr viel Zeit damit verbringen, sie zu vergleichen. Geld ist vorteilhaft, weil es als gemeinsame Recheneinheit fungiert, um diese Komplexität zu verringern. Wenn es *n* Produkte gibt, dann gibt es auch *n* Preise. Das Vorhandensein einer gemeinsamen Recheneinheit ermöglicht eine komplexere wirtschaftliche Bewertung, erhöht die Informationstransparenz, verringert die Preisarbitrage und schafft letztlich einen effizienteren Markt.

Die Entwicklung von einem Gut zum monetären Medium lässt sich grob wie folgt zusammenfassen. Zunächst muss es über **wertbeständige** Eigenschaften verfügen, sodass man davon ausgehen kann, dass seine Marktnachfrage im Laufe der Zeit nicht nachlässt. Wenn mehr Marktteilnehmer erkennen, dass ein bestimmtes Gut wertbeständig ist, können sie es wegen dieser Eigenschaft untereinander austauschen, auch wenn es noch nicht allgemein akzeptiert ist. Je mehr solcher Tauschvorgänge stattfinden, desto mehr wird das Bewusstsein, dass das Gut allgemein akzeptiert wird, zu einer sich selbst erfüllenden Prophezeiung, und es wird immer häufiger als **Tausch- bzw. Zahlungsmittel** verwendet. Sobald es in ausreichendem Maße als Zahlungsmittel akzeptiert wird, werden die Teilnehmer, die es als solches verwenden, damit beginnen, die Preise ihrer Waren und Dienstleistungen in Beträgen des betreffenden Gutes anzugeben – bis es schließlich zu einer gängigen **Recheneinheit** wird.

Die drei Funktionen des Geldes:

1. **Wertaufbewahrungsmittel** – behält seinen Wert über die Zeit.
2. **Zahlungsmittel** – wird im indirekten Handel verwendet, wobei es dann wieder eingetauscht wird, anstatt es zu konsumieren.
3. **Recheneinheit** – wird als gemeinsame Maßeinheit verwendet, um den Marktwert von Waren und Dienstleistungen zu bestimmen.

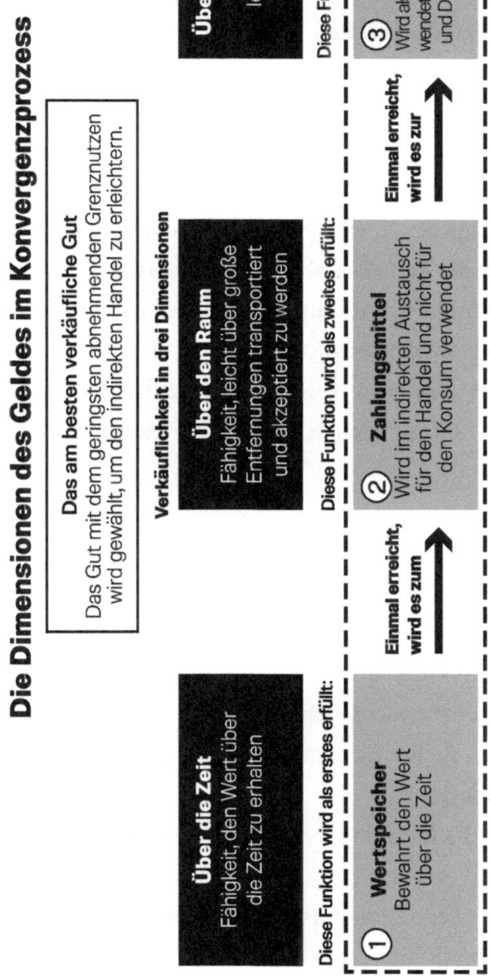

Abbildung 5: Die Funktionen des Geldes

Die Marktteilnehmer einigen sich naturgemäß auf ein Gut als monetäres Medium, das den Wert am besten über die Zeit erhält, räumlich am meisten akzeptiert und als Recheneinheit angenommen wird.

Die sechs Eigenschaften des Geldes

Das von den Gesellschaften gewählte Geldmedium hat sich je nach Verfügbarkeit unterschieden und sich mit dem Aufkommen neuer Materialien und Technologien, die die gewünschten Eigenschaften eines Geldmediums besser erfüllen, weiterentwickelt. **Im Laufe der Geschichte blieb die Tatsache aber unverändert, dass die als Geld gewählten Güter immer bestimmte Eigenschaften aufweisen, die die Funktionalität als Geld ermöglichen.**

Es gibt sechs monetäre Eigenschaften, die den Wert eines Gutes für die Erfüllung der gewünschten Funktion als Geld bestimmen:

1. **Knappheit** – Sein Angebot ist im Vergleich zu anderen Gütern begrenzt.
2. **Beständigkeit** – Es kann wiederholt verwendet werden, ohne seine Funktionalität zu verlieren.
3. **Akzeptanz** – Es wird von anderen benutzt und ist daher in einer Gruppe weitgehend akzeptiert.
4. **Transportierbarkeit** – Es kann über weite Entfernungen hinweg transportiert werden.
5. **Teilbarkeit** – Es kann in kleinere Werteinheiten unterteilt werden.
6. **Fungibilität** – Jede Einheit ist der anderen absolut gleich (und ist somit auch mit ihr austauschbar).

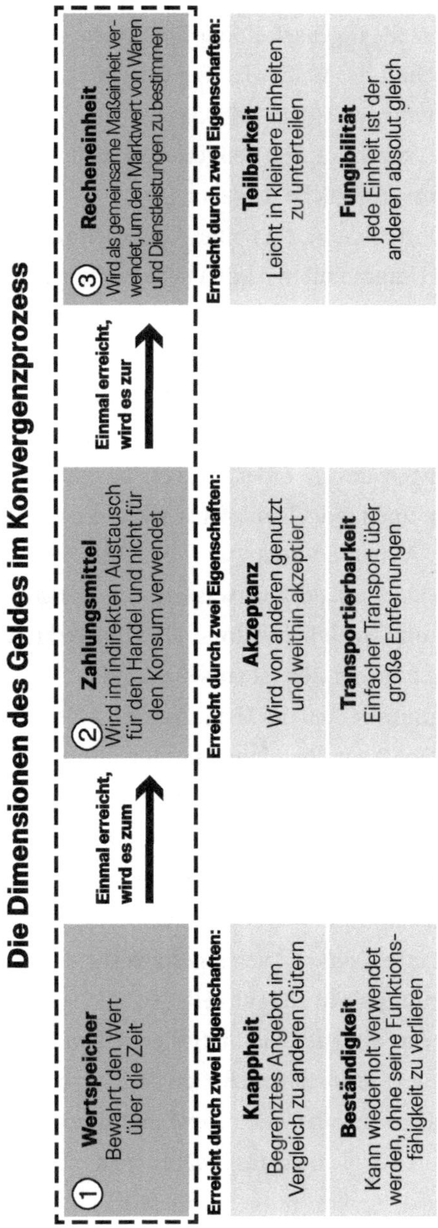

Abbildung 6: Die Eigenschaften des Geldes

Betrachten wir kurz die Eigenschaft der Knappheit, da sie wohl die wichtigste Eigenschaft des Geldes ist. Bei Gütern mit geringem abnehmendem Grenznutzen ist ein knappes Gut ein Gut, dessen Angebot nur begrenzt zunimmt. **Die Steigerungsrate des Angebots ist wichtiger als das ursprüngliche Angebot.**

Als Beispiel können die Aktien eines Unternehmens angeführt werden. Wenn ein Unternehmen Aktien herausgibt, ist die anfängliche Anzahl der Aktien willkürlich. Wenn der Gesamtwert der Aktien 100 US-Dollar beträgt und das Unternehmen 100 Aktien emittiert, dann ist jede Aktie einen US-Dollar wert. Wenn das Unternehmen beschließt, 200 Aktien herauszugeben, dann würde der Aktienkurs nur 50 Cent betragen und der Gesamtwert unverändert bleiben. Wenn das Unternehmen jedoch zunächst 100 Aktien und ein Jahr später weitere 100 Aktien emittiert, wird der Wert der Aktien aller bestehenden Aktionäre um 50 % verwässert. **Die Menge des Geldes bei seiner Entstehung spielt keine Rolle, aber die Veränderung des Geldangebots im Laufe der Zeit ist entscheidend.**

Aus diesem Grund strebten die Menschen nach Geld, das schwer herzustellen war. **Gold war über Jahrtausende hinweg das vorherrschende monetäre Medium, weil sein Angebot nur sehr langsam zunahm.** Das Goldangebot steigt im Durchschnitt um 1,5 bis 2,5 % pro Jahr, sodass die Menschen sicher sein können, dass das Angebot nicht drastisch zunimmt, was zu einem erheblichen Anstieg der Preise führen und ihre Kaufkraft verringern würde. Die Geldmenge der Regierung nimmt jedoch viel schneller zu – eine tragische Entwicklung, die das vorhandene Geld im System entwertet.

Jedes Gut, das diese sechs Eigenschaften besitzt, könnte Geld sein. Güter, die bei allen Eigenschaften überragend sind, werden höchstwahrscheinlich von Natur aus als Geld ausgewählt. Geld muss nicht durch irgendetwas „gedeckt“ sein, es muss nur diese Eigenschaften haben.

Gold wurde ausgewählt, weil es diese Eigenschaften besitzt, Papiergeld hingegen nicht. Daher musste das Papiergeld durch Gold „gedeckt" werden, damit es seine monetären Eigenschaften beibehalten und gleichzeitig effizienter im Handel eingesetzt werden konnte. Daher kommt der Begriff „gedeckt", und er war nur notwendig, weil das aufgezwungene Papiergeld durch etwas gedeckt werden musste, das tatsächlich monetäre Eigenschaften hatte. Wenn die Leute sagen, dass Geld „von der Regierung gedeckt" ist, dann bedeutet das nichts. Eigentlich bedeutet es noch weniger als nichts, aber das werde ich in einem späteren Kapitel erklären.

Geld in allen Dimensionen

Betrachten wir noch einmal die Dimensionen des Geldes und wie sie verwendet werden können, um festzustellen, ob ein Gut als Geldmedium akzeptiert wird oder nicht.

Damit ein Gut auf einem freien Markt zu Geld wird, muss es das am besten verkäufliche Gut sein. Die Verkäuflichkeit kann in drei Dimensionen betrachtet werden: Zeit, Raum und Größenordnung. Ein Gut muss sich durch bestimmte Eigenschaften auszeichnen, um in der jeweiligen Dimension als verkäuflich zu gelten. Wenn ein Gut zum Beispiel über die Zeit hinweg am besten verkäuflich ist, dann wird es das beste Wertaufbewahrungsmittel sein. Ist ein Gut über den Raum hinweg am besten verkäuflich, dann wird es das beste Zahlungsmittel sein. Wenn ein Gut über die Größenordnung hinweg am besten verkäuflich ist, dann wird es die beste Recheneinheit sein. Einige Güter können in einer Dimension sehr gut verkäuflich sein, in einer anderen dagegen überhaupt nicht. Das Gut, das sich in allen drei Dimensionen am besten verkaufen lässt, wird durch den Konvergenzprozess schließlich zu Geld. Um diese Theorie zu verstehen, solltest du dich eingehend mit Abbildung 7 auseinandersetzen.

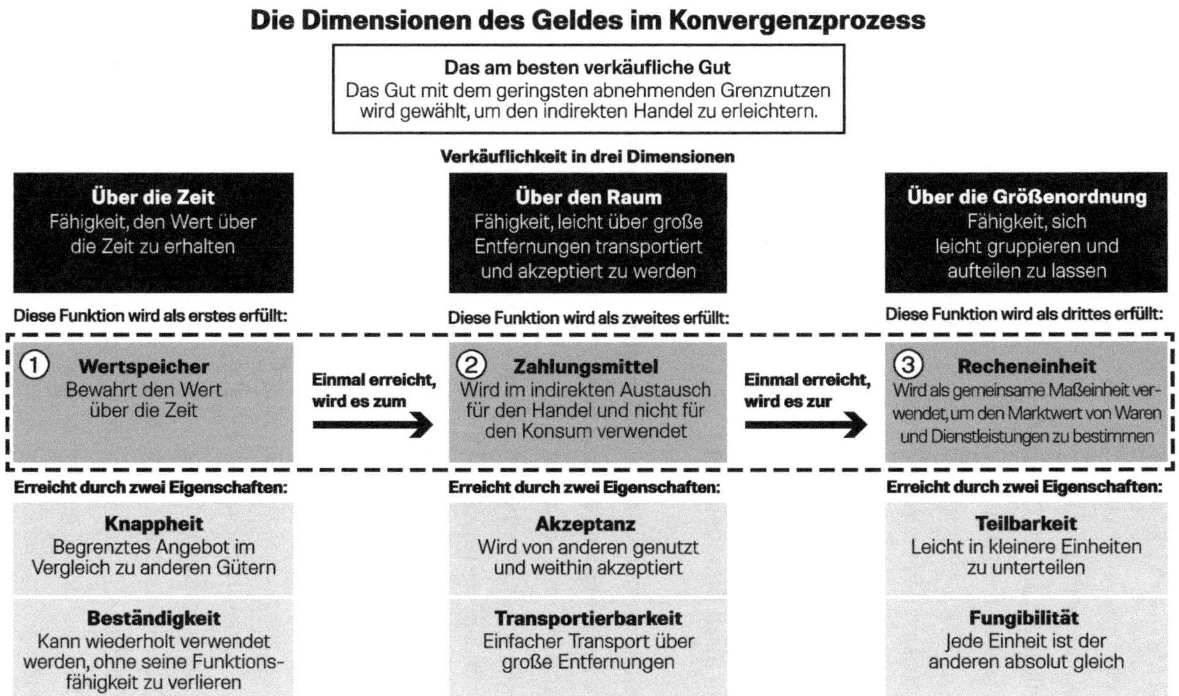

Abbildung 7: Die Dimensionen des Geldes – Dabei sollte man beachten, dass sich diese Eigenschaften für jede Funktion nicht gegenseitig ausschließen, sondern die wichtigsten Eigenschaften dieser Funktion beschreiben sollen.

Fazit

Geld ist als Lösung für den komplexen Handel in Tauschsystemen entstanden. Güter, die zu Geld werden, besitzen Eigenschaften, die einen monetären Wert schaffen, nicht zu verwechseln mit dem Marktwert für den Konsum. Geld ist definiert als das am besten verkäufliche Gut über die Dimensionen von Zeit, Raum und Größenordnung hinweg. Es gibt sechs definierte Eigenschaften, die es dem Geld ermöglichen, seine Funktion in diesen Dimensionen zu erfüllen. Die Funktion des Geldes besteht darin, über die Zeit hinweg ein Wertaufbewahrungsmittel, über räumliche Distanzen hinweg ein Zahlungsmittel und über verschiedene Größenordnungen hinweg eine Recheneinheit zu sein. Geld muss nicht durch irgendetwas gedeckt sein. Geld muss diese Eigenschaften besitzen. Alles, was diese Eigenschaften nicht hat, ist kein Geld und muss durch etwas gedeckt werden, das diese Eigenschaften besitzt.

Wir haben nun ein grundlegendes Verständnis von Geld, was uns ermöglicht, seine verschiedenen Formen im Laufe der Geschichte zu vergleichen und gegenüberzustellen. Dieses Verständnis gilt jedoch nur unter der Voraussetzung, dass die Menschen ihr Geld frei wählen können. In einer freien Gesellschaft, in der es keine Informationsasymmetrien gibt, sollten die Mitglieder ein gemeinsames Tauschmittel auf natürliche Weise nutzen, indem sie es aufgrund seiner Vorzüge annehmen. Da unsere Geldsysteme jedoch monopolisiert sind, verfügen wir nicht über vollständige Informationen und sind dem moralischen Fehlverhalten derjenigen ausgesetzt, die unser Geld definieren.

Gesellschaften, die einem Fiat-Geldsystem unterliegen, handeln mit einem Geldmedium, das den Vertretern des Systems auf Kosten der Teilnehmer zugutekommt, von denen die meisten annehmen, dass die Vertreter nach bestem Wissen und Gewissen handeln. Fiat-Geld bedeutet Geld per Dekret, und nicht aufgrund seiner Qualität. In den nächsten beiden Kapiteln werden wir die Entwicklung des Geldes untersuchen, um zu zeigen, wie diese Probleme entstanden sind.

Quellenangabe

1. Menger, Carl: *The Origins of Money*, S. 3-4
2. Menger, Carl: *Grundsätze der Volkswirtschaftslehre*
3. Ammous, Saifedean: *Der Bitcoin-Standard: Die dezentrale Alternative zum Zentralbankensystem*, S. 4

Kapitel 2

Die Geschichte des dezentralen Geldes

Manchmal setze ich mir eine Skimaske auf, ziehe mir alte Klamotten an, gehe auf die Straße und bettle um Kleingeld.
MIKE TYSON

Die evolutionäre Rolle des Geldes

Die auf Vertrauen basierende Zusammenarbeit einer Spezies ist für das Erreichen von Ergebnissen, die für beide Seiten vorteilhaft sind, von größter Bedeutung. Der verstorbene Evolutionsgenetiker John Maynard Smith stellte die These auf, dass sich bestimmte Gene entwickelt haben, um strategisches Denken in einem wettbewerbsorientierten Umfeld zu ermöglichen, das Vertrauen erfordert, damit sich Organismen organisieren können. Der Wirtschaftswissenschaftler John Nash (der Protagonist des Films *A Beautiful Mind*) definierte dieses Verhalten später in dem berühmten **Nash-Gleichgewicht.**[1]

Eine gängige Veranschaulichung des Nash-Gleichgewichts ist das **Gefangenendilemma**, bei dem zwei Gefangene getrennt sind und nicht miteinander kommunizieren dürfen. Wenn beide kooperieren und schweigen, beträgt die Gesamtstrafe zwei Jahre (ein Jahr für jeden Gefangenen). Wenn einer von ihnen den anderen verrät, müssen insgesamt drei Jahre verbüßt werden, wobei der Verräter aber keine Haftstrafe erhält. Wenn beide sich gegenseitig verraten, beträgt die Gesamtstrafe vier Jahre (zwei Jahre für jeden Gefangenen – Anm. d. Hrsg.).

Gefangener A	Gefangener B: schweigt (kooperiert)	Gefangener B: Verrat (wird abtrünnig)
schweigt (kooperiert)	Jeder muss ein Jahr absitzen.	Gefangener A: drei Jahre Gefangener B: kommt frei
Verrat (wird abtrünnig)	Gefangener A: kommt frei Gefangener B: drei Jahre	Jeder muss zwei Jahre absitzen.

Abbildung 8: Das Gefangenendilemma

Nash definierte einen Interessenkonflikt zwischen dem Individuum und der Gruppe. Die Entdeckung dieses Interessenkonflikts wirkte sich grundlegend auf die Erforschung der Spieltheorie aus. Es gibt Hinweise darauf, dass die genetische Evolution des strategischen Denkens in Richtung Nash-Gleichgewichte ein Katalysator für komplexe Organisationsformen war, die auf Vertrauen basieren.[1]

Der Zoologe Richard Dawkins schlägt in *The Selfish Gene* vor:

> *Viele unserer psychologischen Eigenschaften – Neid, Schuld, Dankbarkeit, Mitgefühl usw. – wurden durch natürliche Selektion so geformt, dass sie die Fähigkeit verbessern, zu betrügen, Betrüger zu entdecken und zu vermeiden, für einen Betrüger gehalten zu werden.*[2]

Ohne Vertrauen in eine Vereinbarung, muss man davon ausgehen, dass die andere Partei ihren Teil der Vereinbarung nicht einhalten wird, und man wird sich folglich entscheiden, in Zukunft Vereinbarungen zu vermeiden. Für die Kooperation zwischen verschiedenen Parteien ist es notwendig, Vertrauen aufzubauen und sich gegenseitig einen Nutzen zu bieten. Bei Spezies, die Schwierigkeiten bei der Etablierung dieser Kooperation hatten, wurden die Betrüger auf Kosten der vertrauenswürdigeren Partei belohnt. Bei Spezies, die eine Kooperation etablieren konnten, ergaben sich hingegen erhebliche Vorteile durch eine anspruchsvollere Organisation.

Die besten Betrüger überlebten als Individuen, während diejenigen, die sich gegenseitig am meisten vertrauten, als Gruppen überlebten.

Die Fähigkeit, sich durch Kooperation in Gruppen zu organisieren, erfordert im Wesentlichen das Vertrauen zwischen den Beteiligten bei Austauschvorgängen, die auf verzögertem reziprokem Altruismus beruhen. Einfach ausgedrückt: Wenn man jemandem einen Gefallen tut, muss man ihn entweder sofort zurückbekommen oder darauf vertrauen können, dass die andere Partei sich eines Tages revanchieren wird.

Abbildung 9: Wenn du mir meinen Rücken kratzt, werde ich dir deinen Rücken kratzen.

Ohne eine Form von Geld gestaltet sich dieser Prozess schwierig, da er eine **Übereinstimmung der Interessen** erfordert, um eine für beide Seiten vorteilhafte Vereinbarung zu treffen – was bedeutet, dass beide Parteien gleichzeitig etwas haben, das für die jeweils andere Seite wünschenswert ist, und bereit sein müssen, es zu tauschen. Ist dies nicht der Fall, muss eine Partei auf den verzögerten reziproken Altruismus vertrauen. Es ist mit hohen Kosten verbunden, dieses Vertrauen zunächst aufzubauen, und das Verlustrisiko ist noch höher, wenn das Vertrauen erst einmal hergestellt ist, was diese Art der Kooperation unwahrscheinlich macht. **Somit führte schließlich die Notwendigkeit, das Vertrauen aus Austauschvorgängen zu entfernen, dazu, dass die Vorfahren der Menschen begannen, primitive Formen von Geld zu verwenden.**

Für unsere Vorfahren war es schwierig, sich in Gruppen zu organisieren, da dies Vertrauen erforderte. Geld ist auf natürliche Weise entstanden, um die Notwendigkeit für dieses Vertrauen zu beseitigen.

Primitives Geld

Bevor es moderne Geldformen gab, verwendeten die Zivilisationen eine Vielzahl seltener Tauschobjekte. Die frühesten bekannten Belege sind Artefakte aus dem heutigen Südafrika, die auf 75.000 v. Chr. datiert werden. Spätere Belege wurden in Europa, Asien, Kenia, Spanien und Australien gefunden. Bei diesen seltenen Tauschobjekten handelte es sich in der Regel um Muscheln oder Knochen, die kunstvoll wie Perlen auf einer Schnur aufgezogen waren (was die Teilbarkeit durch Aufspalten oder Kombinieren ermöglichte), aber es gab sie auch in anderen Formen wie Felle, Feuersteine, Äxte und andere Gegenstände.[1]

Der Mensch unterschied sich von seinen unmittelbaren Vorfahren durch die Verwendung primitiver Formen von Geld. Dawkins stellt fest, dass „*Geld ein formales Zeichen für verzögerten reziproken Altruismus ist*".[2] Interessanterweise hat er dies als beiläufige Bemerkung geäußert, während er sich auf die Evolution der Kooperation konzentrierte – aber es ist eine kluge Beobachtung.

Geld, oder seltene Gegenstände in der Vorgeschichte, eliminierte die Notwendigkeit eines verzögerten reziproken Altruismus, indem es die erforderliche Übereinstimmung der Interessen beseitigte. Eine Partei kann sich bereit erklären, eine Ware oder eine Dienstleistung zur Verfügung zu stellen, und die andere Partei, die möglicherweise nicht über eine Ware oder eine Dienstleistung verfügt, die der Anbieter zu diesem Zeitpunkt haben möchte, kann stattdessen Geld als Gegenleistung anbieten. **Geld bietet eine unmittelbare Gegenleistung für die Ware oder die Dienstleistung, sodass kein Vertrauen in die künftige Bereitstellung erforderlich ist.**

Es gibt Belege dafür, dass dies unseren evolutionären Pfad erheblich beeinflusst hat. Die Neandertaler waren stärker und hatten dickere Knochen als ihre frühen Homo-Sapiens-Nachfolger, was ihnen einen biologischen Vorteil verschaffte. Es gibt jedoch Hinweise darauf, dass der Homo Sapiens in größeren Gruppen lebte als der Neandertaler und primitive Formen von Geld benutzte, während der Neandertaler dies nicht tat. Man kann also argumentieren, dass Geld es dem Homo Sapiens ermöglichte, sich zu organisieren und schließlich den Neandertaler in den Schatten zu stellen.[2]

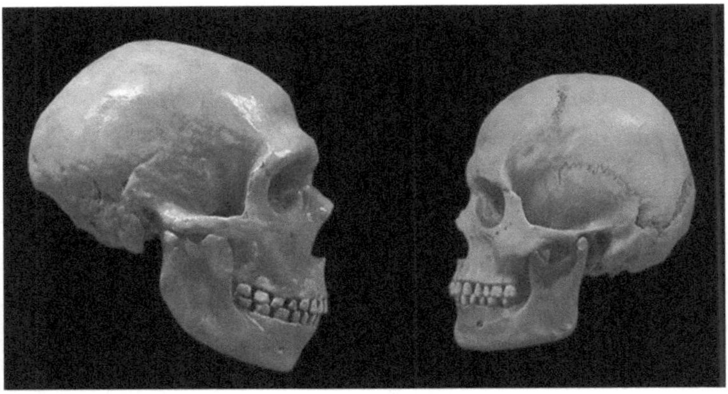

Abbildung 10: Schädel eines Neandertalers (links) und eines Homo Sapiens

In einem Jäger- und Sammlervolk kann man erlegte Beute nicht an sein Kind vererben, da sie verrotten würde, bevor es sie verzehren kann. Mit wertvollen Gegenständen können jedoch Werte über die Zeit gespeichert werden. Die seltenen Objekte sind vererbbar, sodass die Kinder später in der Lage sind, mit ihnen zu handeln und dann das eingetauschte Produkt zu verzehren. Die Etablierung von Wertgegenständen als primitive Form des Geldes machte die Menschen zu den ersten Tieren, die materiellen Reichtum an ihre Nachkommen in der nächsten Generation weitergaben und dadurch große Wachstums- und Produktivitätssteigerungen erzielten. Es gibt Hinweise darauf, dass diese Tauschobjekte um 40.000 v. Chr. so weit ausgereift waren, dass sie keinen physischen Nutzen mehr hatten (wie eine Klinge), sondern nur noch wegen ihrer monetären Eigenschaften hergestellt wurden.[1]

Zurück zu den Eigenschaften des Geldes: Primitive Formen des Geldes benötigten mindestens drei Eigenschaften, um ausreichend zu funktionieren:

1. **Sicherheit vor Verlust und Diebstahl** – Bedeutet in erster Linie, dass man es mit sich führen und leicht verstecken kann (Transportierbarkeit).
2. **Schwierige Herstellung** – Der Aufwand für die Schaffung des Geldes wäre kostspielig, sodass es knapp ist.
3. **Einfache Quantifizierbarkeit durch Betrachtung** – Es kann leicht addiert oder subtrahiert werden, wodurch es teilbar wird.

Abbildung 11: Die monetären Eigenschaften des primitiven Geldes

Dezentrale Produktion

Aus Kapitel 1 wissen wir, dass Geld das am besten verkäufliche Gut ist, das den geringsten abnehmenden Grenznutzen hat. Einfach ausgedrückt: Man kann nicht genug davon haben. Aus dieser Perspektive **unterscheidet sich Geld grundlegend von allen anderen Gütern, denn es ist das begehrenswerteste (verkäuflichste) Gut von allen, weil man es gegen alles eintauschen kann, was man will.**

Diese Unterscheidung hat eine wichtige Auswirkung auf seine Produktion. **Es liegt in der Natur des Geldes, dass es mehr als jedes andere Gut einen Interessenkonflikt zwischen den Geldproduzenten und denjenigen, mit denen sie es tauschen, erzeugt.** Die Produzenten haben einen Anreiz, so viel wie möglich davon zu behalten. Dieser Interessenkonflikt motivierte die Produzenten des primitiven Geldes dazu, dessen Homogenität so weit wie möglich zu verringern, ohne dass dies bemerkt wurde. **Dies wurde durch die dezentrale Produktion und Verifizierung verhindert.**

So könnte zum Beispiel ein einzelner Produzent für die Herstellung von zehn Perlenketten in einem Stamm von zehn Personen verantwortlich sein, eine für jede Person. Er könnte dann heimlich elf Halsketten mit etwas kleineren Perlen herstellen, zwei für sich behalten und allen anderen die eine geben, die sie erwartungsgemäß erhalten sollen. Auf diese Weise würde er effektiv mehr Geld bekommen, indem er den Wert der Halsketten aller anderen verwässert. Niemand sonst stellt die Ketten her. Somit ist niemand sonst in der Lage, die Homogenität jeder einzelnen Halskette zu überprüfen. Für alle anderen sehen die Halsketten ziemlich gleich aus.

Die Wirtschaftstheorie unterstützt dieses Argument. Eine **Informationsasymmetrie** zwischen Auftraggeber und Auftragnehmer führt zu **moralischem Fehlverhalten**. Das sogenannte **Agency-Problem** (oder Prinzipal-Agent-Theorie – Anm. d. Hrsg.) besagt, dass jemand, den man mit der Erbringung einer Dienstleistung oder der Bereitstellung eines Gutes beauftragt und der sich zudem in einem Interessenkonflikt befindet, seine eigenen Interessen über die des

Auftraggebers stellen wird (moralisches Fehlverhalten). **Dieses Prinzip gilt für Geld mehr als für jedes andere Gut, da es das marktfähigste Gut ist.**

Wenn jeder Geld erschaffen kann, verringert dies die Informationsasymmetrien erheblich. Jeder weiß im Allgemeinen, wie Geld geschaffen wird und was gutes Geld ausmacht. Das macht es leicht, die Homogenität zu überprüfen, wenn man untereinander Tauschgeschäfte tätigt (z. B.: Haben diese Perlen das Gewicht, die Größe, die Farbe, die Textur oder das Muster, so wie ich sie gewöhnlich herstelle?). Dadurch werden Täuschungen erheblich erschwert, wodurch auch das moralische Fehlverhalten deutlich weniger vorkommt. Trotz der Nachteile in der Effizienz der dezentralen Geldproduktion hatten kleinere, geografisch begrenzte Gemeinschaften für den größten Teil der Geschichte materielle Vorteile. Sobald die Produktion zentralisiert wurde, kam es, wie wir sehen werden, auch bald zu moralischem Fehlverhalten.

Die Geldproduktion ist anfälliger für moralisches Fehlverhalten als die Produktion irgendeines anderen Gutes. Die dezentrale Produktion des primitiven Geldes ermöglichte die Verifizierung auf Kosten der Effizienz.

Ein extremes Beispiel hierfür sind die Rai-Steine der Insel Yap (Teil des heutigen Mikronesiens). Dieses Geld war im Grunde genommen eine Sammlung sehr schwerer Steine, die auf der Insel öffentlich für alle sichtbar aufbewahrt wurden. Sie wurden von anderen Inseln mitgebracht und waren schwer zu beschaffen, sodass es kostspielig war, den Bestand zu erhöhen. Wenn der Besitzer eines Steins diesen tauschen wollte, hat er/sie dies den Inselbewohnern öffentlich mitgeteilt. Diese gemeinschaftliche Wahrnehmung hat gewährleistet, dass ein Stein nicht gestohlen würde. Bei diesem System wurde das Eigentum durch einen gemeinsamen Konsens der Gemeinschaft verifiziert, was das Risiko eines Diebstahls erheblich reduzierte.

Dieses innovative Geldsystem funktionierte jahrhundertelang, bis Fremde mit moderneren Produktionsmitteln begannen, mehr Steine abzubauen und sie zum Handel auf die Insel zu bringen. Dadurch stieg das Angebot drastisch an und das Geldsystem brach zusammen.

Abbildung 12: Rai-Stein auf der Insel Yap

Edelmetalle

Vor der Einführung von Edelmetallen wurden in primitiven Gesellschaften verschiedene Formen von Geld verwendet, darunter Vieh, Salz, Muscheln, Steine, Perlen, Feuersteine, Felle und andere. Dabei ähnelten Vieh und Salz dem späteren Geldsystem, das auf Gold und Silber beruht. Es war das **duale Geldsystem** der Antike. Duale Geldsysteme sind notwendig, wenn es zwischen zwei Geldformen Unterschiede bei den monetären Eigenschaften gibt. Rinder waren transportierbar und konnten demnach leicht in Gebiete transportiert und verkauft werden, in denen sie knapp waren. Allerdings war das Vieh am Verkaufsort nicht teilbar. Große Transaktionen, die sich über größere Entfernungen erstreckten, wurden in Rindern abgewickelt, während kleine, unmittelbare Transaktionen in Salz getätigt wurden. Interessanterweise leiten sich die Wörter „pecuniary" und „salary" (z. Dt. „finanziell" und „Vergütung" – Anm. d. Hrsg.) vom lateinischen „pecus" (Vieh) und „sal" (Salz) ab.[3]

Im Zuge des gesellschaftlichen Fortschritts und der Entwicklung immer ausgeklügelterer Formen der Fertigung und Ressourcengewinnung nahm die Produktion von Handelsgütern zu. Die Gesellschaften einigten sich dann schließlich darauf, Edelmetalle (z. B. Silber und Gold) als Geld zu verwenden, da sie überlegene monetäre Eigenschaften aufwiesen als frühere Geldformen. Die Anfänge der monetären Edelmetalle lassen sich bis in die Jungsteinzeit im Nahen Osten und in Europa zurückverfolgen. Bestimmte Schmuckwaren wurden zunehmend standardisiert, was einen Übergang zwischen den primitiven Tauschobjekten und den Edelmetallmünzen darstellte. Diese klarer definierte Form des Geldes entwickelte sich zu Edelmetallen, denen es an Einheitlichkeit mangelte, bis die Lyder um 700 v. Chr. in Anatolien (der heutigen Türkei) auftauchten.

Maßstab der Knappheit: An dieser Stelle ist es notwendig, ein gängiges Maß für Knappheit zu beschreiben, das als Vergleichsmaßstab herangezogen werden kann – und zwar das **Stock-to-Flow-Verhältnis** (d. h. das Verhältnis von vorhandenem zu neu produziertem Gut – Anm. d. Hrsg.). Die Beschreibung einer Variablen für den Bestand („stock") und die Produktionsrate bzw. den Zufluss („flow") geht auf die Arbeit von Fisher und Irving im Jahr 1896 zurück und wird konzeptionell in den Bereichen Finanzen, Rechnungswesen und Wirtschaft angewandt.[9] Der Bestand ist die akkumulierte Menge eines Vermögenswerts zu einem bestimmten Zeitpunkt, und der Zufluss ist die Zunahme dieses Vermögenswerts über einen bestimmten Zeitraum (normalerweise ein Jahr). Das Stock-to-Flow-Verhältnis ist ein Messwert, der angibt, wie lange es dauert, bis sich der aktuelle Bestand verdoppelt. Je höher das Verhältnis ist, desto länger dauert es, bis sich der Bestand des Vermögenswerts verdoppelt, und desto knapper ist der Vermögenswert. Dies ist besonders hilfreich, wenn es darum geht, den relativen Grad der Knappheit bei Rohstoffen zu beurteilen. Heute beträgt das Stock-to-Flow-Verhältnis bei Gold etwa 60 und bei Silber circa zehn Jahre. Die Knappheit der Edelmetalle, insbesondere des Goldes, ist der Hauptgrund dafür, dass sich die Gesellschaften auf sie konzentriert haben. Die hohe Knappheit von Gold im Vergleich zu Silber machte es zum grundlegenden Wertmaßstab.

Bevor es ein einheitliches Münzsystem gab, bewerteten die Händler ihre Waren nach dem Gewicht des Metalls. Die Kunden holten einen Goldbarren heraus und hackten kleine Stücke ab, bis das Gewicht ausreichte. Dies war kostspielig, weil dabei kleine Mengen verloren gingen. Aus der Not heraus wurde Gold für größere Transaktionen über größere Entfernungen verwendet, da es pro Gewichtseinheit wertvoller war als andere Metalle. Silber wurde für kleinere, unmittelbare Geschäfte verwendet, da es pro Gewichtseinheit weniger wertvoll war und somit seine Teilung weniger kostspielig machte (d. h. es war besser teilbar). Dieses duale Geldsystem ist als **Bimetallismus** bekannt.

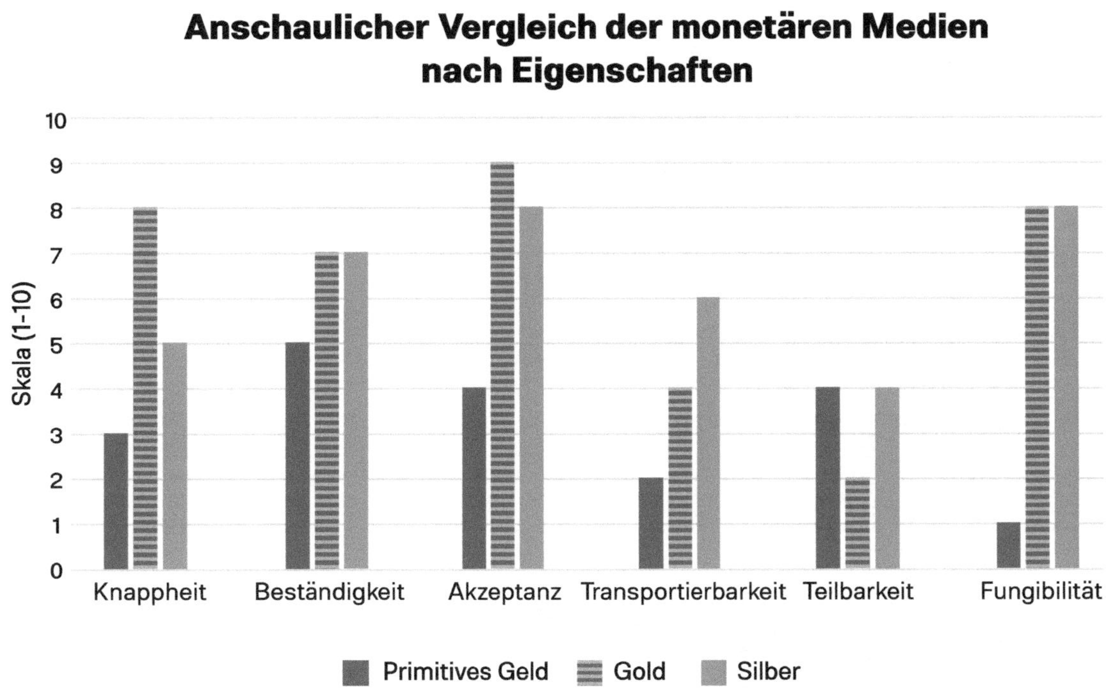

Abbildung 13: Vergleich der Geldmedien. Darstellung der Eigenschaften von Gold und Silber vor der Einführung von Münzsystemen.

Zentralisierung der Produktion

Als Gold und Silber zunehmend akzeptiert wurden, ging man vom gewichtsbasierten Verkauf zu einem Münzsystem über. Dieses System entstand, als die Händler auf ihre selbst gegossenen Münzen das Gewicht prägten. Die Menschen begannen dann, Münzen nach ihrer Anzahl statt nach ihrem Gewicht zu bewerten. Dies war eine bedeutsame Entwicklung, denn sie **erforderte Vertrauen in das Gewicht jeder einzelnen Münze.** Um das korrekte Gewicht zu gewährleisten, wurde die Prägung von Metallen zum Zwecke der **Münzherstellung** von den Regierungen monopolisiert. Die Könige von Lydien (700 v. Chr.) waren den archäologischen und historischen Aufzeichnungen zufolge die ersten großen Münzpräger.[1]

In Bezug auf die Geldproduktion stellt Menger fest: „*Alle diese Maßnahmen [des Staates] haben die Edelmetalle nicht erst zu Geld gemacht, sondern lediglich deren Funktion als Geld optimiert.*“ [4].

Die zentralisierte Herstellung erhöhte die Fungibilität und das öffentliche Vertrauen, dass das Geld tatsächlich echt ist. Solange man seiner Regierung vertraute, wurde man durch die Zentralisierung der Produktion von der Last der Verifizierung befreit.

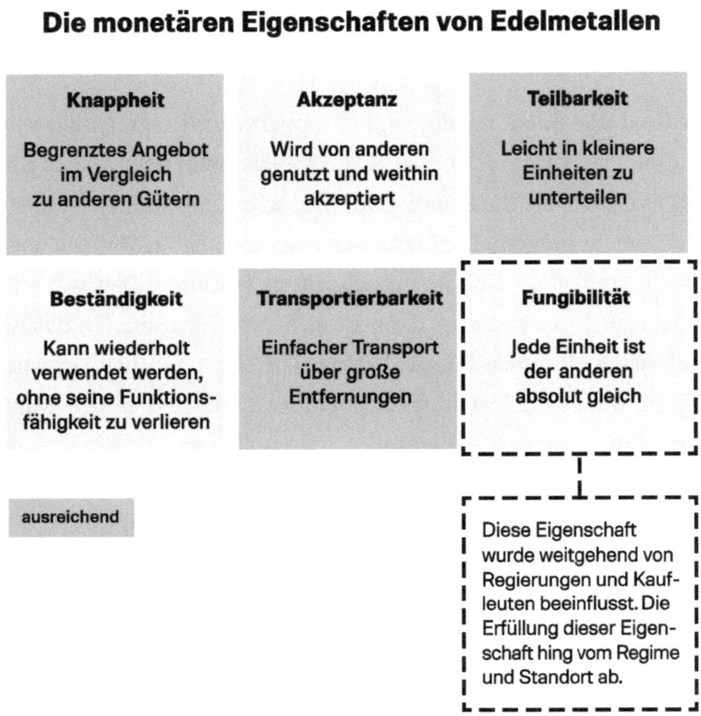

Abbildung 14: Die monetären Eigenschaften von Edelmetallen

Als diese Systeme noch in den Kinderschuhen steckten, florierten einige staatliche Währungen. Im antiken Griechenland wurde die **Drachme** aufgrund der Verlässlichkeit ihres Silbergehalts als De-facto-Währungseinheit verwendet. Diese Münze blieb auch nach dem Untergang Athens jahrhundertelang als Standard erhalten. Der **Solidus** wurde im Byzantinischen Reich verwendet, und dessen Verlässlichkeit seiner Zusammensetzung wurde durch die breite Akzeptanz bewiesen, auch dort, wo er als **Bezant** bekannt wurde. Dies lag vor allem an den strengen byzantinischen Gesetzen gegen die **Beschneidung** und die Fälschung von Münzen, die beide mit dem

Abschneiden einer Hand bestraft wurden. Das Reich florierte 800 Jahre lang, ohne zahlungsunfähig zu werden.[5]

Während der Edelmetall-Ära war das **Beschneiden von Münzen** die häufigste Form der **Währungsabwertung.** Es begann damit, dass Händler von jeder Münze, mit der sie handelten, einen kleinen Teil abschnitten. Die Schatzämter wendeten die gleiche Praxis bei den Münzen an, die sie als Steuern erhielten. Wenn man genug Abschnitte gesammelt hat, kann man daraus neue Münzen herstellen. Schließlich begannen die Regierungen, die Edelmetallanteile ihrer Münzen zu reduzieren, indem sie die Münzen einschmolzen und mit einem häufiger vorkommenden Nicht-Edelmetall vermischten. Sie täuschten vor, dass der Wert dieser neuen, verwässerten Münzen derselbe sei, und nutzten sie, um damit ihre Ausgaben zu bezahlen und sogar noch mehr Güter zu kaufen. Dieser Prozess ist nichts anderes als eine Form der Umverteilung von Reichtum, indem weniger Geld gegen mehr Güter eingetauscht wird. Es ermöglichte den Regierungen, etwas aus dem Nichts zu erschaffen und es gegen etwas einzutauschen. Da die Bevölkerung nun eine größere Anzahl verwässerter Münzen besaß, begannen die Preise zu steigen. **Die Verringerung der Kaufkraft der Bevölkerung aufgrund von Preissteigerungen ist eine indirekte Methode der Besteuerung.** Die Regierungen hielten den Anschein aufrecht, dass es die Prägung auf der Münze war, die ihr ihren Wert verlieh, womit sie die Menschen überzeugen wollten, dass weder Gewicht noch Inhalt, sondern nur die Anzahl der Münzen zählte. Sie tun dies auch heute noch, indem sie behaupten, dass unser Geld von der Regierung gedeckt ist. Hier trifft Lincolns Diktum zu, dass man zwar alle Menschen manchmal und einige Menschen immer täuschen kann, aber nicht alle Menschen die ganze Zeit.

Abbildung 15: Unbeschnittene Münze (links) beschnittene Münze (rechts) (Bild von Wikipedia)[10]

Die Römische Republik und das Römische Reich waren von Geldentwertung und -kontrollen geprägt. Um die verschwenderischen Ausgaben für das Militär und verschiedene Luxusgüter zu bewältigen, wurde das Beschneiden von Münzen beim Prägen der Währung zu einer gängigen Praxis. Der Ursprung des englischen Wortes „mint" (z. Dt. „Münzstätte" bzw. „Münze" – Anm. d. Hrsg.) geht auf den römischen Tempel Moneta zurück, in dem das Geld hergestellt wurde. Juno Moneta war in der römischen Kultur die Symbolfigur des Geldes. Daher stammen auch die englischen Begriffe „money" und „monetary" (z. Dt. „Geld/Moneten" und „monetär" – Anm. d. Hrsg.).

In der späten Republik und im frühen Kaiserreich war der silberne **Denar** die römische Standardmünze. Sein Wert wurde vor Diokletian nach und nach gemindert, da die Kaiser verzinnte Kupfermünzen herausgaben und sie weiterhin Denare nannten. Das **Greshamsche Gesetz** – das besagt, dass die Menschen naturgemäß anfangen, gutes Geld zu horten, wenn schlechtes Geld in Umlauf gebracht wird – wurde zur Norm (man kann das heute an dem Tweet von Finanzminister Steven Mnuchin sehen[6]). Die Menschen horteten ihr Gold und Silber, so gut sie konnten. In der Zeit, die mit Claudius

Victorinus 270 n. Chr. endete, fiel der Silbergehalt des Denars auf ein Fünftausendstel seines ursprünglichen Wertes. An diesem Punkt war das Geldsystem aus den Fugen geraten. Der Handel wurde auf Tauschhandel reduziert, die Wirtschaftstätigkeit brach zusammen und zerstörte fast die Mittelschicht.[6]

Als Diokletian im Jahr 284 n. Chr. den Thron bestieg, hatten die Preise für Waren und Löhne einen historischen Höchststand erreicht. In der überlieferten Quelle *De Moribus Persecutorum* werden die Ausgaben der Regierung für die Streitkräfte und die damit einhergehende Steuererhöhung dafür verantwortlich gemacht; während Diokletian den Kaufleuten (die häufigsten Sündenböcke in den folgenden Jahrhunderten) die Schuld gab. Der Althistoriker Roland Kent schließt sich in der *University of Pennsylvania Law Review* dieser Meinung an, indem er die vererbte wirtschaftliche Instabilität und die verschwenderischen Ausgaben als Ursachen für den wirtschaftlichen Zusammenbruch und die verheerende Besteuerung benennt. Die Hauptursache war wahrscheinlich die Wertminderung der Währung (mehr dazu später).[7]

Diokletian war sich des bestehenden Verfalls des Reiches bewusst und ergriff eine Reihe von Maßnahmen zur Wiederherstellung der Ordnung. Er restrukturierte die Regierung mit Kaisern sowohl im Osten als auch im Westen, entwickelte ein System der Naturalbesteuerung (das die Unterschicht zu Leibeigenen machte) und versuchte, Preise, Löhne und die Währung zu reformieren. Mit der Emission eines neuen Denars, einer Kupfermünze, wollte Diokletian die Preise stabilisieren, doch stattdessen sorgte er für einen weiteren Anstieg der Preise. Er war gezwungen, entweder die Kosten zu senken oder weitere Münzen zu emittieren, und entschied sich für Letzteres, obwohl er von den Maßnahmen seiner Vorgänger wusste. Er glaubte, die Inflation eindämmen zu können, indem er gleichzeitig die Preise festlegte und die Freiheit des Volkes, über den Wert der Währung zu entscheiden, abschaffte. Das Ergebnis war das berühmte Edikt von 301 n. Chr., und es war allumfassend – es legte alle Warenpreise fest und sah die Todesstrafe für jeden vor, der Güter über diesen festgelegten Preisen verkaufte.[6]

In weniger als vier Jahren nach der Währungsreform war der Goldpreis gemessen am Denar um 250 % gestiegen.[7] Um 305 n. Chr. kehrte man zu einer verantwortungsloseren Finanzpolitik zurück und der Prozess der Währungsabwertung begann erneut, was bis zum Ende des Jahrhunderts zu einem Anstieg des Denar-/Goldpreises um 2000 % führte.[7] Der Althistoriker M. Rostovtzeff erklärte dieses Experiment wie folgt:

> *Als allgemeine und dauerhaft angelegte Maßnahme sollte sie mit Sicherheit großen Schaden anrichten und schreckliches Blutvergießen verursachen, ohne irgendeine Verbesserung zu bewirken. Diokletian teilte den verhängnisvollen Glauben der antiken Welt an die Allmacht des Staates – einen Glauben, den viele moderne Theoretiker weiterhin mit ihm und der antiken Welt teilen.*[7]

Abbildung 16: der ursprüngliche Silbergehalt des Denars wurde letztendlich vollständig durch Kupfer ersetzt

Die nachfolgenden Kaiser setzten die gleichen Praktiken fort, indem sie versuchten, die Löhne zu kontrollieren und die Arbeiter daran zu hindern, ihren Beruf aufzugeben, es sei denn, sie konnten einen bereitwilligen Nachfolger finden. Die vom Kaiserreich eingeführten Kontrollen waren für die Warenproduzenten wirtschaftlich einfach nicht mehr sinnvoll. Selbstverständlich versuchten sie mit allen Mitteln, dem unterdrückerischen System zu entfliehen. Vor dem Untergang des Reiches waren viele Arbeiter in Länder außerhalb der römischen Kontrolle abgewandert. Die Nachkommen derjenigen, die ihr Gold während dieser Zeit bewahren konnten, wurden zu Feudalherren, während diejenigen, die es nicht schafften, zu Leibeigenen wurden.[8] Der Wohlstand Europas verschwand aus den Händen der breiten Masse und konzentrierte sich bei einer kleinen Gruppe, die das verbliebene solide Geld besaß.

Fazit

Geld war ein Katalysator für die Entwicklung komplexer Organisationen, da es die Notwendigkeit von Vertrauen in vielen Aspekten der Kooperation beseitigte. Primitive Formen des Geldes wurden weitgehend dezentral produziert, wodurch das Risiko von moralischem Fehlverhalten gemindert wurde. Edelmetalle haben sich aufgrund ihrer überlegenen monetären Eigenschaften durchgesetzt. Als Gesellschaften die Produktion durch die Münzprägung zentralisierten, waren sie in großem Maße moralischen Risiken ausgesetzt. Diese Systeme waren die „Antike“ der modernen Geldpolitik.

Der Titel dieses Kapitels lautet *Die Geschichte des dezentralen Geldes*. „Dezentrales Geld“ bezieht sich auf die dezentrale Produktion und Verwahrung von Geld. In diesem Kapitel habe ich die Zentralisierung der Geldproduktion durch die Regierungen beschrieben, aber die Menschen in diesen Gesellschaften behielten noch weitgehend die Souveränität über die physische Verwahrung ihres Geldes. Die Folgen des nächsten Fortschritts bei der Verwahrung von Geld weisen auffallende Ähnlichkeiten zu dem vorherigen Fortschritt bei der Produktion auf, aber mit wesentlich größeren Auswirkungen.

Quellenangabe

1. Szabo, Nick: *Shelling out: The Origins of Money*
2. Dawkins, Richard: *The Selfish Gene*, S. 169
3. Fekete, Antal: *Whither Gold?*, S. 16
4. Menger, Carl: *The Origins of Money*, S. 51-52
5. Griffin, G. Edward: *The Creature from Jekyll Island*, S. 152
6. https://twitter.com/stevenmnuchin1/status/1293258850548817921?s=20
7. Schuettinger, Robert L.; Butler, Eamonn F.: *Forty Centuries of Wage and Price Controls: How Not to Fight Inflation*, S. 21-25
8. Ammous, Saifedean: *Der Bitcoin-Standard: Die dezentrale Alternative zum Zentralbankensystem*, S. 22
9. Fisher, Irving: *What is Capital?*, S. 514
10. https://en.wikipedia.org/wiki/Methods_of_coin_debasement

Kapitel 3

Die Geschichte des zentralisierten Geldes

Wenn Jesus zurückkommt, werden ihn diese verrückten, gierigen, kapitalistischen Männer wieder töten.

MIKE TYSON

Staatliche Aneignung

Nach dem Untergang des Römischen Reiches begann in Europa eine Zeit des wirtschaftlichen Chaos unter dem Feudalsystem. Bis in die zweite Hälfte des Mittelalters bewahrten die Menschen ihr Geld in jeder erdenklichen Form auf, in der Regel in ihrem Haus oder in einem Versteck. Es gab zwar bankähnliche Dienstleistungen, doch waren diese selten und meist nur den sehr Wohlhabenden vorbehalten. **Die Verwahrung von Geld war praktisch weitgehend dezentralisiert.** Einlagebanken entstanden vor allem im frühen Griechenland und verbreiteten sich später in ganz Europa. Mit der Entstehung des modernen Bankwesens in England kam es dann zu einem bedeutenden Schritt in der Entwicklungsgeschichte des Geldes.

Da die Menschen immer mehr Vermögen anhäuften, brauchten sie einen Ort, an dem sie es sicher lagern konnten. Historisch gesehen waren Tempel und Klöster die beiden häufigsten Orte für die sichere Verwahrung. In England wurden Klöster häufig genutzt, bis Heinrich VIII. sie im 16. Jahrhundert auflöste. Die einzigen verbliebenen Möglichkeiten waren staatliche Münzprägeanstalten. *The London Mint* (Die Londoner Münzprägeanstalt – Anm. d. Hrsg.) wurde am häufigsten genutzt, bis Karl I. (17. Jahrhundert) sich das dort hinterlegte Geld aneignete.[1] Die **Zentralisierung der Verwahrung** in staatlichen **Münzprägestätten** führte zu einer **staatlichen Aneignung**. Die Menschen in England hatten keine Möglichkeit mehr, ihr Geld sicher zu lagern; die Zeit war reif für eine neue Methode.

Die **Londoner Goldschmiede** handelten mit großen Mengen an Edelmetallen und besaßen große Tresorräume. Es entstand die Nachfrage, den überschüssigen Platz in ihren Tresoren gegen eine Gebühr für die Lagerung von Gold zu nutzen. Die Goldschmiede wiederum stellten ihren Kunden eine Quittung aus, mit der sie ihr Gold auf Wunsch wieder auslösen konnten. Diese Praxis war der Beginn der Verwahrungsdienste, der grundlegendsten Funktion des modernen Privatbankwesens. Jongchul Kim hat dazu Folgendes festgestellt: *„Das historische Ereignis, das es den Goldschmieden ermöglichte, die größten Geldverwahrer in London zu werden, war die Aneignung des in der London Mint deponierten Geldes durch Karl I."* [2] Die physische Lagerung ihres Goldes in Tresoren schützte die Goldbesitzer nicht vor Enteignung. Um die Enteignung wirksam zu verhindern, verlieh man das hinterlegte Gold an Kreditnehmer. Die Goldschmiede vergaben Darlehen an neue Kreditnehmer und boten ihren Einlegern gleichzeitig das Recht, ihr Gold auf Verlangen abzuheben. Durch diese Neuerung blieb das Gold in den Tresoren, während **gleichzeitig Eigentumsansprüche an demselben Geld geschaffen wurden.** Dies erschwerte der Krone die Aneignung von Geldern, da sie bei entsprechenden Versuchen auf größeren Widerstand stieß. Dieser Schutz war rechtlich gesehen mit den heutigen Treuhandsystemen vergleichbar. Dadurch verursachte die Aneignung auch größere wirtschaftliche Schäden, **da mehr Geld an die angeeigneten Beträge gebunden war.**[1]

Die Anhäufung von Vermögen führte zu einer zentralisierten Lagerung des Geldes, das später von der Regierung angeeignet wurde. Die Men-

schen reagierten darauf, indem sie ihr Geld bei Goldschmieden aufbewahrten, was zu den Dienstleistungen des modernen Bankwesens führte.

Derivatives Geld

Es war auch die Geburtsstunde dessen, was ich als **derivatives Geld** bezeichne. Derivatives Geld ist jede Art von rechtlich durchsetzbarem Dokument (Papierbeleg), das dem Besitzer die Einlösung eines bestimmten Geldbetrags gewährt. Der Papierbeleg selbst ist als Geld nutzlos, da er nicht die notwendigen monetären Eigenschaften besitzt. Sein Wert ergibt sich aus der Gewissheit, dass das ihm zugrunde liegende Geld physisch sicher verwahrt wird und von den Inhabern auf Verlangen abgehoben werden kann. Man muss beachten, dass diese Definition ähnlich, aber nicht identisch mit Derivaten ist – das heißt mit Verträgen, die ihren Wert nicht von Geld, sondern von zugrunde liegenden Sicherheiten ableiten.

Papierbelege waren transportierbar, teilbar und fungibel. Mit der zunehmenden Verwendung von Papierbelegen wurde diese Praxis auch immer mehr akzeptiert. Die Beständigkeit der Papierbelege war zwar geringer als bei Gold, aber ausreichend. Die Belege waren jedoch nicht knapp, weshalb die Menschen sicher sein mussten, dass die Belege in etwas einlösbar waren, das knapp war. **Der entscheidende Punkt ist, dass die Papierbelege nur dann einen Wert haben, wenn sie bei Bedarf in echtes Geld eingelöst werden können.**

Zunächst konnte nur der Besitzer persönlich den Wert des Belegs einlösen. Es wurde jedoch zur gängigen Praxis, **dass die Besitzer ihre Belege an Dritte übertrugen**, was schließlich durch den Promissory Notes Act von 1704 ratifiziert wurde. Dies war der **Beginn unseres modernen Scheck-basierten Zahlungssystems.**

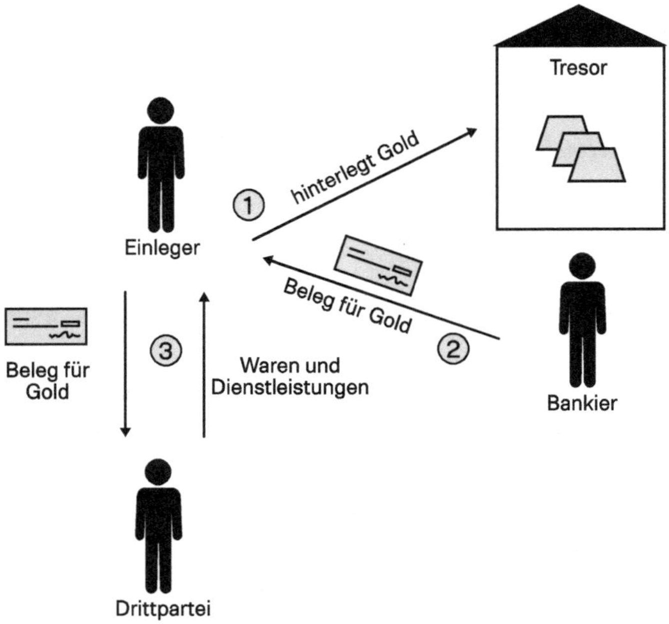

Abbildung 17: Der Beginn des derivativen Geldes

Zwischen dem 15. und dem 19. Jahrhundert gab es drei bedeutende Innovationen, die die Akzeptanz von derivativem Geld vergrößerten:

1. **Die Druckerpresse** – eduzierte die Kosten für Papierbelege und erhöhte die Einheitlichkeit, da die handgeschriebene Form der Belege nun überflüssig war.
2. **Doppelte Buchführung** – ermöglichte die Akkumulation von Kapital im Rahmen von Verträgen.
3. **Der Telegraph** – ermöglichte die Kommunikation über große Entfernungen und damit eine bessere Transportierbarkeit.

Diese Erfindungen machten den einst notwendigen physischen Tausch von Gold letztendlich überflüssig. Jede Innovation erhöhte die Akzeptanz von derivativem Geld und erweiterte so die Handelsmöglichkeiten. Letztendlich etablierten die Nationen offiziell die Nutzung von derivativem Geld. Nachdem es nicht gelungen war, ein System von Banknoten einzuführen, die nicht gegen Gold einlösbar waren, führte Großbritannien als erstes Land einen **Goldstandard** ein, bei dem die Regierung Banknoten herausgab, die vollständig gegen Gold eingelöst werden konnten. Dieser Standard wurde von 1717 bis zu seiner Aussetzung im Jahr 1797 während der Napoleonischen Kriege beibehalten. Die Aussetzung des Goldstandards sollte für einlösbare staatliche Währungen in Kriegszeiten zum Normalfall werden (dazu später mehr).

Im Jahr 1821 hat England endgültig den Goldstandard angenommen, was den Anfang vom Ende des Bimetallismus markierte. Die monetären Eigenschaften von Silber wurden durch die überlegenen Eigenschaften von derivativem Geld geschmälert. Einlösbares Papier setzte in erster Linie voraus, dass das, wodurch es gedeckt war, eine Knappheit aufwies, und Silber war im Vergleich zu Gold weniger knapp. Darüber hinaus war einlösbares Papier besser transportierbar und besser teilbar als Silber. Trotz der unterlegenen monetären Eigenschaften von Silber versuchten gewählte Amtsträger, es noch vor Ende des Jahrhunderts wieder zu etablieren (so wie die Römer versuchten, den Menschen einzureden, dass Zinn genauso gut sei wie Silber).

Die Zentralisierung der Verwahrung und der technologische Fortschritt brachten die nächste Evolutionsstufe des Geldes in Form von Papierderivaten hervor.

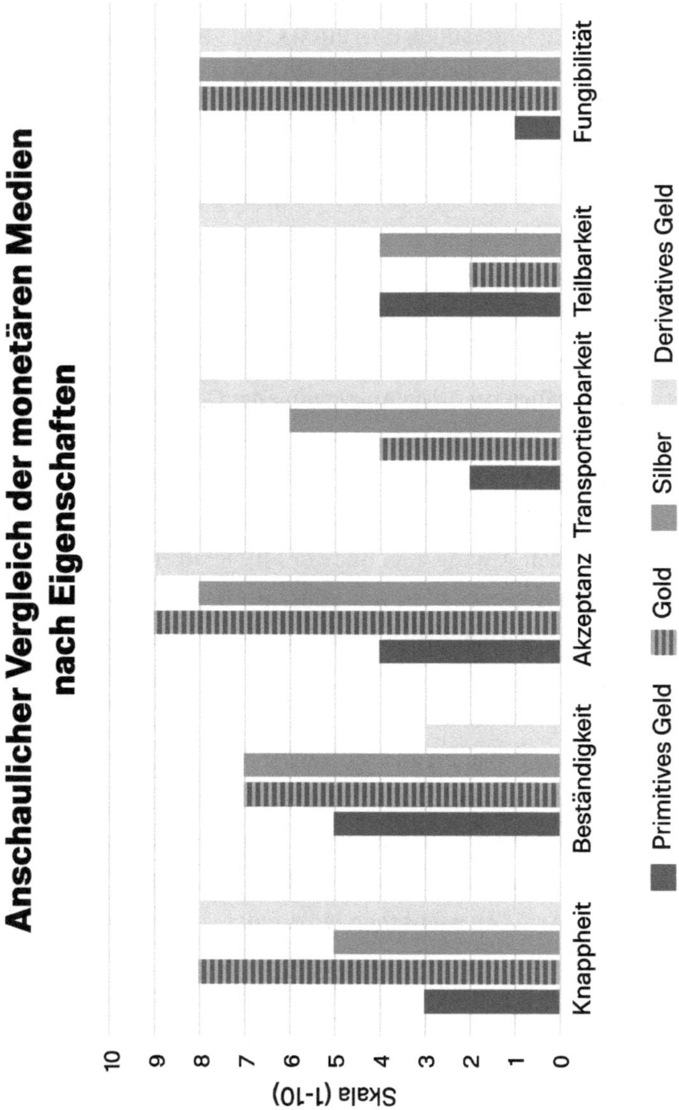

Abbildung 18: Vergleich von derivativem Geld zu früheren Geldformen

Das Teilreserve- / Mindestreservesystem

Während dieses neue System den Handel effizienter machte, haben die Menschen nicht erkannt, dass Risiken vorhanden waren, wenn sie einer dritten Partei die Kontrolle über ihr Geld geben. Es war angemessen, Belege für Geld zu verwenden, solange ein Beleg einen Geldbetrag einlöste. Die Goldschmiede gaben jedoch Schuldscheine für dasselbe Gold aus, für das sie den Einlegern einlösbare Papierbelege ausgestellt hatten. Das heißt, für eine Einheit Gold gab es eine Forderung des Einlegers und eine Forderung des Kreditnehmers. Für dasselbe Geld kassierte der Goldschmied sowohl eine Lagergebühr vom Einleger als auch die Zinsen vom Kreditnehmer.

Die Darstellung in Abbildung 19 zeigt, wie dieses System funktioniert haben könnte:

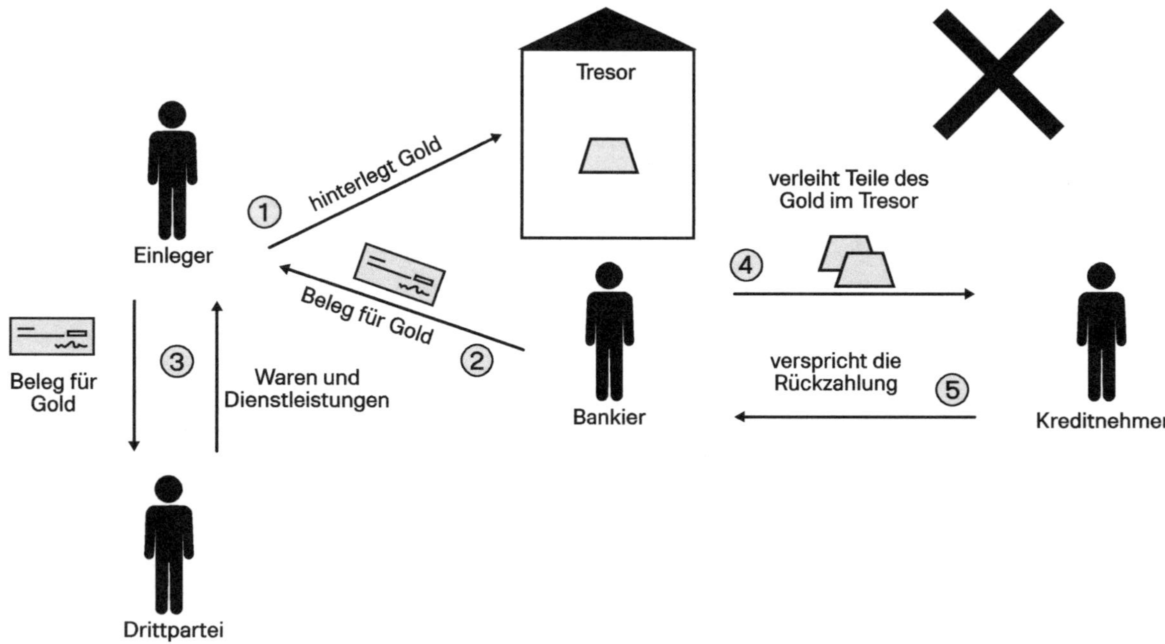

Abbildung 19: Die intuitive Funktionsweise des Teilreservesystems der Goldschmiedebankiers. Tatsächlich hat es aber nicht so funktioniert.

Und so ist es tatsächlich abgelaufen:

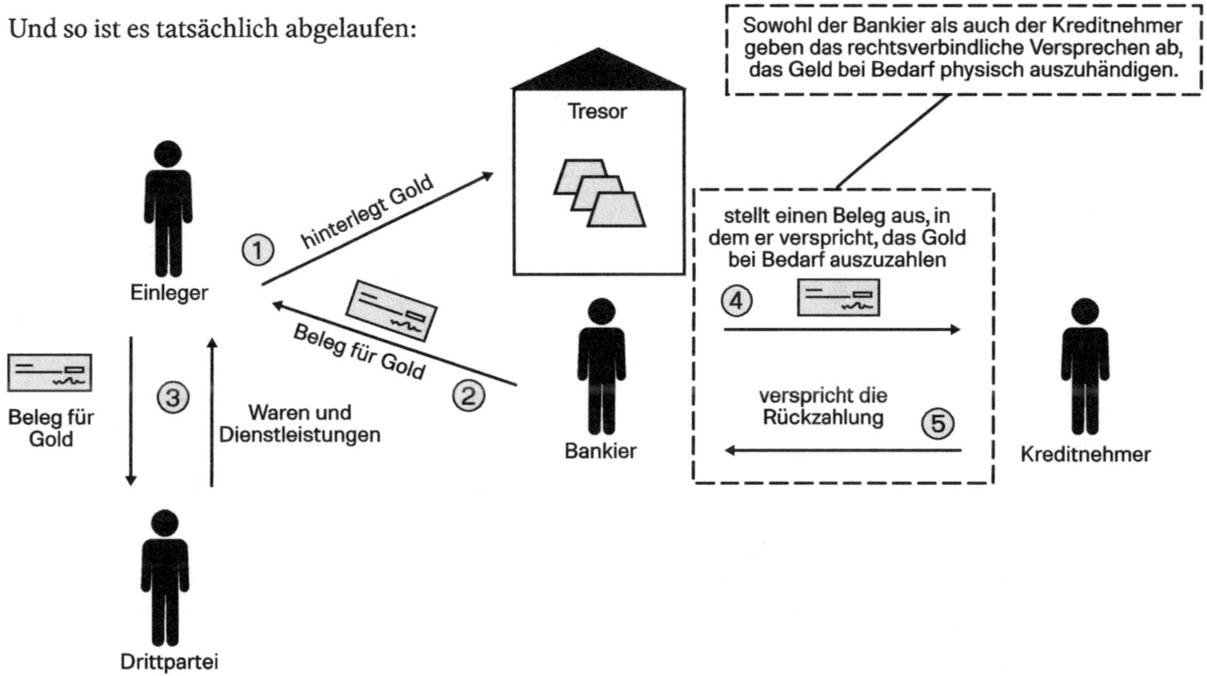

Abbildung 20: Der tatsächliche Ablauf des Teilreservesystems der Goldschmiedebankiers

Dieses System ist verwirrend, und das sollte es auch sein, denn es handelt sich um einen Zirkelschluss. Professor Kim von der Songang-Universität liefert eine Erklärung:

> *Die Bankiers gaben die Banknoten an diejenigen aus, die sich Geld leihen wollten, vor allem an diejenigen, die ihre Wechsel zur Diskontierung mitbrachten. In diesem Fall wurden diese Schuldner der Bankiers die ersten Inhaber der Banknoten. Da die Banknoten aber ein Zahlungsversprechen der Bankiers waren, wurden die Bankiers auch zu Schuldnern der Banknoteninhaber. Durch diese gegenseitigen Verpflichtungen hing die Vertrauenswürdigkeit der Banknoten von der Vertrauenswürdigkeit der Personen ab, denen die Schulden der Bankiers geliehen wurden.*[3]

Die Bankiers gewährten also jemandem einen Kredit, händigten aber kein Geld direkt aus. Stattdessen übergaben sie der Person ein Stück Papier, das auf einem *Rückzahlungsversprechen* beruhte. Auf der anderen Seite übertrugen die Goldeinleger durch die Hinterlegung des Goldes den Goldschmiedebankiers eine Vollmacht, die es den Bankiers ermöglichte, das Vermögen der Einleger zu verleihen. Kim fährt fort:

> *Das Einlagengeschäft der Goldschmiedebankiers war ein Widerspruch in sich, denn es war gleichzeitig ein Kreditvertrag und kein Kreditvertrag. Da die Einlagen auf Verlangen zurückgezahlt wurden, blieb das Eigentum an den Einlagen praktisch in den Händen der Einleger. Die Bankiers hingegen verliehen die Einlagen nach eigenem Ermessen und in eigenem Namen, und sie erlangten und behielten das Eigentumsrecht an den Krediten. In diesem Fall wurde*

das Eigentum an den Einlagen von den Einlegern auf die Bankiers übertragen, da eine Person – in diesem Fall der Goldschmiedebankier – nur dann eine Sache in seinem oder ihrem Namen verleihen konnte, wenn er oder sie das Eigentum daran hatte. Wie konnte das Eigentum an einer Sache gleichzeitig übertragen und nicht übertragen werden? [4]

Wenn der Kreditnehmer das Geld nicht zurückgab, war er gegenüber dem Goldschmied in Verzug. Verlangte der Kreditnehmer die physische Aushändigung seines Kredits, war der Goldschmied rechtlich zur Aushändigung verpflichtet. Die Goldschmiede konnten diese Kredite vergeben, weil die Einleger ihnen die Befugnis übertrugen, ihr Gold zu verleihen. Warum sollten die Einleger dem freiwillig zustimmen? Letztlich, weil es **besser war als das Risiko, dass sich die Regierung das Gold aneignet.** Dieses System schuf eine Vielzahl von Ansprüchen auf ein und dasselbe Geld, was eine ungewisse rechtliche Besitzgrundlage erzeugte.

Darüber hinaus verliehen die Goldschmiede mehr, als sie tatsächlich in den Tresoren hatten, wobei sie eine **Teilreserve** beibehielten. Dies bedeutete, dass im Allgemeinen zwischen 10 % und 66 % der verliehenen Beträge in Gold aufbewahrt wurden.[5] Wenn alle Einleger und keiner der Kreditnehmer ihr Geld zurückforderten, **wäre es da.** Würden alle Kreditnehmer und keiner der Einleger eine physische Aushändigung verlangen, **wäre** das Gold **nicht vorhanden.** In der Realität können sowohl Kreditnehmer als auch Einleger jederzeit die physische Aushändigung verlangen. Der prozentuale Anteil des gehaltenen Goldes im Verhältnis zu den Ansprüchen auf das Gold war viel geringer als 10 % bis 66 %, weil es mehrere Ansprüche auf jede Geldeinheit gab. Derjenige, der sein Stück Papier zuletzt in der Hand hielt, war der Verlierer in diesem Spiel.

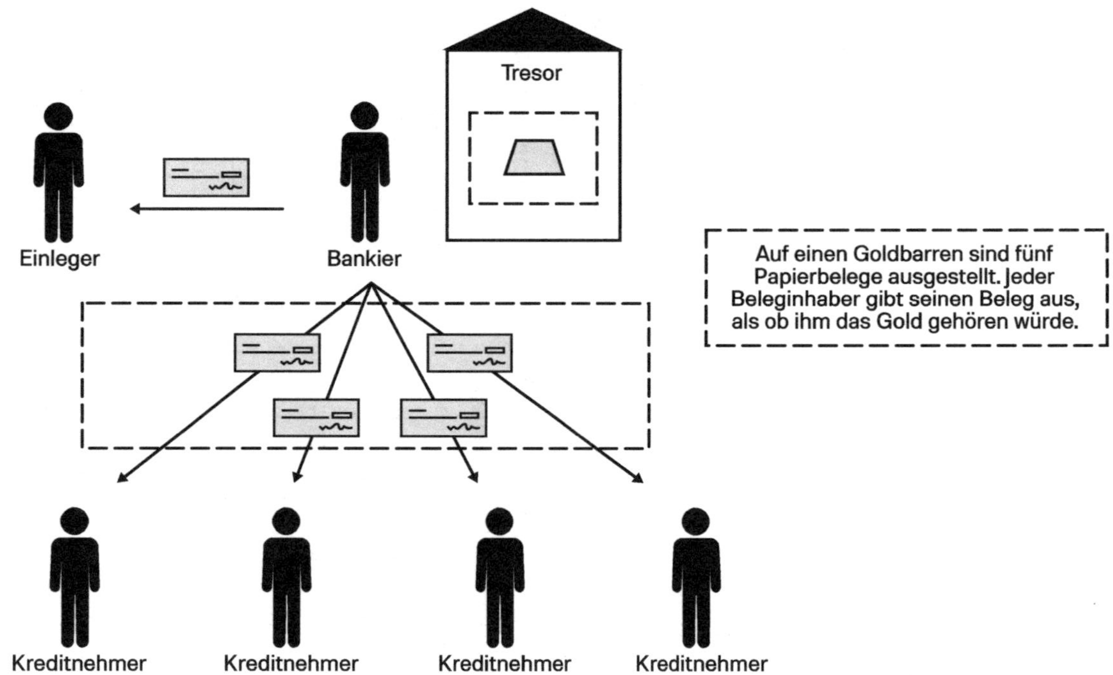

Abbildung 21: Das Teilreservesystem der Goldschmiedebankiers hatte mehrere Ansprüche auf jede Einheit Gold.

Dasselbe Geld wurde an mehreren Orten gleichzeitig verwendet. Indem im Teilreservesystem das Geld einer anderen Person ausgeliehen wird, die es auch selbst verwendet, wird die Geldmenge ausgeweitet. Im modernen Bankwesen wird dies als **Geldschöpfungsmultiplikator** bezeichnet. Wenn der Kreditnehmer das Geld nimmt und es nicht zurückzahlt, dann verliert der Bankier oder der Einleger. In der heutigen Zeit ist der Steuerzahler zum Verlierer geworden, doch es sollte eigentlich immer die Bank sein. Das ist der Grund, warum viele Menschen die Banker hassen – sie privatisieren ihre Gewinne und vergemeinschaften ihre Verluste.

Die Geschichte hat gezeigt, dass dieses System kein gutes Ende genommen hat. Kim erklärt:

> *Dieses scheinbar sichere System war jedoch in Wirklichkeit sehr unsicher. Illiquidität in Form von Bank Runs und andere Liquiditätsengpässe konnten leicht durch externe Unruhen oder den Ausfall von Großschuldnern der Goldschmiedebankiers verursacht werden... Karl II. geriet 1672 mit dem Geld in Verzug, das ihm die Goldschmiedebankiers geliehen hatten. Dieser Zahlungsausfall, der „Stop of the Exchequer“ genannt wurde, führte zum Konkurs vieler Londoner Goldschmiedebankiers, dessen Banknoten in den 1670er Jahren dann nicht mehr angenommen wurden.*[6]

Die Banknoten des Teilreservesystems verloren ihren gesamten Wert, als die Regierung ihre Schulden nicht mehr bedienen konnte.

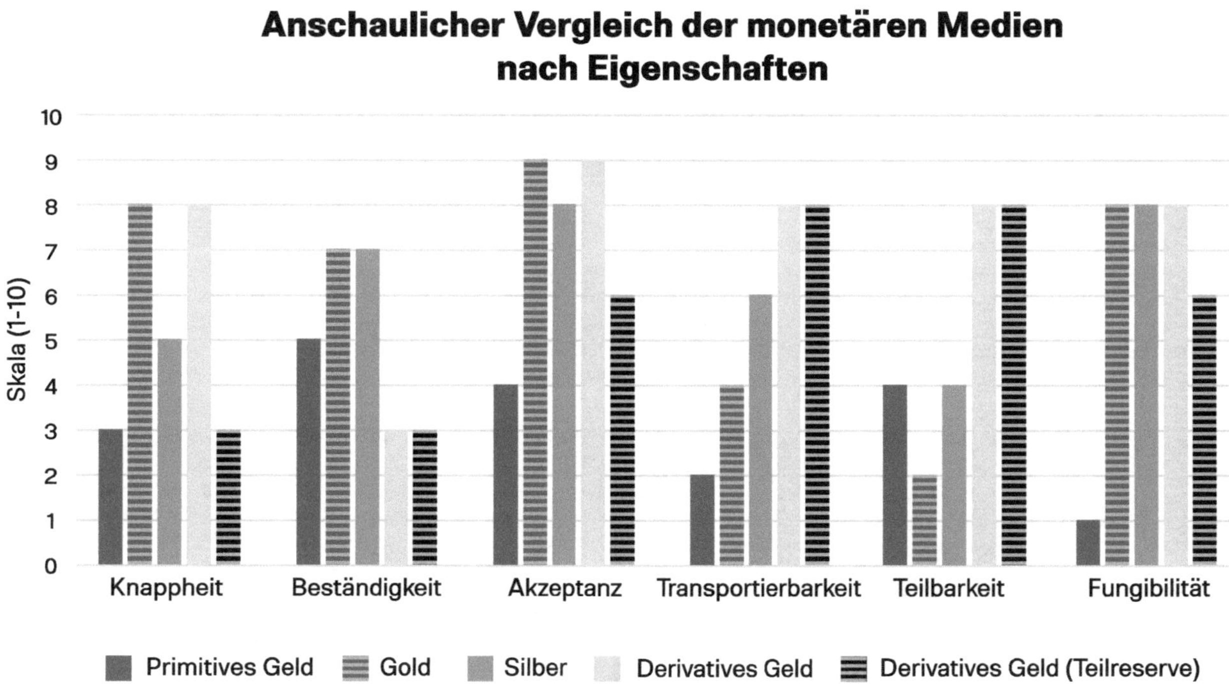

Abbildung 22: Vergleich vom derivativen Geld aus den Teilreserven zu früheren Geldformen. Derivatives Geld ist vollständig einlösbar, während Geld-Derivate (Teilreserve) es nicht waren.

Der einschränkende Faktor dieses Systems war, dass die Goldschmiede nicht in der Lage waren, unendlich viel Geld zu verleihen, da die Kreditnehmer immer noch einen Rechtsanspruch auf die physische Herausgabe von Gold hatten. Die Bankiers und die Regierung kamen schließlich zu dem Schluss, dass es keine Beschränkung für die Kreditvergabe gäbe, wenn man die Verpflichtung, Gold in den Tresoren zu haben, aufheben und einfach uneinlösbares Papier herausgeben könnte.

Fiat-Geld

Der **Stop of the Exchequer** war ein einschneidendes Ereignis in der frühen Geschichte des Bankwesens in England. Mit der zunehmenden Verbreitung des **derivativen Geldes aus den Teilreserven** nahm das Konzept der **Geldschöpfung aus Schulden** Gestalt an. Beim Stop of the Exchequer wurden die Schulden, die die Regierung bei den Goldschmiedebankiers hatte, nicht anerkannt. Die Bankiers versuchten auf gerichtlichem Wege, ihr Geld zurückzubekommen. Im Jahr 1694 wurde die **Bank of England** gegründet, um die Schulden der Regierung zu begleichen und Kriege zu finanzieren. Das Parlament erteilte der Bank das Privileg, **Banknoten** zu emittieren, bei denen es sich um reines **Fiat-Geld** handelte. Fiat-Geld ist Geld, das von einer Regierung zum „gesetzlichen Zahlungsmittel" erklärt wird. **Gesetzliches Zahlungsmittel bedeutet einfach, dass für das Geld keine Reserven vorhanden sind und dass man gesetzlich verpflichtet ist, es in irgendeiner Form zu verwenden** (in der Regel zur Zahlung von Steuern). Während das Teilreservesystem zumindest bis zu einem gewissen Grad durch Gold gedeckt war, war Fiat-Geld durch gar nichts gedeckt. **Die Probleme, die sich aus dem Teilreser-**

vesystem ergaben, wurden also dadurch gelöst, indem die zugrunde liegende Problematik weiter verschärft wurde. Dies ist das Geld, das wir heute verwenden, und das man am besten mit den Worten der Federal Reserve (Fed) verstehen kann:

> *Die Währung kann nicht gegen Staatsgold oder einen anderen Vermögenswert, der als Sicherheit dient, eingelöst oder umgetauscht werden. Die Frage, mit welchen Vermögenswerten die Noten der Federal Reserve „gedeckt" sind, hat nur eine buchhalterische Relevanz.*[7]

Bemerkenswert ist, dass die von der Bank of England emittierten Banknoten vom Markt abgelehnt und durch die *Exchequer Bill* (z. Dt. Schatzanweisung; Beispiel für die frühe staatliche Schuldverschreibung – Anm. d. Hrsg.) von 1696 ersetzt wurden. Die geschaffenen Banknoten waren vollständig in Gold einlösbar. Der erste Versuch der Bank of England, ein modernes Fiat-System einzuführen, ist zwar gescheitert (es hielt sich nicht mal zwei Jahre), schuf aber die Grundlage für die heutige Form des modernen Zentralbankwesens.

Die Bank of England wurde gegründet, um Staatsschulden mit reinem Fiat-Geld zurückzuzahlen, das aus Schulden geschaffen wurde. Die Bank of England scheiterte daran, und England ging daraufhin zum Goldstandard über.

Zentralisierung der Verwahrung

Noch einmal zur Erinnerung: Als der Vermögensbestand wuchs, zentralisierten die Menschen seine Verwahrung bei der Regierung, und die Regierung eignete ihn sich schließlich an. Der Markt reagierte darauf, indem Geld in einem privaten Bankensystem deponiert wurde, das zur Absicherung eine komplexe und widersprüchliche Rechtsstruktur entwickelte. Diese Absicherung war mit einem erheblichen Risiko verbunden, wodurch letztlich das Fiat-Geld entstand. Wie man heute üblicherweise sagt, wurde dieses Fiat-Geld aus dem Nichts geschaffen. Es war jedoch nicht nur einfach Nichts – es beruhte auf Schulden – was weniger als Nichts ist (ein negativer Wert). Antal Fekete veranschaulichte diese Idee für die heutige Zeit in einem meiner Lieblingsaufsätze, *Whither Gold?*:

> *Früher war Geld (und damit Kredit) in den am weitesten entwickelten Ländern der Welt an einen positiven Wert gebunden: den Wert einer genau definierten Menge eines Gutes von genau definierter Qualität. Im Jahr 1971 wurde diese Bindung [in den Vereinigten Staaten] aufgehoben. Seitdem ist das Geld nicht mehr an positive, sondern an negative Werte gebunden – an den Wert von Schuldverschreibungen.*[8]

Während wir uns in diesem und den vorherigen Kapiteln mit der Entwicklung des Geldes befasst haben, hat sich ein Muster herauskristallisiert. Wir erinnern uns, dass die ersten Geldformen dezentral, zeitaufwendig und öffentlich verifizierbar hergestellt wurden. In der Ära der Edelmetalle begannen die Regierungen, standardisierte Münzen herzustellen und deren Echtheit zu garantieren, was den

Nutzern die zeitraubende Echtheitsprüfung der Münzen ersparte. Bei diesem Schritt der monetären Evolution **haben die Menschen Vertrauen gegen Effizienz getauscht.**

Die Regierungen übernahmen die Aufgabe, die Verbraucher vor dem Beschneiden von Münzen zu schützen, indem sie es hart bestraften und das Geld monopolisierten. Es gab jedoch zahlreiche Beispiele wie das Römische Reich, das die Kontrolle über die Münzherstellung nutzte, um genau das zu tun, was es eigentlich verhindern sollte.

Ein Jahrtausend später setzt sich das Muster fort. Die Menschen lagerten ihr Geld zentral in staatlichen Münzstätten. Sie vertrauten darauf, dass die Regierung das Geld wie versprochen schützen würde. Doch die Regierungen eigneten sich ihr Vermögen an. Daraufhin verlagerten die Menschen ihre Bestände in die Tresore von Goldschmieden, wodurch das derivative Geld entstand. Indem ihre Belege als Geld verwendet wurden, wurde **Vertrauen gegen Effizienz eingetauscht**. Die Goldschmiede machten sich dies durch das **Teilreservesystem** zunutze. Als diese Institutionen des Teilreservesystems scheiterten, hatte die Regierung wieder einmal eine Lösung parat, indem sie Fiat-Geld schuf und damit genau das tat, was sie eigentlich verhindern sollte.

Der Tausch von Vertrauen gegen zusätzliche Vorteile war mit jedem Schritt der monetären Evolution mit immer höheren Kosten verbunden.

Die siebte Eigenschaft

Die zentralisierte Produktion von Geld führt unweigerlich zu einer Entwertung (Inflation). Die zentralisierte Verwahrung von Geld führt unweigerlich zu einem unhaltbaren Teilreservesystem (mehr dazu im nächsten Kapitel). In der heutigen Zeit sind diese Konzepte nicht nur normal, sondern gesetzlich vorgeschrieben. Die Regierung stellt Papiergeld in der Notendruckerei her, und man muss sein Geld aus praktischen Gründen in einer Bank aufbewahren.

Heute ist die Produktion und Verwahrung von Geld bis zu einem gewissen Grad dezentralisiert, aber dieser Grad ist unzureichend, und zwar in zunehmendem Maße. Infolgedessen ist unser Geld sehr veränderbar geworden. Frühe Formen des Geldes behielten ein gewisses Maß an **Unveränderbarkeit** bei, weil sie dezentral hergestellt und verwahrt wurden. **Die Unveränderbarkeit von Geld wird also durch die dezentrale Produktion und Verwahrung ermöglicht.**

Es gibt bekanntlich sechs monetäre Eigenschaften, und die Zentralisierung hat die Unveränderbarkeit des Geldes im Laufe der Zeit schrittweise verringert. Die Unveränderbarkeit wird jedoch nicht als monetäre Eigenschaft bezeichnet. **Daher sollte das ideale Geld die siebte Eigenschaft der Unveränderbarkeit erfüllen, die durch die Dezentralisierung der Produktion und der Verwahrung ermöglicht wird.** In Abbildung 23 ergänze ich die Grafik der monetären Dimensionen aus Kapitel 1 mit dieser Eigenschaft:

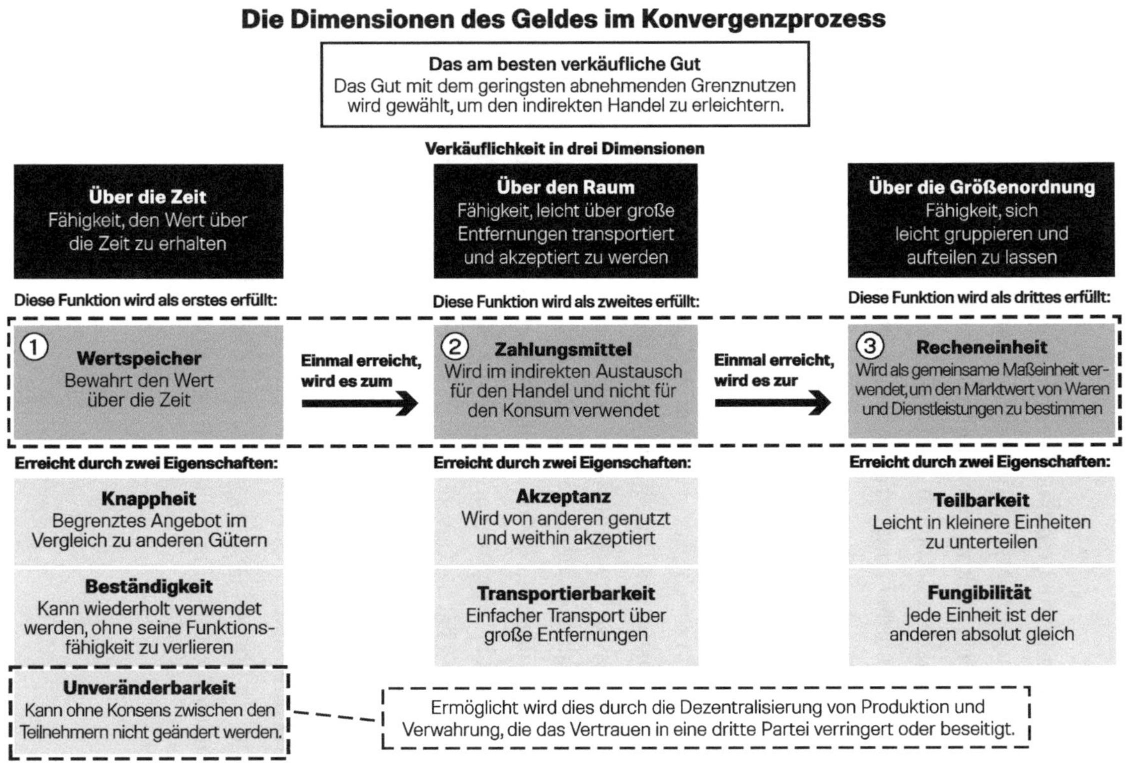

Abbildung 23: Unveränderbarkeit durch dezentrale Produktion und Verwahrung als siebte Eigenschaft des Geldes

Der nächste Schritt in der Evolution des Geldes ist eine Form von Geld, die die notwendigen Eigenschaften besitzt, um dezentral produziert und verwahrt zu werden. Durch die Dezentralisierung entfällt die Notwendigkeit, sich auf eine dritte Partei verlassen zu müssen, die einem Interessenkonflikt ausgesetzt ist, der wiederum zu moralischem Fehlverhalten führt. Bei allen früheren Formen von Geld ging die Unveränderbarkeit auf Kosten der Effizienz – Geld war teuer in der Beschaffung und kostspielig in der Validierung. **Im digitalen Zeitalter gibt es Chancen für Innovationen, aber auch das Risiko eines noch größeren moralischen Fehlverhaltens.**

Eine interessante Eigenschaft von Software ist die quasi unendliche Reproduzierbarkeit. Wenn man etwas einmal erstellt hat, kann man es praktisch ohne Kosten reproduzieren. Außerdem können die Programmierer die Software über ein Netzwerk von jedem Ort der Welt aus kontrollieren. Das bedeutet, dass digitales Geld, das von einer Regierung kontrolliert wird, von jedem Ort der Welt aus gesteuert und im Handumdrehen gelöscht oder geschaffen werden kann. Heute haben die meisten Menschen in den Industrieländern Konten bei Banken, und viele dieser Banken haben Konten bei der Fed. Diese Form der Kontrolle ist also bis zu einem gewissen Grad vorhanden. Sollte jedoch eine Zentralbank einen digitalen US-Dollar emittieren, würde dies bedeuten, dass jeder Bürger und jede Institution, die ihn verwendet, ein Konto bei der Fed haben müsste. Dies wäre eine unglaublich mächtige Position für eine Institution. Um mehr davon zu erfahren, musst du CBDCs (central bank digital currencies, z. Dt. digitale Zentralbankwährungen) nachschlagen.

Auch beim digitalen Geld wird ein kritischer Punkt erreicht, an dem die Menschen entscheiden müssen, ob sie erneut Vertrauen gegen Effizienz eintauschen wollen. Mein Ziel ist es, genügend Menschen davon zu überzeugen, dass sie es nicht tun sollten.

Abbildung 24 zeigt den historischen Trend bei der Eigenschaft der Unveränderbarkeit:

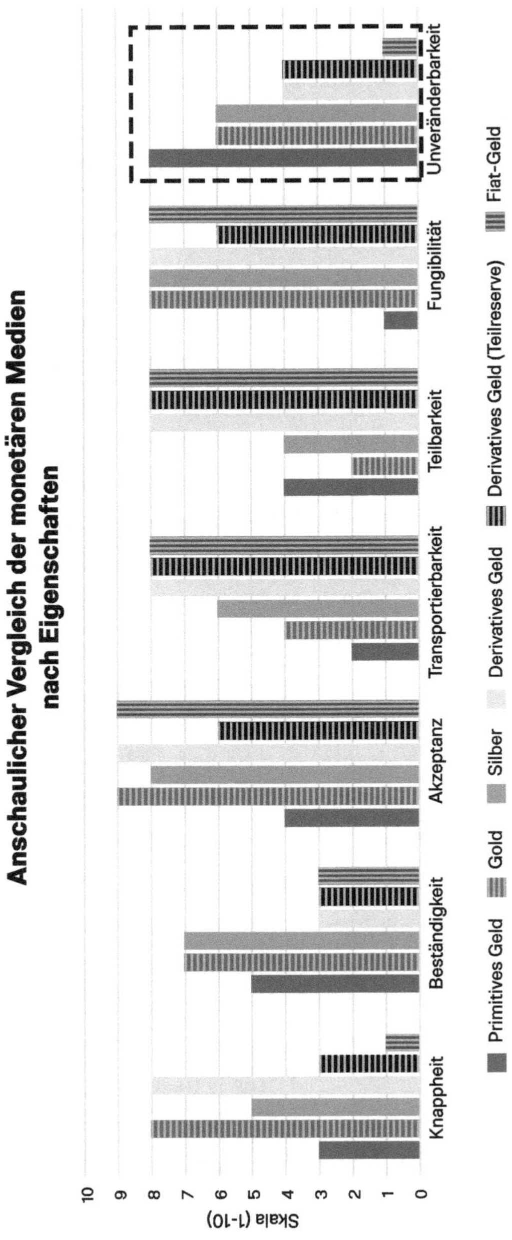

Abbildung 24: Vergleich des Fiat-Geldes mit früheren Formen, mit Schwerpunkt auf der siebten Eigenschaft der Unveränderbarkeit

Fazit

Im Laufe der monetären Evolution der Münzherstellung wurde die Produktion von Geld zunehmend zentralisiert. Auch die Verwahrung wurde in der folgenden Entwicklung immer zentraler. Die Vorteile, die sich durch den Verzicht auf die Dezentralisierung des Geldes ergaben, konnten die Nachteile bei weitem nicht aufwiegen. Demnach sollte eine ideale Eigenschaft eines Geldwertes die **Unveränderbarkeit** sein, die durch eine dezentrale Produktion und Verwahrung gewährleistet wird – **die siebte Eigenschaft**. Wenn die Gesellschaft diese Eigenschaft zurückgewinnen kann, ohne die Effizienz aufzugeben, ist das der nächste wichtige Evolutionsschritt in der Entwicklung des Geldes. Bevor wir uns jedoch mit der Frage beschäftigen, wie dies geschehen soll, müssen wir verstehen, wie sich das Bankensystem entwickelt hat und in welchem Zustand es sich gegenwärtig befindet.

Die Geschichte des Geldes ist damit abgeschlossen. Die Veränderungen und Fortschritte, die nach dem 18. Jahrhundert eintraten, veränderten nicht die Eigenschaften des Geldes, sondern vielmehr das Bankensystem an sich. Es ist wichtig, die Geschichte noch einmal zu betrachten, um ein umfassenderes Verständnis für die kausalen Zusammenhänge zu gewinnen, die sich aus der Partnerschaft zwischen Regierungen und dem Bankensystem ergaben. Diese Betrachtung wird uns in die Gegenwart führen, die immer noch eng mit der Vergangenheit verbunden ist.

Quellenangabe

1. Kim, Jongchul: *How Modern Bank Originated: The London Goldsmith-Bankers' Institutionalization of Trust*, S. 27

2. Kim, Jongchul: *How Modern Bank Originated: The London Goldsmith-Bankers' Institutionalization of Trust*, S. 28

3. Kim, Jongchul: *How Modern Bank Originated: The London Goldsmith-Bankers' Institutionalization of Trust*, S. 13

4. Kim, Jongchul: *How Modern Bank Originated: The London Goldsmith-Bankers' Institutionalization of Trust*, S. 16-17

5. Cantillon, Richard: *Essai sur la nature du commerce en general*, S. 299-303

6. Kim, Jongchul: *How Modern Bank Originated: The London Goldsmith-Bankers' Institutionalization of Trust*, S. 15-16

7. Friedman, David H.: *I Bet You Thought*

8. Fekete, Antal: *Whither Gold?*, S. 1

Kapitel 4

Die Geschichte des Zentralbankwesens

Ich bin nur froh, dass ich kein Heuchler bin.
MIKE TYSON

Dieses Kapitel ist lang und vollgepackt mit Informationen. Es beleuchtet ein durchgängiges Muster in der Geschichte, das zeigt, wie Zentralbanken entstehen und wie sie die Boom-and-Bust-Zyklen in unserer Wirtschaft erzeugen. Über dieses Muster wird viel diskutiert, und der Zweck dieses Kapitels ist es, die Fakten zu vermitteln, die meine Sichtweise geprägt haben. Das moderne Narrativ besagt, dass Zentralbanken die wirtschaftliche Volatilität verringern sollen, aber die Geschichte zeigt genau das Gegenteil.

Die Entstehung des Bankwesens

Die Entwicklung des Bankwesens in England war die Vorlage für das US-Bankensystem. Allerdings gab es bereits Jahrhunderte vor dieser Zeit Depotbanken und Kreditinstitute. Das Depotbankensystem lässt sich bis ins frühe Griechenland zurückverfolgen und verlief zeitgleich mit der Entwicklung des Münzwesens. Später kam es an verschiedenen Orten wie Indien, Ägypten, Syrien und Spanien auf. Im Allgemeinen gilt das Bankensystem von Venedig als die Wiege des modernen Bankwesens.[1]

Die Bank von Venedig war die erste nationale Bank, die in Europa gegründet wurde. Im Jahr 1361 erließ der venezianische Senat ein Gesetz, das es den Bankiers verbot, sich an kommerziellen Aktivitäten zu beteiligen. Ihre Geschäftsbücher und Lagerbestände mussten öffentlich einsehbar sein, um die Versuchung zu riskanten Kreditvergaben zu verringern. 1524 wurde ein Gremium von Bankprüfern geschaffen, das die physische Abrechnung in Münzen statt in Schecks verlangte. Trotz dieser Vorsichtsmaßnahmen nutzte das Haus von *Pisano und Tiepolo* seine Reserven, um Kredite zu verleihen, und war 1584 nicht in der Lage, den Einlegern ihr Geld zurückzugeben. Die Regierung übernahm daraufhin die Kontrolle und gründete die *Banco della Piazza del Rialto.* **Sie durfte weder Kredite vergeben noch mit der Kreditvergabe Gewinne erzielen. Sie durfte nur von den Gebühren profitieren, die sie für die Verwahrung von Münzen, den Währungsumtausch und die Abwicklung von Überweisungen erhielt.**[1] Sie fungierte praktisch als Verwahrstelle, die Schecks einlöste. **Mit ihrem vollständig gedeckten Derivativgeld, das weit über die Grenzen hinaus gehandelt wurde, erfuhr die Bank als Zentrum des venezianischen Handels jahrelang florierende Zeiten.**

Als die Erinnerung an die Missstände im Bankwesen mit der Zeit verblasste, erlaubte der venezianische Senat erneut die Vergabe von Krediten durch Teilreserven. **Die Politiker, die den Bürgern keine Steuererhöhungen zumuten wollten, beschlossen, eine Bank zu gründen, die das benötigte Geld schuf und es dann an sie „verlieh".** Im Jahr 1619 wurde die *Banco del Giro* gegründet, die dann innerhalb von zwei Jahrzehnten die *Banco Della Piazza del Rialto* übernommen hatte.

Im Laufe des 15. und 16. Jahrhunderts entstanden in ganz Europa Banken. Sie alle orientierten sich an der Praxis des Teilreservesystems.[2]

In Europa zeichnete sich eine Ausweitung des Bankwesens ab, die über die Rolle eines Einlageninstituts hinausging. Die Kreditvergabe unter Anwendung des Prinzips der Teilreserve war aus den in

Kapitel 3 genannten Gründen zu profitabel, um ignoriert zu werden. Die Regierungen erkannten dies und entdeckten eine Rolle, die sie dabei einnehmen konnten. Das Kreditsystem mit Teilreserven war zwar eine Zeit lang profitabel, aber es war ein anfälliges System, das unter extremen Umständen zusammenbrach (bei einem Bank Run würde das Geld nicht verfügbar sein). Die Regierungen begriffen, dass der Anspruch der Inhaber der Papierbelege auf physisch gedecktes Geld das System letztlich verwundbar machte. Könnte dieser Anspruch jedoch beseitigt werden, so könnte das System fortbestehen, wobei die Folgen eines Scheiterns auf den Wert des Papiers selbst zurückzuführen wären.

Die Zentralisierung des Bankwesens

Das Zentralbanksystem entstand letztlich als ein Mechanismus, um Geld zu erschaffen, das durch Schulden gedeckt war und mit dem die staatlichen Ausgaben finanziert werden sollten. Im Gegenzug erhielten die Banken (allgemein ausgedrückt) das Monopol zur Emission von Banknoten, die von der Regierung per Dekret als **gesetzliches Zahlungsmittel** festgelegt wurden. Diese Partnerschaft war eine Lösung für das immer wiederkehrende Problem der Kreditkontraktion (Verknappung der Kreditvergabe – Anm. d. Hrsg.), das in einem Teilreservesystem nur allzu bekannt war. Anders ausgedrückt: **Wenn die Menschen mit Geld handelten, das nicht eingelöst werden konnte, konnte es nicht zu einem Ansturm auf die Banken kommen.** Es gibt in der Geschichte jedoch zahlreiche gescheiterte Versuche von Regierungen, dieses System vollständig umzusetzen. Der erste Versuch der Bank of England war ein drastischer Fehlschlag. Die USA scheiterten mit drei Zentralbanken, bevor sie eine einführten, die reines Fiat-Geld ohne gesetzliche Reserven druckte. Mit jedem gescheiterten Fiat-Geld kehrte man zu irgendeiner Form des Goldstandards zurück (wobei zu beachten ist, dass das Festhalten an einem Goldstandard von vielen Ländern/Banken im Laufe der Geschichte immer mal wieder in Frage gestellt wurde).

Blickt man auf diese Geschichte zurück, so lässt sich ein allgemeines Muster bei der Entstehung und den Folgen der Gründung einer Zentralbank erkennen:

- **Entstehung**
  - Es besteht die Notwendigkeit, die Staatsausgaben zu finanzieren, oft aufgrund von Kriegen.
  - Die Bank wird gegründet, um Geld zu drucken und es an die Regierung zu verleihen.
  - Damit das Geld akzeptiert wird, muss die Regierung dem Geld einen rechtlichen Status verleihen (gesetzliches Zahlungsmittel) oder versichern, dass es durch echtes Geld gedeckt ist.
- **Folgen**
  - Die Bank gibt viel mehr Papiergeld heraus, als in ihren Tresoren gelagert ist.
  - Sobald dies öffentlich bekannt wird, verlangen die Menschen ihre Einlagen zurück, die jedoch nicht vorhanden sind.
  - Die entwertete Währung führt zu einer schnellen Inflation.
  - Die Regierung versucht, die Inflation zu bekämpfen, indem sie Preiskontrollen anordnet.
  - Da die Preise künstlich niedrig gehalten werden, stellen die Menschen die Produktion ein, und die Wirtschaft leidet unter Versorgungsengpässen bei Gütern.
  - Es kommt zu weiteren wirtschaftlichen Verwerfungen, die ein Wohlstandsgefälle, politische Unzufriedenheit/Extre-

mismus, zivilen Ungehorsam oder einen Regimewechsel zur Folge haben.

Der Wegbereiter des Zentralbankwesens war die schwedische Nationalbank (Sveriges Riksbank), die 1668 als Reaktion auf den Zusammenbruch der Stockholmer Bank gegründet wurde, nachdem diese viel mehr Banknoten herausgegeben hatte als Einlagen vorhanden waren. Die Riksbank erhielt erst 1701 die Erlaubnis, Banknoten (Papier, das durch nichts gedeckt ist) zu emittieren. Doch dieses Recht wurde ihr bis zum Ende des 19. Jahrhunderts nicht exklusiv eingeräumt, sodass auch andere private Banken Banknoten herausgeben konnten. Schweden hatte in der Vergangenheit relativ solide Bankpraktiken, und **sein Papiergeld war bis 1931**, als das Land die schwerste Rezession seiner Geschichte erlebte, **in irgendeiner Form durch Gold gedeckt**. Heute ist die Sveriges Riksbank die am längsten bestehende Bank in Schweden.

Während die Riksbank die erste Zentralbank war, diente die Bank of England als Vorlage für das moderne Zentralbankwesen. Sie wurde 1694 inmitten finanzieller Unordnung und des Krieges mit Frankreich gegründet. Zuvor waren in England zahlreiche Lizenzen an Banken vergeben worden, die jedoch alle aufgrund der Emission von Geld, das auf Teilreserven beruht, scheiterten. W.A. Shaw stellt in *Theory and Principles of Central Banking* fest: *„Eine Katastrophe nach der anderen musste über das Land hereinbrechen.... [wegen] der Gleichgültigkeit des Staates gegenüber diesen rein privaten Papiergeldzeichen.“* [3]

Die Bank of England war die staatliche Schöpferin von schuldenbasiertem Geld und **wurde durch Parlamentsbeschlüsse mehrfach begünstigt und vor der Insolvenz bewahrt.**

Die Bank unterstützte die Regierung bei der Tilgung der Staatsschulden, indem sie Geld druckte und es an die Regierung verlieh (und so die Schulden mit noch mehr Schulden beglichen wurden). Im Gegenzug erhielt sie das Recht, Banknoten zu drucken, die reines **Fiat-Geld** (d. h. nicht durch ein Geldmedium gedeckt) waren. Obwohl diese Banknoten als **gesetzliches Zahlungsmittel** deklariert wurden (d. h. es war gesetzlich vorgeschriebenen, dass sie in irgendeiner Form verwendet werden mussten), wurden sie vom Markt abgelehnt, da die mit dieser Art von Geld verbundenen negativen Folgen noch nicht lange zurücklagen. **Daraufhin gab die Bank im Jahr 1696 Schuldverschreibungen heraus, die vollständig in Gold einlösbar waren.**

Die Bank of England scheiterte mit der Einführung eines Fiat-Geldsystems, weil die Öffentlichkeit das Fiat-Geld ablehnte.

Im Jahr 1707 wurde der Bank of England die Verantwortung für die Verwaltung ihrer eigenen Währung übertragen. **Die Bank führte wieder Banknoten aus Teilreserve-Geld ein,** die die bestehenden Banknoten bis Mitte des 18. Jahrhunderts schrittweise ersetzten.

Im Jahr 1797 konnte die Bank die Nachfrage nach der physischen Aushändigung ihrer Teilreserven nicht mehr bedienen. Das **Parlament griff ein** und ermächtigte die Bank, die **Zahlung in Hartgeld auszusetzen** (d. h. es wurde den Bürgern verboten, das Gold, mit dem ihr Papiergeld gedeckt war, einzulösen). Bevor die Regierung diese Zahlungen einstellte, war die Bank verpflichtet, die Zahlungen in Gold einzulösen. **Durch die gesetzliche Regelung war die Bank nun davon befreit, ihren Vertrag zur Rückgabe von Goldeinlagen erfüllen zu müssen.**[23]

Als Reaktion auf die hohe Inflation führte die Regierung 1815 Preiskontrollen ein (d. h. die berühmten Corn Laws, z. Dt. Getreidegesetze). England geriet in eine **tiefe Wirtschaftskrise und es kam zu Unruhen.**[4]

1821 kehrte England zum Goldstandard zurück, wodurch eine Phase der Deflation und Rezession einsetzte. Die Reserven waren jedoch immer noch fraktional und das Konzept der Zentralbank bestand weiterhin. Allerdings ist der Begriff „Goldstandard" nicht genau definiert. Das heißt, eine Zentralbank konnte ihre Reserven vollständig oder nur zu einem Teil halten.

1825 begann in England eine weitere Krise, die zum Zusammenbruch von 64 Banken führte. Es wurde das Konzept des **„Kreditgebers der letzten Instanz"** eingeführt, d. h. die Zentralbank konnte den Banken nach eigenem Ermessen Kredite gewähren, wenn diese von Insolvenz bedroht waren. Ein ehemaliger Gouverneur der Bank of England bezeichnete dies als *„die verheerendste Idee, die jemals in der Welt der Finanzen und Banken geäußert wurde"*.[5]

Das Teilreservesystem der Bank of England führte zu einem Ansturm auf die Banken, Inflation, Preiskontrollen, Rezession und sozialen Unruhen.

Kurz nach der Gründung der Bank of England wurde die Banque de France gegründet. Frankreich hatte durch die Kriege Ludwigs XIV. einen hohen Schuldenberg angehäuft und brauchte eine Lösung. John Law überzeugte den König davon, die Bank zu gründen und anzuordnen, dass alle Steuern und Einnahmen in den Banknoten der Bank bezahlt werden sollten. Im Jahr 1716 wurde sie als private Bank zugelassen und zwei Jahre später verstaatlicht. Mit ihrem Status als Institution des gesetzlichen Zahlungsmittels begann die Bank, wie viele andere vor ihr, mehr Banknoten herauszugeben, als sie an Reserven hatte. Es folgte eine Zeit wilder Spekulationen in der berühmten Mississippi-Blase. Das Ergebnis war ein Ansturm auf die Banken im Jahr 1720, mit einer Inflation der Währung von etwa 50 %. Der Begriff Bankwesen wurde mit Betrug assoziiert, und Frankreich richtete erst nach einem halben Jahrhundert wieder eine Zentralbank ein.

Im Jahr 1776 wurde die Nachfolgerin der Banque de France gegründet, wiederum aus der Notwendigkeit heraus, Krieg zu finanzieren. Im Jahr 1793 gab es eine grassierende Inflation. Um die Inflation einzudämmen, unternahm die Revolutionsregierung der neuen französischen Republik in jenem Jahr zahlreiche Versuche, die Preise und Löhne zu kontrollieren. Das bemerkenswerteste dieser Experimente war das sogenannte Maximumgesetz. Die künstlich niedrig gehaltenen Preise führten zu erheblichen Nahrungsmittelengpässen. Die Landwirte hielten ihre Erzeugnisse so gut es ging von den Märkten fern, weil es für sie nicht wirtschaftlich war, sie zu solch niedrigen Preisen zu verkaufen. Ironischerweise war Frankreich eines der reichsten Agrarländer in Europa. Ein Fachhistoriker sagt dazu:

> *Das Nahrungsmittelproblem in jenem Jahr lag nicht an der Produktion, sondern an der Verteilung. Eine ununterbrochene Flut von Dekreten und Verordnungen, von denen jede die Mängel der vorherigen beheben sollte, führte den Brotkorb Europas an den Rand des Hungertodes.* [6]

Es kam zu Volksaufständen, sodass 1794 die Preiskontrollen offiziell abgeschafft wurden. Als Robespierre – eine einflussreiche Figur der Französischen Revolution – zu seiner Hinrichtung getragen wurde, verkündete er: *„Das war›s mit dem dreckigen Maximum!“* [6]

Das Teilreservesystem der Banque de France führte zu einem Ansturm auf die Banken, Inflation, Preiskontrollen, Rezession und sozialen Unruhen.

Abbildung 25: Zeitachse der wichtigsten europäischen Zentralbanken

Das Zentralbankwesen in den Vereinigten Staaten

Bisher haben wir die großen Bankinstitute in Europa betrachtet, die die Vorlage für das moderne Zentralbanksystem lieferten. Die USA übernahmen später ähnliche Bankpraktiken und wurden schließlich zu einem reinen Fiat-System ohne gesetzliche Mindestreservepflicht. Man sollte sich das bereits erwähnte Muster der kausalen Zusammenhänge vor Augen halten. Dieses Muster ist wichtig, um zu verstehen, was sich bei den ersten drei US-Zentralbanken sowie bei der vierten, die heute noch existiert, ereignet hat.

Von 1690 bis 1764 machten die amerikanischen Kolonien ihre ersten Erfahrungen mit reinem Fiat-Geld. Die Preise stiegen drastisch an und über den Erlass von Gesetzen sollte die Akzeptanz eines gesetzlichen Zahlungsmittels erzwungen werden. Um 1750 lag die Inflation in Connecticut bei 80 %, in North- und South Carolina bei 900 %, in Massachusetts bei 1000 % und in Rhode Island bei 2300 %.[24] Das britische Parlament musste eingreifen und die Fiat-Geld-Produktion stoppen. Die erzwungene Verwendung von Fiat-Geld hat dazu geführt, dass alle das echte Geld in Form von Münzen gehortet haben (Greshamsches Gesetz), die nun wieder zum Einsatz kamen, da das Papiergeld wertlos war. Die Preise passten sich wieder der Realität an und der Wohlstand wuchs bis zur Revolution.[7]

1775 bestand eine der ersten Amtshandlungen des Kontinentalkongresses darin, den Druck von Papiergeld, dem **Continental**, zu genehmigen. Unmittelbar vor dem Revolutionskrieg belief sich die koloniale Geldmenge auf etwa zwölf Millionen Dollar. Im Jahr 1780 belief sie sich auf etwa 227 Millionen Dollar, was einem Anstieg von etwa 2000 % entspricht.[8] Die Warenpreise waren um 480 % gestiegen. Als Reaktion darauf führte die Regierung Preiskontrollen sowie Bestimmungen zu gesetzlichen Zahlungsmitteln ein und machte „unpatriotische Spekulanten" für die Inflation verantwortlich (so wie einst Diokletian die Kaufleute beschuldigte). Nachdem Washingtons Armee im Valley Forge fast verhungert war, hob der Kontinentalkongress die Preiskontrollen auf.[9]

Thomas Jefferson äußerte seine Sichtweise zu dieser Thematik:

> *Jeder, der einen Geldschein benutzte, hatte einen Wertverlust zu verzeichnen, solange der Schein in seinem Besitz war. Dadurch wurde ihm eine echte Steuer auferlegt. Auf diese Weise trug das Volk der Vereinigten Staaten während des Krieges tatsächlich jene sechsundsechzig Millionen Dollar bei, und zwar durch eine Art der Besteuerung, die die ungerechteste und somit auch die repressivste von allen war.*[10]

Als die Preiskontrollen aufgehoben wurden, stieg die Inflation sprunghaft an. Unmittelbar darauf folgte eine Phase der Deflation, die zum Ruin von Unternehmen geführt hat.[8] Der Continental wurde direkt von der Regierung emittiert und war durch nichts gedeckt. Da die Verfassung noch nicht ausgearbeitet war, war die direkte Emission von Fiat-Geld rechtmäßig. Gegen Ende des Krieges wurde eine *De-facto*-Zentralbank geschaffen.

Das koloniale Fiat-Geld führte zu Inflation, Preiskontrollen, Knappheit und sozialen Unruhen.

Die Bank of North America, die erste US-Zentralbank, wurde 1782 gegründet, noch bevor die Verfassung geschrieben wurde. Alexander Hamilton war im Kongress ihr wichtigster Befürworter. Sie verfügte über eine Teilreserve und gab Papierscheine heraus, die die tatsächlichen Einlagen überstiegen, jedoch nicht zum gesetzlichen Zahlungsmittel erklärt wurden. Sie hatte auch nicht die Befugnis, das Geld der Nation direkt zu emittieren. Letztlich lieh sie der Regierung Geld, um den Revolutionskrieg zu finanzieren, wurde aber nach dem Ende des Krieges aufgelöst.

Abbildung 26: die Bank of North America

Im Jahr 1787 fand der Verfassungskonvent statt. Damals wurde heftig darüber diskutiert, wie die künftige Geldpolitik aussehen sollte. Drei Monate vor dem Verfassungskonvent brachte George Washington seine Ablehnung des Fiat-Geldes zum Ausdruck:

> *Die Not, die aus dem Mangel an Hartgeld entsteht, wird als größer dargestellt, als sie in Wahrheit ist. Ich behaupte, dass wir von der Substanz und nicht vom Schein einer Sache profitieren sollen. Meiner bescheidenen Meinung nach kann die Weisheit der Menschen derzeit keinen Plan entwickeln, durch den das Vertrauen in Papiergeld lange aufrechterhalten werden könnte. Somit steigt der Wertverlust mit der Emissionsmenge, wobei die Erzeugnisse, gegen die das Papiergeld eingetauscht wird, stärker ansteigen als der Wert des Geldes sinkt. Worin liegt also der Nutzen für den Bauern, den Plantagenbesitzer, den Handwerker? Ein großes Übel ist die Tür, die es unmittelbar für Spekulationen öffnet, wodurch der unauffälligste und vielleicht wertvollste Teil der Gemeinschaft von den schlaueren und gerisseneren Spekulanten ausgenutzt wird.*[11]

Vermögensungleichheit durch Inflation:

Washington war sich der Vermögensungleichheit bewusst, die durch die Ausweitung der Fiat-Währung entsteht. Dieses Phänomen wurde von dem Wirtschaftswissenschaftler Richard Cantillon erkannt und ist als **Cantillon-Effekt** bekannt. Er stellte die These auf, dass steigende Preise in verschiedenen Bereichen einer Volkswirtschaft zu unterschiedlichen Zeitpunkten auftreten. Die ersten, die das neu geschaffene Geld erhalten, können es ausgeben, bevor die Preise gestiegen sind, während jeder nachfolgende Empfänger des Geldes es erst ausgeben kann, wenn die Preise bereits angestiegen sind.

Dies ist vergleichbar mit der Beschneidung von Münzen durch die römische Regierung. Die Regierung tätigte als erstes Ausgaben mit ihren Münzabschnitten, bevor die Preise stiegen, während die Landarbeiter das Geld ausgaben, nachdem die Preise gestiegen waren. Heute sind es die größten Banken, die das Geld zuerst erhalten. Dieses Geld wird in Form von Krediten vor allem an Unternehmen weitergegeben. Letzten Endes sind es die Lohnempfänger, die es von diesen Unternehmen erhalten. Solange die Preise noch niedrig sind, handeln die Banken mit dem neuen Geld, während die Lohnempfänger erst damit handeln, nachdem die Preise gestiegen sind.

Man kann dies auch so sehen, dass diejenigen, die am weitesten von der Interaktion mit Finanzinstituten entfernt sind, letztendlich am schlechtesten dastehen. Diese Bevölkerungsgruppe ist in der Regel die ärmste in einer Gesellschaft. Somit ist die endgültige Auswirkung auf die Gesellschaft ein Vermögenstransfer zu den Wohlhabenden. Die Armen werden ärmer, während die Reichen reicher werden, was zur Schwächung oder Zerstörung der Mittelschicht führt.

Hier ist ein Ausschnitt, in dem der Fed-Vorsitzende Jerome Powell dieser Frage ausweicht.[25]

Und hier ist eine Abbildung der Vermögensungleichheit in den USA seit der Umstellung auf ein reines Fiat-System im Jahr 1971 (dazu später mehr).

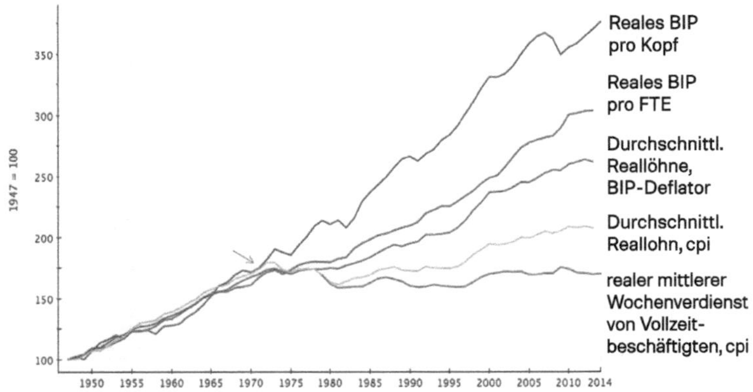

Anmerkung: FTE = Vollzeitäquivalent eines Arbeiters
Quelle: Bureau of Economic Analysis (BEA), Bureau of Labour Statistics (BLS)

Abbildung 27: 1971 begann die Ungleichheit erheblich zuzunehmen (Bildquelle: wtfhappenedin1971.com)[28]

Zurück zum historischen Hintergrund. Washingtons Meinung wurde von denjenigen, die die US-amerikanische Verfassung geprägt haben, weitgehend geteilt:

- Oliver Ellsworth: „*Dies ist ein günstiger Moment, um uns vor dem Papiergeld abzuschotten. Das Unheil der verschiedenen durchgeführten Experimente ist noch frisch im öffentlichen Bewusstsein und hat den Unmut aller angesehenen Teile Amerikas entfacht.*“ [12]
- George Mason: „*Sie könnten zwar ein Gesetz zur Emission von Papiergeld erlassen, aber selbst zwanzig Gesetze würden das Volk nicht dazu bringen, es anzunehmen. Papiergeld beruht auf Betrug und Gaunerei.*“ [12]
- James Wilson: „*Die Beseitigung der Option auf Papiergeld wird äußerst positive Auswirkungen auf das Ansehen der Vereinigten Staaten haben.*“ [12]

- George Reed (über die Erlaubnis für die Regierung, Papiergeld zu emittieren): *„Das wäre genauso alarmierend wie das Malzeichen des Tieres in der Offenbarung des Johannes."* [12]
- Thomas Paine: *„Ein Abgeordneter, der ein solches Gesetz beantragt, sollte mit dem Tod bestraft werden."* [12]

Die Verfechter des gesunden Geldes gewannen schließlich auf Grundlage von Artikel I der Verfassung, Abschnitte 8 und 10:

- *„Der Kongress hat die Befugnis … Geld zu leihen … Münzen zu prägen, ihren Wert und den von ausländischen Münzen zu regulieren und den Standard von Gewichten und Maßen festzulegen … und für die Bestrafung von Fälschungen zu sorgen."*
- *„Kein Staat darf … Münzen prägen, Schuldverschreibungen (bills of credit) ausstellen [oder] etwas anderes als Gold- und Silbermünzen zur Begleichung von Schulden zulassen."*

Der Kongress erhielt die Befugnis, Münzen zu prägen, aber nicht, Geld zu schaffen (in heutigen Worten: zu drucken). Diese Befugnis des Kongresses ist für Papiergeld weniger klar in der Verfassung definiert als das Recht zur Prägung von Münzen. Über die Auslegung dieser beiden Abschnitte der Verfassung gab es intensive rechtliche Auseinandersetzungen. Geld sollte privat geschaffen und die Münzen von der Regierung geprägt werden. Diese Festlegung wurde ausdrücklich im Coinage Act von 1792 verankert. In diesem Gesetz wurde bestimmt, dass der Dollar einen festen Silberanteil hat, in den er vollständig einlösbar ist. Mit den Worten Washingtons:

> *Eines Tages könnten wir eine große und blühende Handelsnation werden. Aber wenn wir bei der Suche nach den Mitteln unglücklicherweise wieder über ungedecktes Papiergeld*

oder eine ähnliche Art von Betrug stolpern sollten, werden wir dem Ansehen unserer Nation in ihren Anfängen mit Sicherheit einen tödlichen Stich versetzen.[13]

Noch vor dem Coinage Act arbeitete Alexander Hamilton an der Gründung einer neuen Zentralbank. Seine Argumentation für die Bank war, dass sie eine stabile Währung schaffen, die Kosten für Schulden senken und somit das wirtschaftliche Wachstum erleichtern würde.[14] Hamilton hatte auch Beziehungen zu Akteuren im englischen Bankensektor, die eine Präsenz in den USA etablieren wollten. Man muss beachten, dass Hamilton, ähnlich wie heutige Politiker, von seinen früheren Aussagen, in denen er gesundes Geld lobte, abgewichen war. Thomas Jefferson führte die Fraktion an, die gegen die Einrichtung einer Zentralbank war, wobei es ein Jahr lang intensive Debatten gab.

- Jefferson:
  - *„Eine private Zentralbank, die die offizielle Währung herausgibt, ist eine größere Bedrohung für die Freiheiten des Volkes als ein stehendes Heer.“* [15]
  - *„Wir dürfen nicht zulassen, dass unsere Herrscher uns mit ewiger Verschuldung belasten.“* [16]
- Hamilton:
  - *„Keine Gesellschaft kann erfolgreich sein, die nicht die Interessen und Finanzen reicher Individuen mit denen des Staates vereint.“* [17]
  - *„Eine Staatsverschuldung, die nicht überhand nimmt, wird ein Segen für unser Land sein.“*[18]

Hamilton hat gewonnen. Im Jahr 1791 erhielt die First Bank of the United States eine Lizenz für zwanzig Jahre. **Dies war möglich, weil die Verfassung es der föderalen Regierung erlaubte, Geld zu leihen.**

Durch die Gründung einer quasi-privaten Bank konnte diese Bank Papiergeld schaffen und es der Regierung *leihen*. Technisch gesehen konnte sie zwar jedem Geld leihen, aber der Zinssatz war auf maximal 6 % begrenzt. Dadurch war es unpraktisch, Kredite an jemand anderen als die Regierung und Institutionen mit einwandfreier Bonität zu vergeben.[19]

Jefferson war über diese Angelegenheit sehr besorgt:

> *Ich wünschte, es wäre möglich, nur eine einzige Änderung unserer Verfassung zu erwirken. Für mich würde es genügen, einzig und allein darauf zu setzen, dass die Verwaltung unserer Regierung auf das Grundprinzip der Verfassung reduziert wird; ich meine einen zusätzlichen Artikel, der der föderalen Regierung ihre Befugnis zur Kreditaufnahme nimmt.*[20]

Abbildung 28: Die First Bank of the United States.

Die First Bank of the United States war der Bank of North America sehr ähnlich. Sie erhielt das Monopol für die Emission von Banknoten. Diese galten zwar nicht als gesetzliches Zahlungsmittel, konnten aber zur Zahlung von Steuern verwendet werden, was sie für einige Leute attraktiv machte. Die Bank war die offizielle Verwahrstelle für staatliche Gelder, die stets verpflichtet war, ihre Banknoten in Gold oder Silber einzulösen, wenn dies verlangt wurde. Sie war jedoch nicht verpflichtet, den vollen Betrag in Gold oder Silber zurückzuhalten, der zur Begleichung ihrer Verbindlichkeiten aus den Banknoten erforderlich war. Die Bank verfügte also über eine Teilreserve. In den folgenden fünf Jahren stieg die Menge der Dollar um 72 % an.[19]

Die erste Zentralbank wurde als private Institution gegründet, um die von den Gründervätern befürwortete verfassungsmäßige Beschränkung des Gelddruckens zu umgehen.

Im Jahr 1811 stand die Erneuerung der Banklizenz an, doch sie wurde sowohl im Repräsentantenhaus als auch im Senat mit einer Stimme Mehrheit abgelehnt, sodass die Bank ihre Pforten schloss. Danach übernahmen die staatlichen Banken die Aufgabe, Banknoten zu drucken. Als der Krieg von 1812 ausbrach, wurden die staatlichen Banken zur Finanzierung des Krieges herangezogen. Bis 1814 waren die Banken der Nation (mit Ausnahme von Neuengland) zahlungsunfähig[26] , und die Menge der Dollar stieg um 66 % an, während die Staatsschulden von 45 Millionen US-Dollar auf 127 Millionen US-Dollar anstiegen.[27] Die Regierung weigerte sich, ihre Verpflichtungen einzulösen, um die Banken zahlungsfähig zu halten. Als die Öffentlichkeit davon erfuhr und ihre Einlagen einforderte, kam es zu Unruhen, und die Banken mussten zum Schutz Wachpersonal anheuern.

Das Gelddrucken in Kriegszeiten führte zu Inflation, Bankenpleiten und sozialen Unruhen.

Um die von den Staatsbanken verursachten Probleme zu lösen, schufen die USA eine weitere Zentralbank. **So wie Großbritannien die Bank of England gründete, um das Problem der Teilreserve mit den Goldschmiedebankiers zu lösen, gründeten die USA die Second Bank of the United States, um das Problem der Teilreserve mit den Staatsbanken zu lösen.** Sie wurde 1816 unter Präsident Madison gegründet und war mit ihrer Vorgängerin identisch. Diesmal war jedoch die Wettbewerbsdynamik anders, die zwischen dieser neuen Bank und den bestehenden Staatsbanken bestand.

Abbildung 29: Die Second Bank of the United States.

Als die Second Bank of the United States ihre Tätigkeit aufnahm, konkurrierte sie mit den bestehenden Staatsbanken um Marktanteile. Unter dem Vorwand, Steuereinnahmen zu generieren, erhoben die einzelnen Staaten hohe Steuern auf jede Bank, die innerhalb ihrer Grenzen tätig war, aber außerhalb des Staates gegründet wurde. Dies gefiel der Zentralbank nicht und es kam zu einem Rechtsstreit, der bis vor das Oberste Gericht ging.

Der Fall McCulloch gegen Maryland war für die damalige Zeit ein Novum und bedeutend für die Etablierung der föderalen Macht. Maryland argumentierte, die Zentralbank sei verfassungswidrig, da die Verfassung der Regierung keine Befugnis zur Gründung einer Bank erteile. McCulloch argumentierte, dass eine Zentralbank „notwendig und angebracht" sei, damit der Kongress seine anderen Befugnisse ausüben könne, die ihm durch die Verfassung übertragen wurden. Dies war eine starke Verteidigung, da man den Wortlaut „notwendig und angebracht" in Artikel I Abschnitt 8 flexibel auslegen und somit manipulieren konnte.

Interessant ist der Schwerpunkt der Argumentation. Die Frage hätte lauten müssen, ob es in der Macht des Kongresses lag, entweder direkt **oder indirekt** Schuldverschreibungen auszustellen. Die Bank schuf Geld, und der größte Teil davon wurde zur Finanzierung der Regierung verwendet. Außerdem gewährte die Regierung der Bank ein nationales Monopol und setzte es mit staatlicher Macht durch. Ohne die föderale Regierung konnte die Zentralbank nicht existieren.

Der Oberste Gerichtshof entschied einstimmig zu Gunsten von McCulloch. Damit war das Konzept einer national lizenzierten Bank, die unabhängig von der Regierung agiert, fest etabliert.

Im Jahr 1818 drohte die Zentralbank zu scheitern, sodass sie einen Großteil ihrer Kredite einforderte, was die Panik von 1819 (Finanzkrise – Anm. d. Hrsg.) auslöste. Der Historiker William Gouge stellte fest: *„Die Bank wurde gerettet, und das Volk wurde ruiniert."* 1836 sollte die Lizenz der Bank erneuert werden und es kam zu einer politischen Auseinandersetzung zwischen Präsident Andrew Jackson und dem Vorsitzenden der Bank, Nicholas Biddle. Jackson wollte die Bank auflösen und bezahlte die Ausgaben der Regierung in Gold, während er für seine Wiederwahl warb. **Der Vorsitzende der Bank verteilte unerlaubt Gelder an Kongressabgeordnete und begünstigte wichtige Pressevertreter.** Jackson begann, der Bank die föderalen Einlagen zu entziehen, worauf Biddle mit der bewussten Herbeiführung einer Kreditkontraktion reagierte, für die er dann Jacksons Entscheidung verantwortlich machte.

Im Jahr 1836 wurde der Bank die Banklizenz entzogen, sie wurde in eine Staatsbank umgewandelt und **der Vorsitzende Biddle wurde verhaftet und wegen Betrugs angeklagt.** Damit ist die Geschichte der letzten US-Zentralbank vor der Gründung der Federal Reserve beendet.

Die zweite Zentralbank der USA endete mit Betrug, da der Vorsitzende absichtlich einen wirtschaftlichen Einbruch herbeiführte.

Als 1861 der Bürgerkrieg ausbrach, war die Nation mit finanziellen Risiken konfrontiert. Die Regierung finanzierte den Krieg, indem sie verfassungswidrig eine Einkommenssteuer erhob, Kriegsanleihen verkaufte und Fiat-Geld druckte (den berühmten Greenback). Wie konnte sie trotz der Verfassung Fiat-Geld drucken? Lincoln ignorierte die Verfassung während des Bürgerkriegs in vielerlei Hinsicht. Es gibt keinen besseren Zeitpunkt, um die Freiheit zu beschneiden, als in einer Krise, insbesondere im Krieg.

Abbildung 30: Der Greenback.

Während des Krieges wurde der National Banking Act von 1863 verabschiedet, um eine Gruppe national lizenzierter Banken zu gründen. Es wurde offen und ehrlich als Kriegsmaßnahme dargestellt. Für den Rest des 19. Jahrhunderts existierte das US-Bankensystem als ein verteilter Verbund nationaler Banken. Am Ende des Bürgerkriegs hatte sich die Geldmenge der Nordstaaten um 138 % erhöht, und die Greenbacks waren um 65 % inflationiert.[21] In den Südstaaten war der Warenpreisindex um 9.200 % gestiegen. All dies geschah trotz vorgeschriebener Preiskontrollen. Es folgten Unruhen und Plünderungen, insbesondere in den ehemaligen Konföderierten Staaten.[22]

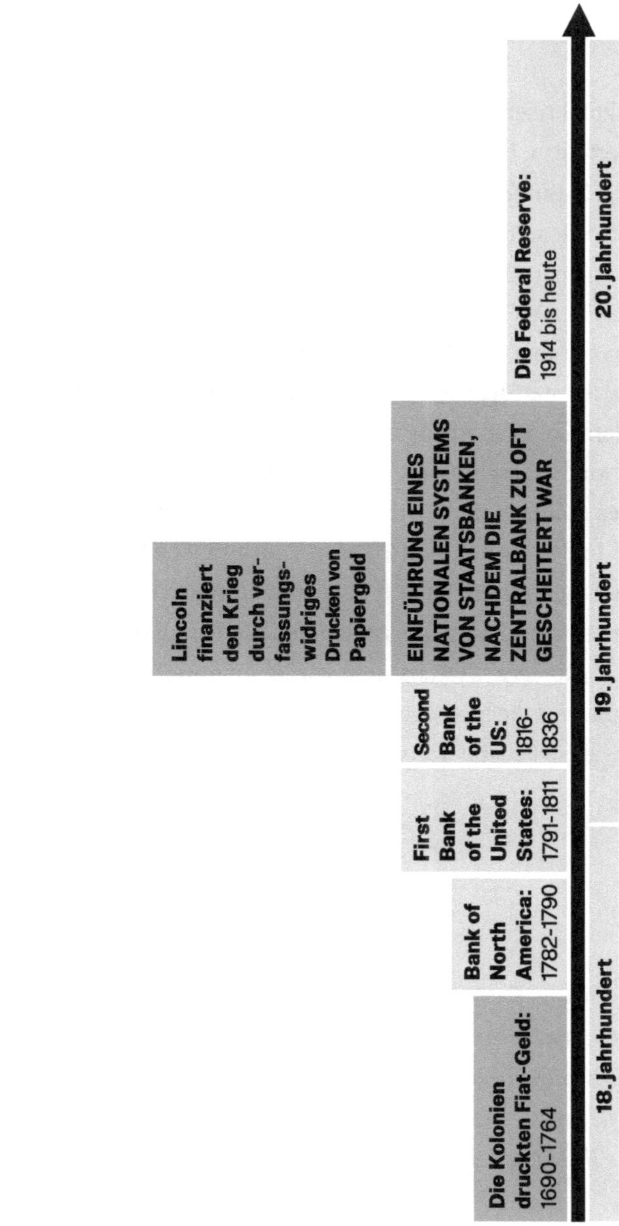

Abbildung 31: Zeitachse des US-Zentralbankwesens

Fazit

Offizielle Bankpraktiken lassen sich bis ins Venedig des 14. Jahrhunderts zurückverfolgen. Die modernen Bankpraktiken entstanden im 16. Jahrhundert in Europa, kurz darauf folgte das Zentralbankwesen. Die Geschichte offenbart ein Muster von Boom-and-Bust-Zyklen, die durch die Partnerschaft zwischen Banken und Regierungen angetrieben wurden. Die Aufrechterhaltung des Goldstandards war dem Teilreservesystem der Banken ein Dorn im Auge und die Regierungen führten stattdessen reine Fiat-Systeme ein. Vor der Gründung der Federal Reserve wurden in den USA drei Zentralbanken eröffnet und wieder geschlossen, die letzte davon unter anderem aufgrund eines politisch motivierten Betrugs durch den Vorsitzenden der Bank. In der zweiten Hälfte des 19. Jahrhunderts kam es zu einer kriegsbedingten Inflation und der Einrichtung eines nationalen Bankensystems. Diese Ereignisse schufen die Voraussetzungen für das Federal-Reserve-System, dem wir heute unterliegen. Das nächste Kapitel wird die historische Entwicklung abschließen und beschreiben, wie die Federal Reserve entstanden ist und wie sie sich bewährt hat.

Quellenangabe

1. Griffin, G. Edward: *The Creature from Jekyll Island: A Second Look at the Federal Reserve*, S. 171
2. Griffin, G. Edward: *The Creature from Jekyll Island: A Second Look at the Federal Reserve*, S. 172
3. Shaw, W.A.: *Theory and Principles of Central Banking*, S. 32

4. Griffin, G. Edward: *The Creature from Jekyll Island: A Second Look at the Federal Reserve*, S. 181

5. *The History of Central Banks*, The Economist, 27. April 2017

6. Schuettinger, Robert L.; Butler, Eamonn F.: *Forty Centuries of Wage and Price Controls: How Not to Fight Inflation*, S. 45-47

7. Griffin, G. Edward: *The Creature from Jekyll Island: A Second Look at the Federal Reserve*, S. 310-311

8. Griffin, G. Edward: *The Creature from Jekyll Island: A Second Look at the Federal Reserve*, S. 161-163

9. Schuettinger, Robert L.; Butler, Eamonn F.: *Forty Centuries of Wage and Price Controls: How Not to Fight Inflation*, S. 38-41

10. Thomas Jefferson, Anmerkungen zu dem für die Enzyklopädie vorbereiteten Artikel Etats-Unis, 22. Juni 1786, S. 165

11. *Washington to Stone*, 16 February 1787, zitiert von George Bancroft, S. 231-32

12. Bancroft, George: *A Plea for the Constitution*, S. 30; 40-43

13. *A Treatise On Monetary Reform*, zitiert von Louis Bassio, S. 5

14. *The History of Central Banks*, The Economist, 27. April 2017

15. *The Writings of Thomas Jefferson*, New York: G.P. Putnam & Sons, Vol. X, S. 31

16. *The Basic Writings of Thomas Jefferson*, Willey Book Company, S. 749

17. *The Age of Jackson*, zitiert von Arthur M. Schlesinger, Jr., S. 6-7

18. Makin, John H.: *The Global Debt Crisis: America's Growing Involvement*, S. 246

19. Griffin, G. Edward: *The Creature from Jekyll Island: A Second Look at the Federal Reserve*, S. 331-332

20. *The Continuing Tax Rebellion Old Greenwich*, Letter to John Taylor, November 26, 1789, zitiert von Martin A. Larson, xii

21. Griffin, G. Edward: *The Creature from Jekyll Island: A Second Look at the Federal Reserve*, S. 388
22. Schuettinger, Robert L.; Butler, Eamonn F.: *Forty Centuries of Wage and Price Controls: How Not to Fight Inflation*, S. 51-52
23. Duryea, Scott N.: *William Pitt, The Bank Of England, And The 1797 Suspension Of Specie Payments: Central Bank War Finance During The Napoleonic Wars*, S. 6
24. Paul, Ron; Lehrman, Lewis: *The Case for Gold*, S. 25
25. Jerome Powell spricht über Geldpolitik bei 51:40: https://www.youtube.com/watch?v=ehIowxxEilc
26. Rothbard, Murray N.: *The Mystery of Banking*, S. 198-199
27. Griffin, G. Edward: *The Creature from Jekyll Island: A Second Look at the Federal Reserve*, S. 338
28. https://wtfhappenedin1971.com/

Kapitel 5

Die Geschichte der Federal Reserve

In Amerika sind wir wirklich gut darin, Dinge in die Luft zu jagen, aber nicht so gut darin, zu wissen, wo die Teile landen.

MIKE TYSON

Für ein grenzenloses Teilreservesystem ist es unabdingbar, dass entweder:

1. derivatives Geld durch Geld ersetzt wird, das nicht in irgendetwas einlösbar ist (d. h. Fiat-Geld), oder
2. Bankenpleiten und Rettungsaktionen, die es seit dem 17. Jahrhundert immer wieder gab, weiterhin stattfinden.

Die Geschichte des 20. Jahrhunderts zeigt, wie die Regierungen schlussendlich zu einer reinen Fiat-Geldform gelangten. In dem Maße, in dem ihre Kontrolle über das Bankensystem zunahm, wurde die Vorstellung, dass Geld durch Schulden gedeckt sein könnte, in der Öffentlichkeit immer greifbarer, bis sie zum Status quo wurde. Heute verstehen die meisten Menschen nicht, warum Geld so ist, wie es ist, welchen Zweck es hat oder welche Eigenschaften es haben sollte. Das war nicht immer so. **Früher haben Politiker Wahlkampf mit einer Haltung zum Zentralbankwesen betrieben.**

Bei der weiteren Betrachtung der Geschichte der US-Zentralbank werden wir uns auf die wichtigsten Ereignisse konzentrieren, die unser Geld- und Bankensystem in seinen gegenwärtigen Zustand gebracht haben.

Die Federal Reserve

Zu Beginn des 20. Jahrhunderts gab es in den USA ein System von Nationalbanken, die ähnlich wie eine Zentralbank funktionierten. Die Panik von 1907 gilt allgemein als Resultat der Unfähigkeit des Bankensystems „Liquidität bereitzustellen“. Das System hatte keinen „Kreditgeber der letzten Instanz“ oder eine Bank, die Geld druckte und es an Banken verlieh, die Kredite gewährt hatten, die über ihre Reserven hinausgingen. Natürlich wurde das Teilreservesystem nie als der Kern des Problems dargestellt.

Interessanterweise ging in dieser Zeit die Zentralisierung des Bankwesens mit dem Wachstum der privaten Märkte zurück. In den 1880er Jahren waren die meisten Banken noch nationale Banken. Im Jahr 1913 kontrollierten ausländische Banken 57 % der nationalen Einlagen, und diese Zahl stieg weiter an. Zwischen 1900 und 1910 wurden 71 % des Wachstums amerikanischer Unternehmen durch Gewinne finanziert, wodurch die Industrie aus eigener Kraft weniger abhängig von den Schulden bei den Banken wurde.[1]

Den mächtigen Banken gefiel dieser neu entstandene Wettbewerb jedoch nicht. Wie in jeder anderen Branche auch, wollten die führenden Vertreter des Bankwesens keinen verstärkten Wettbewerb und keine Unabhängigkeit der Verbraucher. Heute ist der Gedanke, sich durch organische Gewinne zu finanzieren, selten, und die Aufnahme von Schulden ist eine Selbstverständlichkeit geworden. Wie kam es dazu, dass unsere Gesellschaft so sehr von Schulden geplagt ist?

Im November 1910 fand im exklusiven Jekyll Island Club vor der Küste Georgias ein Treffen von sieben Männern statt. Zu dieser Gruppe gehörten Senator Nelson Aldrich, Finanzminister A. Piatt Andrew und fünf der prominentesten Banker der Wall Street: Benjamin Strong, Henry Davison, Frank Vanderlip, Charles D. Norton und Paul Warburg. In einem Beitrag in der *New York Times* vom 3. Mai 1931 stand geschrieben: „Die Mitglieder des Jekyll Island Clubs verfügen über ein Sechstel des gesamten Vermögens der Welt."

Die Jekyll-Island-Gruppe wusste, dass sie die **öffentliche Meinung** zu Gunsten einer neuen Zentralbank **beeinflussen** musste. Zusätzlich zu einer Reihe anderer Maßnahmen zahlten die Banken alle **fünf Millionen US-Dollar in einen „speziellen Bildungsfonds"** ein, von denen ein Großteil in **Princeton, Harvard und der Universität von Chicago** landete. Zu dieser Zeit entwickelte sich das neue Studium der Wirtschaftswissenschaften zu einem anerkannten Fachbereich. Die Professoren waren offen und bereit, als Gegenleistung für Fördermittel und Gefälligkeiten politisch günstige Forschungsergebnisse zu liefern. Mit dem Fonds wurde die National Citizens League gegründet, unter dem Vorsitzenden James Laughlin von der University of Chicago. Rockefeller (ein großer Akteur des Bankwesens) hatte 50 Millionen US-Dollar Startkapital beigesteuert. Damit wurde eine von Bankern finanzierte öffentliche Denkfabrik geschaffen.

Am 23. Dezember 1913 wurde der Federal Reserve Act verabschiedet, mit dem die Federal Reserve gegründet wurde. Dabei wurden im Wesentlichen die Wörter „Zentral-" durch „Federal" und „Bank" durch „Reserve" ersetzt, obwohl es sich gewissermaßen um eine private Institution handelte. Damit sollte ein öffentlicher Aufschrei derjenigen vermieden werden, die sich an die vielen Fehlschläge des Zentralbankwesens in der Vergangenheit erinnerten. Obwohl das ursprüngliche Ziel der Federal Reserve darin bestand, die finanzielle Stabilität des Systems zu gewährleisten, **hat sie seit ihrer Gründung die folgenden wirtschaftlichen Rezessionen mitverschuldet: 1921, 1929, 1937, 1945, 1949, 1954, 1957, 1960, 1969, 1975, 1981,**

1987, 1990, 2001, 2007, 2020. Die Rezessionen folgten einem Muster. Außerdem ist die Kaufkraft des Dollars seit der Gründung der Fed um 96 % gesunken.

Hierzu erklärte der Wirtschaftsnobelpreisträger Milton Friedman:

> *Während ihrer gesamten Geschichte hat die Fed immer behauptet, dass sie ihre Kompetenzen zur Förderung der wirtschaftlichen Stabilität einsetzt. Aber die Daten können diese Behauptung nicht belegen. Im Gegenteil, die Fed war eine Hauptursache der Instabilität.* [2]

Die Federal Reserve hat zwar ihr Ziel (die wirtschaftliche Stabilität zu fördern) verfehlt, experimentiert aber weiterhin mit der größten Volkswirtschaft in dem vernetzten globalen Finanzsystem. Würde ihr erklärtes Ziel hingegen darin bestehen, die Kontrolle über das Bankensystem zu zentralisieren, dann wäre es ein voller Erfolg. Ein Jahr nach der Verabschiedung des Gesetzes wurde Aldrich in *The Independent* mit folgenden Worten zitiert:

> *Vor der Verabschiedung dieses Gesetzes konnten die New Yorker Banker nur über die Reserven von New York verfügen. Jetzt sind wir in der Lage, über die Bankreserven des ganzen Landes zu verfügen.* [3]

Die Federal Reserve ist ein System von zwölf privaten Banken im ganzen Land, die alle von einem von der Regierung gewählten Gremium geleitet werden. Zu diesem Zeitpunkt galt für sie ein Goldstandard, aber ihre übertragenen Befugnisse waren unklar. Der Federal Reserve Act war bis zum Ende des Jahrhunderts 195 Mal geändert worden.[4] Es gab zwei wichtige Entwicklungen, die sich auf die Fähigkeit der Fed auswirkten, ihr Mandat umzusetzen:

1. **Die Definition von Reserven:** Im Allgemeinen handelt es sich bei Reserven um Geld, das in einem Tresor gelagert wird. Im Laufe der Zeit änderte sich jedoch, dass **private Banken die von ihnen gewährten Kredite als Reserven umklassifizieren konnten.** Alle privaten Banken haben ein Konto bei der Fed, auf dem Bargeldreserven lagern. Wenn diese Banken nun einem Unternehmen einen Kredit gewähren, erlaubt die Fed ihnen, den Wert dieses Kredits als Reserve auf ihrem Konto auszuweisen. Früher waren die Reserven nur Geld, aber jetzt umfassen sie auch Schulden. Für Buchhaltungszwecke wurden sie als ein und dasselbe klassifiziert.
2. **Kontrolle der Zinssätze:** Die Fed schuf ein Instrument namens **Diskontfenster**, das es ihr ermöglichte, (a) die Geldmenge auszuweiten und (b) die Zinssätze zu senken. Die Fed lieh den Banken Geld zu einem von ihr gewählten Zinssatz und die Banken verliehen dieses Geld an andere. Da das Geld nun verliehen worden war, konnten die Banken den Kredit als Reserve umklassifizieren, was es ihnen ermöglichte, mehr Kredite zu vergeben. Indem die Fed den Banken Geld zu einem „Diskontsatz" (daher „Diskontfenster") leiht, erwirtschaften die Banken einen Gewinn, indem sie das gleiche Geld zu einem höheren Satz verleihen. Je niedriger der Diskontsatz der Fed war, desto niedriger war der Zinssatz, den die Banken verlangen mussten, und desto niedriger waren die Zinssätze in der Wirtschaft im Allgemeinen. Dieser Umstand erleichterte die Geldbeschaffung und spielte auf den internationalen Märkten eine wichtige Rolle.

Definition des Goldstandards:

Goldstandard bedeutet, dass man den Dollar bei der Regierung gegen eine bestimmte Menge Gold eintauschen kann. Vor dem Ersten Weltkrieg gab es in den meisten Ländern irgendeine Form dieses Standards. Genauer gesagt gab es Goldmünzen, die als Geld neben Papiernoten, die zu einem gewissen Teil durch eine bestimmte Menge Gold in den Banken gedeckt waren, verwendet wurden. Je geringer die Golddeckung der Papiergeldscheine, desto geringer war ihr Wert.

Abbildung 32: In Gold einlösbarer Fünf-Dollar-Schein

Während des Krieges hörten viele Länder auf, physische Goldmünzen in Umlauf zu bringen, und hielten sie stattdessen als Reserven, um den Wert ihrer Papiernoten zu stützen. Unter dem **internationalen Goldstandard** waren die Währungen an einen festen Goldpreis gebunden, und daher konnte man ihren relativen Wert anhand des Gewichts des hinterlegten Goldes bestimmen. Wenn ein Land jedoch von der Einhaltung des Verhältnisses zwischen den Papiernoten und dem Gold abwich, verlor seine Währung im Vergleich zu anderen Währungen, die dies nicht taten, an Wert.

Wenn man beispielsweise zwei Unzen Gold sowohl für einen US-Dollar als auch für ein britisches Pfund bekommen würde, dann wäre der Wechselkurs zwischen den Währungen **eins zu eins (d. h. man würde für einen Dollar ein Pfund bekommen)**. Wenn also alle Länder ihren Goldstandard beibehielten, würden sie untereinander eine *Wechselkursparität* aufrechterhalten und Gold als gemeinsamen Nenner verwenden. Angenommen, Großbritannien würde doppelt so viele Banknoten drucken und man würde nun eine Goldunze für ein Pfund bekommen. Das würde bedeuten, dass man **für einen Dollar jetzt zwei Pfund bekommt**. Der Wechselkurs hätte sich geändert und die Parität wäre nicht mehr gegeben.

Erster Weltkrieg

Zu Beginn des Krieges hoben fast alle beteiligten Länder den Goldstandard auf, indem sie die Auszahlung in Hartgeld aussetzten (d. h. die Möglichkeit aufhoben, Papiergeldscheine gegen Münzen einzutauschen) und Goldausfuhrverbote für Privatpersonen verhängten. Die Länder finanzierten den Krieg durch den Export von Gold, die Aufnahme von Krediten bei anderen Ländern oder das Drucken von Geld. Dadurch verloren ihre Währungen erheblich an Wert, was sich nach dem Krieg bemerkbar machte, als Gold aus dem Land abfloss und gleichzeitig immer mehr Papiergeld gedruckt wurde.

Eine neuartige Entwicklung in den vorangegangen 50 Jahren war, dass sich ein globales Währungssystem herausgebildet hatte, in dem die Länder versuchten, die Parität der Wechselkurse aufrechtzuerhalten. Das war wichtig, denn Wechselkursänderungen hatten Einfluss darauf, ob Geld in ein Land hinein- oder aus einem Land herausfloss.

Da alle Länder Geld druckten, werteten sie auch alle ihre Währung ab. Je nachdem, wie viel jedes Land druckte, verschob sich die Wechselkursparität in die eine oder andere Richtung.

Wenn die Wechselkursparität den **Goldexportpunkt** erreichte, bedeutete dies, dass es rentabel war, Gold in das Land mit der stärkeren Währung zu transportieren und es dort zu verkaufen (weil man dafür eine wertvollere Währung erhielt). Während des Krieges begannen die Regierung tatsächlich damit, Privatpersonen genau solche Aktivitäten zu verbieten.

Die Briten wollten Waren importieren und gleichzeitig den Wert ihrer Währung erhalten. **Doch sie konnten ihr Gold nicht unbegrenzt weiter exportieren, ohne den Verlust ihrer monetären Vormachtstellung zu riskieren.** Von Januar 1916 bis März 1919 versuchten sie mit Hilfe von J.P. Morgan, der als Vertreter des britischen Finanzministeriums fungierte, den Wechselkurs des britischen Pfunds an den Dollar bei 4,76 US-Dollar zu binden.[5] Sie taten dies, indem sie mit Papiergeldscheinen (anstatt mit Gold) bezahlten und einfach erklärten, dass ihre Währung weiterhin 4,76 US-Dollar wert sei. Allerdings änderten sie das Verhältnis von Papiernoten zu Gold und werteten so ihre Währung ab.

Nach dem Krieg wollten die Länder nicht zugeben, dass ihre Währungen erheblich abgewertet worden waren. Da Großbritannien zu dieser Zeit rechtlich gesehen die Reservewährung stellte, warteten andere Länder, bis sich das britische Pfund stabilisiert hatte, um anschließend zu entscheiden, was sie mit ihren eigenen Währungen machten. Wenn die Länder zum Goldstandard zurückkehrten, würde die Abwertung der Währung zu einem erheblichen

Rückgang der jeweiligen Volkswirtschaften führen. **Großbritannien brauchte Goldreserven, und die USA hatten sie.** Die Fed versuchte, das britische Pfund zu stützen, indem sie eine Politik verfolgte, die die USA effektiv zu einem Goldexporteur machte. Mithilfe des Diskontfensters behielten die USA die künstlich niedrigen Zinssätze bei und exportierten dadurch in jedem Monat zwischen Juni 1919 und März 1920 Gold.

Durch die Senkung der Zinssätze regte die Fed Menschen aus dem Ausland an, Dollar zu leihen. Die Kreditnehmer legten das Geld dann auf dem heimischen Markt zu einem höheren Zinssatz an. Auf diese Weise wurde Geld aus den USA ins Ausland verschoben. Das bedeutete, dass die niedrigen Zinssätze in den USA zu einem Abfluss von Gold aus dem Land führten und die US-Währung abwerteten.

Dieses Konzept war der entscheidende Grund für die inflationäre Geldpolitik in den 1920er Jahren. Angesichts des Inflationsdrucks, der sich aus dieser Politik ergab, und der Notwendigkeit, den Goldstandard aufrechtzuerhalten, erhöhte die Fed die Zinssätze von 1,25 % auf 6 % und löste damit die Wirtschaftskrise von 1921 aus.[5]

Ökonomen machen das Festhalten am Goldstandard für diese Wirtschaftskrise verantwortlich, vernachlässigen dabei aber die Tatsache, dass die künstliche Senkung und anschließende Erhöhung der Zinssätze das Problem überhaupt erst verursacht haben.

Die USA hielten bis Mitte der 1920er Jahre an dieser Zinspolitik fest, was dazu führte, dass Gold zurück ins Land floss. Während der Dollar praktisch die Reservewährung des Goldstandards war, war ein Großteil Europas noch an das Pfund gebunden.

Um Großbritannien bei der Vorbereitung auf die Wiedereinführung des Goldstandards zu unterstützen, senkte die Fed erneut die Zinssätze und erhöhte damit die Verschuldung des Landes um etwa

57 %.[5] Großbritannien konnte 1925 schließlich zum Goldstandard zurückkehren. Im Zuge der Kreditausweitung in den USA hob die Fed die Zinssätze für kurze Zeit leicht an, doch im Juli 1927 mussten die Zentralbanken das Pfund stützen und die USA senkten die Zinssätze erneut. Bis zum Ende des Jahres waren die Bankkredite der Federal Reserve um 93 % gestiegen.[5]

Diese Interaktion zwischen den Ländern soll hier noch einmal genauer betrachtet werden. Jedes Land steht bei der Beibehaltung eines Goldstandards vor einem Kompromiss zwischen internationalen und nationalen Interessen. Die Länder benötigen Reserven in Höhe eines bestimmten Prozentsatzes der von ihnen gedruckten Banknoten. Wenn sie die Zinssätze senken, wird das Ausleihen von Gold billiger. Andere Länder leihen sich dann Gold und investieren es in ihre eigenen Länder, wodurch Gold ins Ausland abfließt. Die Papierwährung wird abgewertet, wenn das Gold, mit dem sie gedeckt ist, das Land verlässt, sofern alle anderen Faktoren gleich bleiben. **Um das Gold wieder zurückzuholen, muss ein Land die Zinssätze erhöhen.** Höhere Zinssätze bedeuten, dass die Menschen weniger Kredite aufnehmen. Die Kreditvergabe geht dann zurück und verursacht eine Rezession. Viele Wirtschaftswissenschaftler haben den Goldstandard für dieses Problem verantwortlich gemacht (d. h. wenn sie keine Reserven halten müssten, müssten sie die Zinsen nicht erhöhen). Diese Logik ignoriert jedoch das grundlegende Problem, dass die Reserven aufrechterhalten werden müssen, damit das Geld seine Funktion erfüllen kann. Wenn man sich nicht an eine Diät hält, dann kann man vielleicht vermeiden, die Diät zu unterbrechen, aber man wird trotzdem zunehmen.

Die folgende Tabelle sollte spaltenweise von links nach rechts gelesen werden:

Kategorie	Basis	Senkung der Zinssätze	Erhöhung der Zinssätze
Papiernoten	100	100	100
Gold	50	25	100
Papiernoten/Gold	$2	$4 (Währung wird abgewertet)	$1 (Währung steigt im Wert)
US-Inlandszinsen	-	Gut: erhöhte Kreditvergabe und wirtschaftliches Wachstum	Schlecht: geringere Kreditvergabe und wirtschaftlicher Rückgang
Internationale US-Zinsen	-	Schlecht: Gold verlässt das Land, die Währung wird abgewertet, die monetäre Dominanz nimmt ab	Gut: Gold kommt aus dem Ausland, die Währung wird stärker, die monetäre Dominanz nimmt zu

Abbildung 33: die Auswirkungen der Zinspolitik auf die nationalen und internationalen Interessen

Der Goldstandard zwang die Länder zu einem Kompromiss: Entweder man hat niedrige Zinssätze und eine boomende Wirtschaft oder man hat Goldreserven als Sicherheit für das Geld und ein stetiges Wachstum. Man kann nicht beides haben. Regierungen mögen jedoch keine Kompromisse.

Die Große Depression

Nach einer herbeigeführten Rezession war der US-Dollar die *De-facto*-Währung des Goldstandards und Großbritannien verlor seine früher unangefochtene Vormachtstellung.

Die monetäre Situation in Europa war schwach, da viele Banken nicht die erforderliche Menge an Reserven hielten. Dies führte schließlich dazu, dass die Anleger Angst bekamen, was mit einem Ansturm auf die Banken in Österreich begann. Europäische Banken, die Sicherheit suchten, begannen, Gold nachzufragen, und trotz der restriktiven Geldpolitik Großbritanniens floss das Gold rasch aus dem Land ab.

Im September 1931 schaffte Großbritannien den Goldstandard wieder ab. Zu diesem Zeitpunkt befanden sich die USA in einem Zwiespalt zwischen ihrem innenpolitischen Ziel, eine starke Wirtschaft aufrechtzuerhalten, und dem internationalen Ziel, eine starke Währung beizubehalten. Die USA entschieden sich schließlich für Letzteres und erhöhten die Zinssätze.

Nach dem Börsencrash von 1929 verringerte sich die Geldmenge in den USA um ein Drittel und stürzte das Land bis 1931 in die größte Wirtschaftskrise der Geschichte. Bis 1933 scheiterten über 5.000 Banken, der Aktienmarkt verlor 80 % seines Wertes und zwölf Millionen Menschen waren arbeitslos.[5] Innerhalb des Landes kam es zu einem Ansturm auf die Banken, da die Menschen die Einlösung von Gold forderten. Die Federal Reserve und alle Bundesstaaten stellten den Bankbetrieb ein. Als die Banken wieder öffneten, erließ Präsident Franklin D. Roosevelt eine Verfügung, die den Banken die Einlösung von Gold untersagte und die Rückgabe des Goldes an die Federal-Reserve-Banken verlangte.

Die USA erhöhten die Zinssätze, um die internationale Währungsdominanz zu erlangen, während Großbritannien zu kämpfen hatte. Dies geschah jedoch auf Kosten der amerikanischen Binnenwirtschaft.

Interessant ist vor allem, dass die USA den Goldstandard überhaupt nicht aussetzen mussten. Der gesetzlich vorgeschriebene Mindestreservesatz betrug 35 %. Bevor Roosevelt das Gold der Bürger konfiszierte, lag er bei 51 %, danach stieg er auf 61 %.[5] Leland Crabbe von der Federal Reserve erklärte in einem Artikel von 1989:

> *Die Wiederherstellung des Goldstandards war kein unlösbares Problem: Gesetzgebungsinitiativen stellten das Vertrauen in das Bankensystem wieder her, Banknoten wurden wieder auf Einlagekonten eingezahlt, der Goldreservesatz erholte sich, und der Dollar war während des gesamten Zeitraums in der Nähe des Goldexportpunkts geblieben. Die Erhaltung der Goldparität wäre eine realistische Möglichkeit gewesen, wenn die Roosevelt-Administration dies gewollt hätte... Die Vereinigten Staaten setzten den Goldstandard nicht aus der Not heraus aus, sondern aufgrund eines Einstellungswandels.* [5]

Im Jahr 1934 verabschiedete der Kongress den Gold Reserve Act, mit dem das Eigentum an Gold von der Federal Reserve auf die US-Regierung übertragen, die Goldmünzprägung verboten und das Gold aus dem Verkehr gezogen wurde. Zuvor hatte die Regierung mit der Executive Order 6102 die Menschen gezwungen, Gold zum Preis von 20,67 US-Dollar pro Unze beim US-Finanzministerium einzutauschen. Nach dem Gesetz änderte das Finanzministerium den Preis auf 35 US-Dollar pro Unze – den Preis, zu dem es auf dem internationalen Markt verkauft wurde. Da alles Gold verstaatlicht wurde, verdiente die US-Regierung drei Milliarden Dollar, indem sie den Bürgern erst das Gold für 20 US-Dollar abkaufte und es dann international für 35 US-Dollar verkaufte.

Die USA besaßen nun das Gold der Bürger und hatten den Dollar erheblich abgewertet. Dies zwang die europäischen Länder, den Goldstandard aufzugeben und ihre Währungen abzuwerten oder eine Deflation zu erleiden.[5] Die kompetitive Währungsabwertung war die weniger schmerzhafte Wahl; eine Entscheidung, auf die man sich bei einer Regierung immer verlassen kann.

Quelle: ARK Investment Management LLC, 2020; Quelle der Daten von Carmen und Rogoff. Dieses Mal ist es anders.

Abbildung 34: häufige weltweite Währungsabwertungen seit der Gründung der Federal Reserve (Bildquelle: Lyn Alden, Ark Management Report)[8]

Die USA übernahmen die Kontrolle über das internationale Währungssystem mit dem Dollar als *De-facto*-Weltreservewährung. Währenddessen litten die Bürger im eigenen Land unter der größten Wirtschaftskrise der Geschichte. Vor dem Crash hatte die Verschuldung einen historischen Höchststand erreicht.

Die Geldpolitik und die Kreditausweitung der 1920er Jahre hatten zu einem Anstieg der Löhne und Preise geführt, und als die Fed die Kreditvergabe einschränkte, begannen die Preise zu sinken. Als diese Phase vorbei war, mussten sich die Preise wieder auf ihren natürlichen Zustand einstellen.

Die Bretton-Woods-Konferenz

1937 kam es zu einer weiteren Rezession, der sogenannten „Roosevelt-Rezession“, die auf eine Kürzung der Staatsausgaben zurückzuführen war. Vor der Kürzung war die Wirtschaft in hohem Maße von den Staatsausgaben abhängig geworden. Als die Kürzung vorgenommen wurde, entstand in der Wirtschaft eine Lücke, die gefüllt werden musste. Die Menschen waren verärgert, und Roosevelt konnte im Kongress keine Unterstützung für weitere New-Deal-Programme gewinnen. Nachdem die Amerikaner aus dem Zweiten Weltkrieg zurückgekehrt waren, erlebte die Wirtschaft in den Jahren 1945-1948 eine Phase des Aufschwungs – und das, obwohl die Staatsausgaben in diesem Zeitraum um 75 % gekürzt wurden.[6]

Diese Ausgabenkürzung war jedoch hauptsächlich darauf zurückzuführen, dass der Krieg das größte Haushaltsdefizit der Geschichte verursachte. Zur Normalität zurückzukehren bedeutete also einfach, kein massives Defizit mehr zu haben.

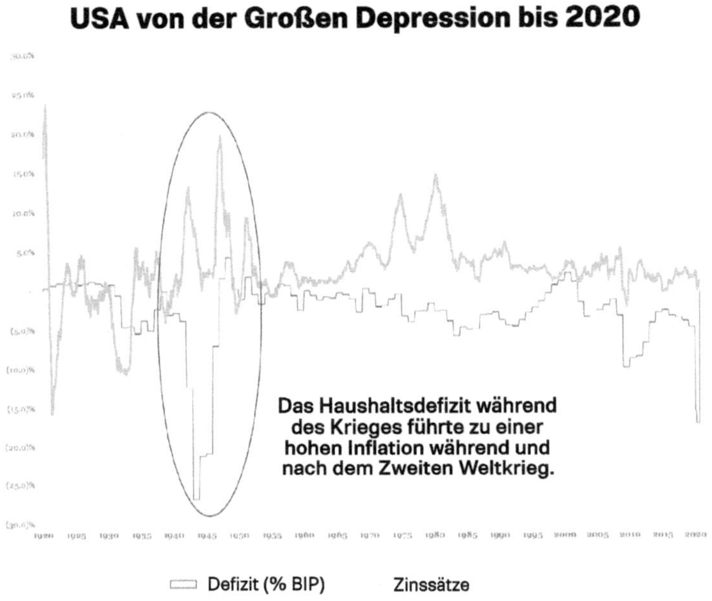

Abbildung 35: Das Haushaltsdefizit der Vereinigten Staaten und die Inflation

Die Amerikaner durften immer noch kein Gold besitzen, aber auf internationaler Ebene löste die US-Regierung weiter Gold gegen Dollar ein. Dies war ein Goldstandard, aber nicht im ursprünglichen Sinne des Wortes; die Regierungen druckten immer noch Geld und schafften es nicht, die Parität der Wechselkurse aufrechtzuerhalten. Die Vereinigten Staaten beschlossen jedoch, es noch einmal mit dem Goldstandard zu versuchen. Sie riefen die relevanten Industrieländer 1944 zur Bretton-Woods-Konferenz zusammen. Die USA hatten das Sagen, weil sie über die solideste Geldpolitik und die stärkste Militärmacht verfügten.

In Bretton Woods wurden der IWF (Internationaler Währungsfonds) und die Weltbank gegründet. Die Teilnehmer des Treffens in

Bretton Woods beabsichtigten, diese Organisationen zu nutzen, um den Konflikt zwischen ihren internationalen und nationalen Interessen zu beseitigen. In Wirklichkeit haben diese Organisationen jedoch die Zentralisierung des Handels und der Währungssysteme weiter vorangetrieben und es den Mitgliedern nicht gestattet, sowohl eine florierende Wirtschaft als auch internationale Wechselkursparität zu haben. Vereinfacht gesagt, war die Zentralisierung der internationalen Handels- und Währungspolitik der Versuch, sowohl von der einen als auch von der anderen Seite zu profitieren. Die erklärte Absicht der neu geschaffenen Institutionen war es, die Handelspolitik zu steuern und Geld in Länder mit erheblichen Defiziten zu transferieren. **Der US-Dollar wurde rechtmäßig als Weltreservewährung festgelegt**, und alle Länder konnten zum Preis von 35 US-Dollar pro Unze ihre Dollar in Gold umtauschen. Während ich diese Zeilen schreibe, wird die gleiche Menge Gold heute für 2.000 US-Dollar gehandelt.

Robert Schuettinger und Eamonn Butler stellen in *Forty Centuries of Wage and Price Controls* fest:

> *1944 trafen sich wichtige Nationen in New Hampshire, um ein neues internationales Währungssystem zu entwickeln, das die Paritäten bis zu einem gewissen Punkt festlegte, aber nie wirklich funktionierte. Das Goldtauschsystem wurde wiederbelebt und Gold wurde zur Grundlage des neuen Wirtschaftssystems. Jede Nation sollte ihre Reserven in Gold halten, das nach Belieben in Dollar umgetauscht werden konnte. Die Paritäten der anderen Währungen wurden festgesetzt, aber eine Abwertung war in einem engen Rahmen von zehn Prozent möglich, oder auch mehr, wenn der Internationale Währungsfonds zustimmte.* [7]

Dieses System führte zu großen Ungleichgewichten und alarmierenden Goldabflüssen aus den Vereinigten Staaten. Das Ausland reagierte, indem es seine Währung gegenüber dem Dollar abwertete. Frankreich war das erste Land, das sich gegen das System aussprach und den Reservewährungsstatus der USA als „Amerikas exorbitantes Privileg" bezeichnete. 1966 wurden 14 Milliarden US-Dollar von nicht-amerikanischen Zentralbanken verwahrt, die lediglich mit 3,2 Milliarden US-Dollar in Gold gedeckt waren. Bis 1971 stieg die US-Geldmenge um 10 %, und Westdeutschland verließ das System. Andere Länder begannen, die Einlösung ihrer Dollar in Gold zu fordern. Der Kongress veröffentlichte einen Bericht, in dem eine Abwertung des Dollars zum Schutz vor „ausländischen Preistreibern" empfohlen wurde. Dann verließ die Schweiz das System. Das Ziel von Bretton Woods war es, „Wechselkursstabilität und Wechselkursvereinbarungen zu fördern und eine wettbewerbsbedingte Abwertung der Wechselkurse zu vermeiden", aber das System bewirkte letztlich das Gegenteil.[7] **1971 wurde das System praktisch durch eine reine Fiat-Währung ersetzt, was allgemein als Nixon-Schock bezeichnet wird. Diese Maßnahme, die als vorübergehend angekündigt wurde, beendete die Konvertierbarkeit des Dollars in Gold** und führte obendrein noch Lohn- und Preiskontrollen ein. Diese reine Fiat-Währung ist als vorübergehende Maßnahme bis heute in Kraft geblieben.

Abbildung 36: Ein Fiat-Fünf-Dollarschein, der durch nichts mehr gedeckt ist und zum gesetzlichen Zahlungsmittel erklärt wurde.

Fazit

Die Federal Reserve wurde kurz vor dem Ersten Weltkrieg von einigen der reichsten Männer der Welt gegründet. Angesichts der Betrügereien, die von früheren Zentralbanken begangen wurden, bedurfte es dazu einer sorgfältig geführten Überzeugungskampagne und der Gewinnung von Unterstützung aus der Wissenschaft. Sie wurde als private Institution zur Förderung der wirtschaftlichen Stabilität gegründet und hat seitdem 16 wirtschaftliche Rezessionen mitverschuldet. Die USA priorisierten internationale geldpolitische Ziele gegenüber nationalen Zielen und lösten damit die Große Depression aus. Als die USA die De-facto-Reservewährung kontrollierten, beschlagnahmte die US-Regierung Gold von ihren Bürgern zum Preis von 20,67 US-Dollar pro Unze und verkaufte es auf dem internationalen Markt für 35 US-Dollar. Die unmittelbare Zeit nach dem Zweiten Weltkrieg war aufgrund der enormen Haushaltsdefizite, die zur Finanzierung des Krieges erforderlich waren, äußerst inflationär. Auf der Konferenz von Bretton Woods wurde der Dollar rechtmäßig als Weltreservewährung festgelegt und Organisationen geschaffen, die versuchten, die Parität zwischen den globalen Wechselkursen aufrechtzuerhalten. Es kam zu wettbewerbsbedingten Abwertungen, und das System scheiterte letztendlich, da die USA den Goldstandard nicht aufrechterhalten konnten. Der Nixon-Schock, der 1971 als vorübergehende Maßnahme verkündet wurde, beendete die Konvertierbarkeit des US-Dollars in Gold. Dies war der Beginn des reinen Fiat-Systems, das wir heute haben. Das nächste Kapitel befasst sich damit, wie die Federal Reserve in diesem System agiert.

Quellenangabe

1. Griffin, G. Edward: *The Creature from Jekyll Island: A Second Look at the Federal Reserve*, S. 433
2. Friedman, Milton: *An Economist's Protests: Columns in Political Economy*, S. 65
3. Griffin, G. Edward: *The Creature from Jekyll Island: A Second Look at the Federal Reserve*, S. 20
4. Griffin, G. Edward: *The Creature from Jekyll Island: A Second Look at the Federal Reserve*, S. 472
5. Crabbe, Leland: *The International Gold Standard and U.S. Monetary Policy from World War I to the New Deal*, S. 425-439
6. Ammous, Saifedean: *Der Bitcoin-Standard: Die dezentrale Alternative zum Zentralbankensystem*, S. 49-51
7. Schuettinger, Robert L.; Butler, Eamonn F.: *Forty Centuries of Wage and Price Controls: How Not to Fight Inflation*, S. 105
8. https://www.lynalden.com/fiscal-and-monetary-policy/

Kapitel 6

Die Funktionsweise der Federal Reserve

Unser Geld dient als Köder, und solche Mittel sollten nicht verwendet werden.

MIKE TYSON

Struktur und Zuständigkeiten

Die Federal Reserve ist nach wie vor eine der am wenigsten bekannten und zugleich mächtigsten Wirtschaftsinstitutionen weltweit. Es gibt in den USA zwölf Banken der Federal Reserve: in Atlanta, Boston, Chicago, Cleveland, Dallas, Kansas City, Minneapolis, New York, Philadelphia, Richmond, San Francisco und St. Louis. Zusätzlich zu diesen zwölf Banken hat das Federal-Reserve-System seinen Hauptsitz in Washington, DC.

Die Leitung des Federal-Reserve-Systems ist auf zwei separate Gremien verteilt:

1. **Das Board of Governors der Federal Reserve** (z. Dt. Gouverneursrat) setzt sich aus sieben Beamten zusammen, die vom US-Präsidenten für eine gestaffelte Amtszeit von 14 Jahren ernannt werden, wobei eine Zustimmung vom Senat erforderlich ist. Der Vorsitzende des Board of Governors wird für eine Amtszeit von vier Jahren ernannt und ist die mächtigste Position im System. Der Gouverneursrat leitet das gesamte System und trifft die politischen Entscheidungen.
2. **Das Federal Open Market Committee (FOMC; z. Dt. Offenmarktausschuss)** ist ein zweites Führungsgremium, das sich aus allen

sieben Mitgliedern des Gouverneursrates, den vier Präsidenten der Regionalbanken und dem Präsidenten der regionalen Niederlassung in New York zusammensetzt. Es tritt alle sechs Wochen am Hauptsitz des Systems in DC zusammen und ist für die Durchführung der Offenmarktgeschäfte der Fed zuständig. Der Präsident der New Yorker Fed ist immer im FOMC vertreten, da die Marktinterventionen über sein/ihr Büro abgewickelt werden.

Der rechtliche Status der Fed ist „quasi-privat“ [4], da sie sowohl in privatem als auch in öffentlichem Besitz ist. Die privaten Eigentümer der Fed sind die Geschäftsbanken, die an dem System beteiligt sind. Ihnen gehören alle Aktien, aber sie erhalten nur geringe (1 %) jährliche Ausschüttungen aus den Gewinnen der Fed. Die restlichen 99 % gehen an das US-Finanzministerium – im Jahr 2019 entsprach dies etwa 55 Milliarden US-Dollar, was **die Fed zum profitabelsten „Unternehmen“ der Welt macht.**[2] Die Bezeichnung „Aktien“ ist unzutreffend, da die Eigentümer keinen Anspruch auf Gewinnbeteiligung haben. Wirtschaftlich gesehen scheint das US-Finanzministerium Eigentümer der Fed zu sein – aber wer kontrolliert sie?

Die Kontrolle über die Fed liegt bei den Vorstandsmitgliedern. Gewählte Beamte in den Regierungsstellen haben rechtlich gesehen keine Kontrolle über die Vorstandsmitglieder, außer der Befugnis, sie zu ernennen. Aber sie haben die Kontrolle über die Existenz des Systems selbst. Der Gouverneursrat wird ausschließlich vom Präsidenten ausgewählt und vom Senat bestätigt, und fast alle Gewinne werden an das US-Finanzministerium ausgeschüttet. In der Praxis scheint die US-Regierung Eigentümerin der Fed zu sein.

	Governance	Eigentumsverhältnisse
Öffentliches Unternehmen	Von den Aktionären gewählte Vorstandsmitglieder	Anteilseigner erhalten Gewinne
Privates Unternehmen	Von den Aktionären gewählte Vorstandsmitglieder	Anteilseigner erhalten Gewinne
Federal Reserve	Von der Regierung gewählte Vorstandsmitglieder	Die Regierung erhält 99% der Gewinne

Abbildung 37: Vergleich von öffentlichen und privaten Unternehmen mit der Federal Reserve

Die Unabhängigkeit der Federal Reserve ist umstritten. Man sollte zudem daran denken, dass der Präsident der Second Bank of the United States wegen Betrugs angeklagt wurde, weil er absichtlich eine wirtschaftliche Krise herbeigeführt hatte, um private Interessen durchzusetzen.

Das offizielle Mandat der Fed besteht darin, „die Ziele der maximalen Beschäftigung, der stabilen Preise und der moderaten langfristigen Zinssätze effektiv zu verfolgen". Die Existenz mehrerer Ziele reicht bis in die 1940er Jahre zurück und ist seit langem bekannt dafür, dass sie zu Interessenkonflikten führt.

Zusammenfassend lässt sich also sagen, dass das Federal-Reserve-System seine politischen Entscheidungen über zwölf verschiedene Banken ausführt. Diese Banken stehen unter der Leitung des Board of Governors der Federal Reserve. Politische Entscheidungen in Bezug auf den Ankauf von Anleihen auf dem offenen Markt werden von einem separaten Gremium, dem FOMC, getroffen. Die US-Regierung wählt den Vorstand der Fed und erhält 99 % ihrer Gewinne. Die Fed behauptet, sie sei weder privat noch öffentlich, aber sie ist im Besitz der Regierung. Unabhängig ist sie mit Sicherheit nicht. Die verschiedenen Ziele ihres Mandats sind offenkundig widersprüchlich.

Aufgaben

Die Fed hat die folgenden Aufgaben und Zuständigkeiten:

1. **Ankauf von Vermögenswerten.** Kauf von Vermögenswerten auf den Sekundärmärkten für alle Arten von Schulden, einschließlich Bundes-, Staats-, Unternehmens-, Immobilien-, Studenten- und Autokredite. Im September 2020 besitzt die Fed etwa 23.000 verschiedene Wertpapiere[5] und ist damit **der weltweit größte Investor**.
2. **Darlehen an Geschäftsbanken.** Dies ist die ursprüngliche Funktion einer Zentralbank, nämlich als „Kreditgeber der letzten Instanz" Geld zu schaffen und es an Banken zu verleihen, wenn eine große Zahl von Kunden gleichzeitig versucht, ihre Einlagen abzuziehen.
3. **Banker für Geschäftsbanken.** Banken können die Mitgliedschaft im Federal-Reserve-System beantragen, besitzen als Mitglieder Aktien der Fed und müssen ein vorgeschriebenes Maß an Reserven einhalten. Wenn eine kommerzielle Mitgliedsbank über „Reserven" verfügt, handelt es sich um Vermögenswerte, die bei der Fed gehalten werden und als geeignet gelten, um als Reserven bezeichnet werden zu können.
4. **Banker für die US-Regierung.** Steuereinnahmen und Einlagen des US-Finanzministeriums werden bei der Fed verwahrt.
5. **Andere Dienstleistungen:**
   - Emission der Währung
   - Abwicklung von Schecks
   - Aufsicht über die Banken

Die Bilanz der US-Notenbank vom Februar 2021 (Abbildung 38) zeigt, wie umfangreich ihre Aufgaben im Bereich des Ankaufs von Vermögenswerten geworden sind. Die Fed hält derzeit fast 7,2 Billionen US-Dollar an erworbenen Vermögenswerten, wovon 4,8 Billionen US-Dollar auf US-Schatzanleihen und zwei Billionen US-Dollar auf Hypothekenschulden entfallen. Die Kredite sind mit 52 Milliarden US-Dollar relativ gering. Der gestrichelte Kasten veranschaulicht die Ankäufe von Vermögenswerten in Höhe von 86 Milliarden US-Dollar, die sich speziell auf die geldpolitischen Maßnahmen von COVID-19 beziehen.

5. Konsolidierte Aufstellung der Lage aller Federal-Reserve-Banken

Dollar in Millionen

Vermögenswerte, Verbindlichkeiten und Kapital	Eliminierungen aus der Konsolidierung	Mittwoch, 10.02.2021
Vermögenswerte		
Goldzertifikat-Konto		11,037
Sonderziehungsrecht-Zertifikatskonto		5,200
Münzen		1,565
Wertpapiere, nicht abgeschriebene Agio- und Disagiobeträge, Rückkaufvereinbarungen und Darlehen		7,263,935
Direkt gehaltene Wertpapiere[1]		6,871,038
US-Staatsanleihen		4,798,901
Wechsel[2]		326,044
Anleihen und Schuldverschreibungen, Nominal[2]		4,109,172
Anleihen und Schuldverschreibungen, Inflationsindexiert[2]		320,422
Inflationsausgleich[3]		43,263
Schuldverschreibungen von Bundesbehörden[2]		2,347
hypothekarisch besicherte Wertpapiere[4]		2,069,790
nicht abgeschriebene Prämien für direkt gehaltene Wertpapiere[5]		**346,211**
nicht abgeschriebene Abschläge auf direkt gehaltene Wertpapiere[5]		**-6,492**
Rückkaufvereinbarungen[6]		800
Darlehen[7]		52,378
Nettoportfoliobestand der Commercial Paper Funding Facility II LLC[8]		8,558
Nettoportfoliobestand der Corporate Credit Facilities LLC[8]		26,274
Nettoportfoliobestand der MS Facilities LLC (Main Street Kredit-Programm)[8]		33,321
Nettoportfoliobestand der Municipal Liquidity Facility LLC[8]		11,536
Nettoportfoliobestand der TAFL II LLC[8]		6,405
In der Sammlung befindliche Posten	(0)	103
Geschäftsräume der Bank		2,210
Liquiditätsswaps der Zentralbank[9]		8,463
Auf Fremdwährung lautende Vermögenswerte[10]		22,043
andere Vermögenswerte[11]		41,576
Vermögenswerte insgesamt	(0)	7,442,225

Hinweis: Aufgrund von Rundungen ergeben sich möglicherweise keine Gesamtsummen. Fußnoten erscheinen am Ende der Tabelle.

Quelle: https://www.federalreserve.gov/releases/h41/20210211/h41.pdf

Legende:

Käufe von Vermögenswerten

Kredite an Geschäftsbanken

Käufe von Vermögenswerten/Darlehen: Covid-19

Abbildung 38: Die Vermögensseite der Bilanz der Federal Reserve (Bildquelle: The Fed mit Ergänzungen von Erik Yakes)[2]

Umsetzung der Geldpolitik

Die Fed betreibt eine Geldpolitik nach eigenem Ermessen, indem sie Bankdienstleistungen anbietet und Vermögenswerte am Markt aufkauft. Durch diese Funktionen hat sie, in ihren eigenen Worten, „verschiedene Werkzeuge in ihrem Werkzeugkasten". Ziel dieses Abschnitts ist es, zu beschreiben, wie diese Werkzeuge eingesetzt werden, das Finanzsystem durchlaufen und sich direkt auf die Wirtschaft auswirken. Wir beginnen mit einer Auflistung der einzelnen Instrumente nach ihrer technischen Definition und übersetzen diese in eine verständlichere Sprache. (Die Fed hat eine detaillierte Auflistung)[6].

Instrumente der Geldpolitik:

1. **Mindestreserveanforderungen:** Alle Geschäftsbanken, die Mitglieder des Federal-Reserve-Systems sind, haben ein Konto bei der Fed, auf dem ihre Reserven verwahrt werden. Es gibt einen gesetzlich vorgeschriebenen Mindestreservesatz, den die Banken als Prozentsatz ihrer ausstehenden Verbindlichkeiten einhalten müssen. Nach der Krise von 2008 lag die Anforderung je nach Art der Bank zwischen drei und zehn Prozent. Die Fed ist befugt, diese Anforderung zu erhöhen oder zu senken, um die Geldmenge zu verringern oder auszuweiten. **Dieser Reservesatz spielt eine wichtige Rolle, da er in exponentieller Beziehung zur Kreditausweitung in der Wirtschaft steht, was sich im umgekehrten Verhältnis zeigt.** Um die Vergrößerung der Geldmenge pro Dollar, der der Wirtschaft zugeführt wird, zu berechnen, teilt man den Dollar durch den Reservesatz (1$ / Reservesatz). Bei

einer Vorgabe des Mindestreservesatzes von 10 % (oder 0,10 als Dezimalzahl – Anm. d. Hrsg.) erhalten die Banken einen Dollar, behalten 10 Cent als Reserve und verleihen die restlichen 90 Cent weiter. Diese 90 Cent gehen an eine andere Bank, die 9 Cent als Reserve behält und die restlichen 81 Cent ausleiht. Dieser Prozess der Kreditvergabe zieht sich durch die gesamte Wirtschaft, bis es nichts mehr zu verleihen gibt. In der modernen Wirtschaftswissenschaft wird dies als Geldmultiplikator bezeichnet. Das hat zur Folge, dass ein Dollar der Reserven zehn Dollar in der Wirtschaft entspricht, während nur ein Dollar wirklich auf dem Konto der Federal Reserve vorhanden ist. Wie kann ein Kredit von einer Bank an eine andere als Reserve für die nächste Bank dienen? Die Antwort liegt in der Erklärung des Diskontfensters (Seite 135).

a. **Übersetzung:** Unter einem Goldstandard wurde Gold als Reserve angesehen und zur Sicherung von Geld verwendet. Sogar beim Teilreservesystem gab es eine gewisse Menge an Gold zur Deckung der Sichteinlagen. Im modernen Fiat-System sind Schulden die Grundlage des Geldes, sodass Reserven einfach jede Art von Schulden darstellen, die die Fed für unbedenklich hält (falls dies verwirrend ist, solltest du das nachstehende Zehn-Punkte-Beispiel lesen). Die Fed entscheidet, welcher Prozentsatz der Schuldverpflichtungen die ausstehenden Verbindlichkeiten deckt, und kann diesen vorgeschriebenen Satz senken, damit die Banken mehr Kredite vergeben können. Im März 2020, mitten im Pandemie-Lockdown, wurde diese Vorgabe auf 0 % gesenkt, sodass wir alle nachts besser schlafen können – zumindest theoretisch. Mathematisch gesehen ist das Kreditwachstum derzeit unendlich ($1/0 = \infty$).

2. **Zinsen auf Reserveguthaben:** Die Fed zahlt Zinsen an Banken, die ein Reservekonto bei ihr besitzen. Die Zinsen werden auf Reserven gezahlt, die über den vorgeschriebenen Mindestreservebetrag hinausgehen. Als Pflichtreserven gelten die Beträge bis zur Höhe des Mindestreservesatzes, während die Überschussreserven alle darüber hinausgehenden Beträge umfassen.
   a. **Übersetzung:** Die Fed belohnt die Banken für die Aufbewahrung von Reserven, indem sie ihnen Zinsen zahlt. Wichtig ist hier, dass die Fed den Banken einen Anreiz bieten könnte, mehr Reserven zu verleihen, indem sie dies umkehrt und ihnen stattdessen Zinsen berechnet. Auf diese Weise würden höchstwahrscheinlich negative Zinssätze eingeführt werden (mehr dazu im nächsten Kapitel).
3. **Diskontfenster:** Die Fed vergibt Kredite an Geschäftsbanken, die Mitglieder des Federal-Reserve-Systems sind. Es handelt sich dabei um kurzfristige Kredite (nicht länger als 90 Tage) mit der erklärten Absicht, den Banken in Notzeiten Liquidität zur Verfügung zu stellen und zudem die Zinssätze zu beeinflussen.
   a. **Übersetzung:** Die Fed erschafft durch das Drücken einer Taste auf einer Tastatur Geld und gibt es einer Geschäftsbank zu einem Zinssatz, den die Fed festlegt. Daraus ergeben sich zwei Konsequenzen:
      - Diese Kredite erhöhen die Höhe der Reserven, die die Geschäftsbanken bei der Fed haben, denn **sobald eine Geschäftsbank einen Kredit in bar erhält, erlaubt ihr die Fed, diesen Kredit als Reserve umzuklassifizieren. Dies ist ein wichtiger Punkt, den man verstehen muss, denn an diesem Punkt wird das, was einst als Schulden galt, nun als Geld betrachtet, was aber nichts anderes ist als ein Buchhaltungstrick.** Dies wiederum ermöglicht es den Banken, das

geliehene Geld zu nehmen und die Beträge, die über den gesetzlich vorgeschriebenen Mindestreservesatz hinausgehen, einer anderen Bank zu leihen.

- Der Zinssatz, den die Fed für das ursprüngliche Darlehen erhebt, beeinflusst den Zinssatz, zu dem die Geschäftsbank später Kredite vergibt. Wenn die Fed ihren Kreditzins senkt, kann auch die Geschäftsbank ihren Kreditzins senken, um Kreditnehmer anzuziehen. Dies ist eine Möglichkeit, wie die Fed die Zinssätze senkt.

b. Je niedriger der von der Fed erhobene Zinssatz für diese Kredite ist, desto wahrscheinlicher ist es, dass die Banken Kredite aufnehmen und desto mehr Geld (Kredite) wird geschaffen. Angesichts dieser Beziehung **werden die Instrumente des Mindestreservesatzes und des Diskontfensters gemeinsam verwendet, um die Geldmenge im Bankensystem auszuweiten.**

4. **Open Market Operations (OMO, z. Dt. Offenmarktgeschäfte):** Der Kauf und Verkauf von Wertpapieren auf dem offenen Markt durch eine Zentralbank. Dieses geldpolitische Instrument ist eindeutig von den anderen Funktionen der Zentralbank getrennt und wird daher von einem eigenen Gremium, dem FOMC, geregelt. In der Vergangenheit war das Spektrum der über die OMO gekauften Wertpapiere auf Staatsanleihen mit kurzer Laufzeit beschränkt. Im Zuge der jüngsten Finanzkrisen wurde die Rolle der OMO auf das ausgeweitet, was die Fed als **groß angelegte Käufe von Vermögenswerten** bezeichnet. Im Jahr 2008 weitete die Fed im Rahmen des **Quantitative-Easing-Programms** (QE, z. Dt. Quantitative Lockerung/Geldmengenausweitung) den Ankauf von Wertpapieren von kurzfristigen auf langfristige Staatsanleihen aus, einschließlich der Hypothekenanleihen von Fannie Mae und Freddie Mac. Dies geschah als Reaktion auf

zwei Faktoren: (1) Die Fed hatte die kurzfristigen Zinssätze auf Null gesenkt, und die langfristigen Zinssätze waren die nächste Option für die Ausweitung der Kreditvergabe; und (2) der Hypothekenmarkt brach zusammen und brauchte Käufer.

a. **Übersetzung:** Die Fed erschafft per Knopfdruck Geld und kauft Vermögenswerte, die andernfalls nicht zu ihren aktuellen Preisen gekauft werden würden. Jedes Mal, wenn die Regierung Anleihen herausgibt (bzw. Schulden aufnimmt – Anm. d. Hrsg.), um ihre Ausgaben zu finanzieren, kauft die Öffentlichkeit einen kleinen Teil davon, und den Rest kauft die Fed. **Auf diese Weise erschafft die Regierung Geld, aber diese Umgehung ist notwendig, um die Maßnahmen verfassungskonform zu gestalten.** Durch diese Praxis werden die Preise für Vermögenswerte nach oben und die Zinssätze nach unten manipuliert.

5. **COVID-19-Darlehen und OMO:** Als Reaktion auf die Pandemie schuf die Fed im März 2020 eine Reihe neuer Instrumente, um Entitäten, die keine Banken sind, direkte Darlehen zu gewähren und deren Schuldtitel auf den Sekundärmärkten zu kaufen. Die Liste der Entitäten umfasst Kapitalgesellschaften, Gemeinden, kleine Unternehmen, Geldmarktfonds, Märkte für kommerzielle Schuldtitel und ausländische Regierungen. Da die Fed rechtlich nicht befugt war, diese Vermögenswerte direkt zu erwerben, gründete sie sechs Zweckgesellschaften (Special Purpose Vehicles, SPVs) als rechtliche Entitäten, um die Kredite und Käufe indirekt durchzuführen. Dabei handelt es sich um dieselbe Art von Rechtsstrukturen, die auch von Enron, Bear Stearns und Lehman Brothers verwendet wurden, um Vermögenswerte zu verbergen. **Das US-Finanzministerium hat sich neben der Fed**

an diesen Zweckgesellschaften beteiligt und damit das Geld der Steuerzahler aufs Spiel gesetzt.

a. **Übersetzung:** Die Fed hat ihre Kreditvergabe und den Kauf von Vermögenswerten auf alles außer Aktien ausgeweitet, und sie musste eine separate Unternehmensstruktur schaffen, um dies legal zu tun. **Vor allem aber wurde die Fed dadurch zu einer „quasi-fiskalischen" Behörde, die US-Steuergelder verwendet und fiskalpolitische Programme unterstützt.** Man kann nicht sagen, dass die Fed unabhängig ist, wenn sie auf diese Weise mit Regierungsprogrammen in Verbindung steht.

Zusammenfassend lässt sich sagen, dass die Fed Geldpolitik betreibt, indem sie Geld auf ihrem Computer erschafft und es verleiht oder Vermögenswerte auf dem Sekundärmarkt kauft. Sie kann auch den gesetzlichen Mindestreservesatz anpassen, um die Kreditvergabe der Banken auszuweiten, was durch unser Mindestreserve-System ermöglicht wird. Bei jeder Methode werden im Endeffekt Anleihen/Treuhandvermögen/Schuldverschreibungen in Geld umgewandelt. Anders ausgedrückt: Die Fed kann Geld schaffen und es der Wirtschaft durch Kredite oder den Kauf von Vermögenswerten zuführen. Sobald das Geld durch das Mindestreserve-System fließt, kann die Fed den Umfang des Geldflusses bestimmen, indem sie den Prozentsatz der erforderlichen Reserven anpasst.

Wie das in der Praxis abläuft, lässt sich am besten an einem anschaulichen Beispiel nachvollziehen. Gehen wir das Verfahren für eine Emission von US-Staatsanleihen im Wert von 1.100.000 US-Dollar durch.

1. Die US-Regierung tätigt zu viele Ausgaben und benötigt 1.100.000 US-Dollar, um einen Lieferanten zu bezahlen, sodass

sie 1.100.000 US-Dollar in US-Staatsanleihen an die Öffentlichkeit emittiert.

2. Die Zinssätze liegen bei 0,7 % (das ist weniger als die Inflation), sodass die Öffentlichkeit diese Anleihen nicht kaufen möchte (es gibt Gründe, warum man sie aufgrund von Erwartungen hinsichtlich künftiger Zinssätze kaufen würde, aber das würde den Rahmen dieses Beispiels sprengen). Die einzigen Interessenten sind Institutionen, deren Mandat den Kauf von Staatsanleihen vorschreibt, daher werden nur Anleihen im Wert von 100.000 US-Dollar gekauft.
3. Die Fed kauft die verbleibenden Anleihen im Wert von 1.000.000 US-Dollar und stellt der US-Regierung einen Scheck mit Geld aus, das in ihrem Computer geschaffen wurde – auf diese Weise entsteht das neue Geld. Die Regierung gibt Anleihen heraus, und die Fed kauft sie mit Geld aus ihrem Computer. So wird unser Geld durch Schulden „gedeckt". Dies ist das politische Instrument der **Offenmarktgeschäfte**, das auch als **Ankauf von Vermögenswerten** beschrieben wird.
4. Die US-Regierung bezahlt den Auftragnehmer, und das Geld gelangt als Einzahlung auf das Bankkonto des Auftragnehmers bei der First Fractional Bank in die Wirtschaft.
5. Die First Fractional Bank erhält die Einzahlung von 1.000.000 US-Dollar und ist gesetzlich verpflichtet, nur 10 % als Reserve zu halten. Also legt sie 10 % der 1.000.000 US-Dollar beiseite und leiht 900.000 US-Dollar an ein Energieunternehmen.
6. Das Energieunternehmen nutzt die Second Fractional Bank, die 900.000 US-Dollar erhält und 10 % davon als Reserve zurücklegt, während sie die restlichen 810.000 US-Dollar an ein anderes Unternehmen verleiht, das die Third Fractional Bank nutzt.

7. Dieser Prozess setzt sich von Bank zu Bank fort, bis nichts mehr verliehen werden kann. Da die Mindestreserve bei den Banken 10 % beträgt, ist 1$ / 10 % (oder 1 / 0,10 – Anm. d. Hrsg.) gleich 10 US-Dollar. **Für jeden Dollar, den die US-Regierung in Staatsanleihen emittiert, gibt es also zehn Leute, die herumlaufen und denken, sie seien die wahren Besitzer dieses Dollars.** Wenn die Fed den geforderten Betrag auf 5 % senken würde, würden 20 Leute herumlaufen, die glauben, dass ihnen dieser Dollar gehört. Auf diese Weise dehnt das Mindestreserve-System die Geldmenge aus.
8. In der Zwischenzeit wurden bei der First Fractional Bank gerade 11 % der Einlagen von den Einlegern eingefordert, während sie nur 10 % an Reserven besitzt.
9. Die First Fractional Bank beschließt, den zuständigen Sachbearbeiter des Diskontfensters der Fed anzurufen und um einen Kredit zu bitten, um die Differenz auszugleichen. Die Fed gewährt ihr einen Kredit von 11.000.000 US-Dollar, der 11% der Verbindlichkeiten deckt.
10. Die First Bank stellt fest, dass ihre Reserven wieder bei 11 % liegen, also über dem erforderlichen Betrag. Sie leiht deshalb der Second Fractional Bank 1.000.000 US-Dollar, und das Geld strömt daraufhin erneut zehnmal durch die Wirtschaft.

Alles in allem ist unser Geld durch Schulden gedeckt. Geld wird geschaffen, wenn Anleihen herausgegeben werden. Es beginnt mit der Regierung und vervielfältigt sich dann durch unser Mindestreserve-System. Ein Kredit wird geschaffen und in eine Einlage umgewandelt, die wiederum in eine Reserve umgewandelt wird, die teilweise in neues Geld umgewandelt werden kann. Abbildung 39 zeigt die Deckung des US-Dollars bei der Fed im Februar 2021:

7. Sicherheiten, die zur Deckung der Anleihen der Federal Reserve gehalten werden: Konten der Federal Reserve Agents
Dollar in Millionen

Anleihen der Federal Reserve und Sicherheiten	Mittwoch, 17.02.2021
Ausstehende Anleihen der Federal Reserve	2,215,334
Abzüglich: Von F.R. Banks gehaltene Anleihen, die nicht besichert werden müssen	161,995
Zu besichernde Anleihen der Federal Reserve	2,053,339
Sicherheiten für Anleihen der Federal Reserve	2,053,339
Goldzertifikat-Konto	11,037
Sonderziehungsrecht-Zertifikatskonto	5,200
Verpfändete US-Staatsanleihen, Behörden-Schuldtitel und hypothekarisch gesicherte Wertpapiere[1,2]	2,037,102
andere verpfändete Vermögenswerte	0
Memo:	
Staatsanleihen, Behörden-Schuldtitel und hypothekarisch gesicherte Wertpapiere insgesamt[1,2]	6,997,466
Abzüglich: Nennwert von Wertpapieren im Rahmen von Reverse-Repo-Geschäften	194,269
Staatsanleihen, Behörden-Schuldtitel und hypothekarisch gesicherte Wertpapiere, die verpfändet werden können	6,803,198

Hinweis: Aufgrund von Rundungen ergeben sich möglicherweise keine Gesamtsummen.

1. Einschließlich des Nennwerts von direkt gehaltenen US-Staatsanleihen, Behörden-Schuldtiteln und hypothekarisch gesicherten Wertpapieren, Ausgleichszahlungen zum Ausgleich der Auswirkungen der Inflation auf den ursprünglichen Nennwert von Inflationsindexierten Wertpapieren und Barwert von Rückkaufvereinbarungen.
2. Einschließlich Wertpapiere, die im Rahmen der Overnight Securities Lending Facility an Händler verliehen werden; siehe Tabelle 1A.

Die Papiernoten der Federal Reserve sind durch Staats-, Behörden- und Hypothekenanleihen gedeckt.

Quelle: https://www.federalreserve.gov/releases/h41/current/h41.pdf

Abbildung 39: Der USD ist durch Staats-, Behörden- und Hypothekenanleihen „gedeckt“ (Bildquelle: Die Fed mit Ergänzungen von Eric Yakes)[2]

Dieses zentral gesteuerte, kreditbasierte Fiat-Geldsystem führt langfristig zu zwei wesentlichen Konsequenzen:

1. **Wirtschaftliche Volatilität** – Angetrieben durch ein Mindestreserve-System, in dem das in der Wirtschaft verwendete Geld nur teilweise in einem äußerst geringen Prozentsatz der Reserven vorhanden ist. Seit der Gründung des Federal-Reserve-Systems hat die US-Wirtschaft im Durchschnitt alle sieben Jahre eine Rezession erlebt.
2. **Geldinflation** – Größere Schrumpfungsprozesse bzw. Kontraktionen führen immer dazu, dass mehr Geld geschaffen werden muss, um die Schrumpfung der Mindestreserven zu stoppen. Das bedeutet, dass wir **keine Bankpleiten mehr haben, weil wir jedes Mal Geld drucken und die Banken retten.** Infolgedessen führt jede Expansion und Kontraktion dazu, dass dem System etwas mehr Schulden hinzugefügt werden. Gleichzeitig wird die Geldmenge immer größer (eine Form der Inflation). Schulden und Geld sind ein und dasselbe. Die Tilgung unserer Schulden würde bedeuten, dass wir unser gesamtes Geld abschaffen müssten. **Ohne Schulden hätten wir kein Geld.**

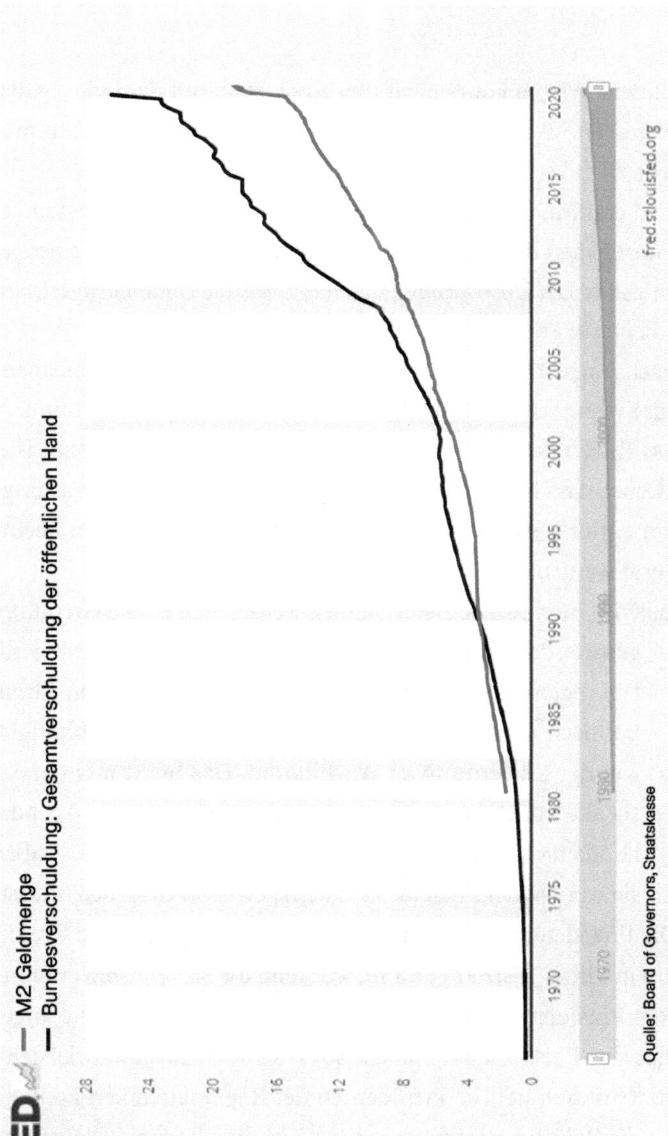

Abbildung 40: Die Geldmenge steigt mit der Staatsverschuldung, da die beiden Größen eng miteinander verbunden sind.

Kontrollen und Gleichgewichte

Mit diesem Wissen können wir uns nun wieder mit der Leitung der Fed befassen. Welche Kontrollmechanismen gibt es heute, um moralisches Fehlverhalten zu verhindern?

Die Fed erklärte in ihrem Jahresbericht 2009: „*Die Schwierigkeit besteht darin, dass die Rechenschaftspflicht bedeutet, dass man einer gewissen politischen Überwachung unterliegt, was die Unabhängigkeit der Zentralbank in Frage stellt.*" [7]

Nach Angaben der Fed besitzt sie folgende Kontrollmechanismen:

1. Ein System von zwölf Banken mit einem Gouverneursrat mindert das Risiko der politischen Einflussnahme auf das System. Die Idee ist, dass Banken aus anderen Regionen weiter von Washington entfernt sind und weniger wahrscheinlich politisch beeinflusst werden.
    a. **Kritikpunkte:** Die zwölf Banken werden von einem Gremium geleitet, das ausschließlich von Washington ausgewählt wird. Die regionalen Banken werden wahrscheinlich von ihren politisch ernannten Vorgesetzten beeinflusst, unabhängig von der Entfernung zu Washington. Das heißt nicht, dass sie alle mit einem einzigen Ziel oder einer einzigen Agenda handeln – es ist eine Meinungsvielfalt zu beobachten –, aber sie werden dennoch bis zu einem gewissen Grad beeinflusst.
2. Die Präsidenten der Regionalbanken werden von einem Gremium in ihrem Distrikt gewählt, während die sieben Gouverneure vom Präsidenten ausgewählt werden. Dadurch wird eine angemessene Rechenschaftspflicht auf Distriktebene gewährleistet.
    a. **Kritikpunkte:** Die Präsidenten der Regionalbanken können die Politik beeinflussen, aber nicht die Führung. Die sieben Gouverneure können beides beeinflussen. Sie besitzen somit

einen größeren Einfluss und werden in Washington ausgewählt.

3. Die Fed verfügt nicht über ein Budget, das vom Kongress kontrolliert wird, um das Risiko von politisch motivierten Agenden zu verringern. Aus diesem Grund hat die Fed die Möglichkeit, ihr eigenes Einkommen zu erwirtschaften und es ohne Einmischung der Regierung für die Tätigung von Ausgaben zu verwenden.
   a. **Kritikpunkte:** Warum sollte sie ein Budget benötigen, wenn der Kongress Kapital bereitstellt, indem er das Bankensystem dazu zwingt, Konten bei der Fed zu unterhalten? Die Existenz der Fed ist an die Machtstrukturen in Washington geknüpft. Außerdem gehen 99 % der Einnahmen der Fed an das US-Finanzministerium.
4. Die transparente Finanzberichterstattung wird von einer unabhängigen Stelle geprüft.
   a. **Kritikpunkte:** Die Fed wird derzeit vom Government Accountability Office (GAO) – einer Regierungsbehörde – „geprüft". Dieser Behörde ist es gesetzlich untersagt, die vier unten genannten Bereiche[8] zu prüfen. Die verbotenen Bereiche umfassen praktisch alle Aktivitäten der Fed. Die Aussage, dass die Fed einer Überprüfung unterliegt, ist im Wesentlichen nur formeller Natur. Tatsächlich ist sie so irreführend, dass ich sie als betrügerisch bezeichnen würde.
      - *Transaktionen mit ausländischen Zentralbanken, Regierungen und privaten internationalen Finanzorganisationen.*
      - *Beratungen, Entscheidungen oder Maßnahmen in geldpolitischen Angelegenheiten, einschließlich Diskontfenster-Operationen, Reserven, Offenmarktgeschäfte, Wertpapierkredite und Zinsen auf Einlagen.*

- *Im Rahmen des FOMC getätigte Transaktionen.*
- *Bestimmte Teile einer Diskussion oder der Kommunikation sowohl unter den Mitgliedern des Gremiums als auch mit Beamten und Mitarbeitern.*

5. Die vierzehnjährige, gestaffelte Amtszeit der Gremiumsmitglieder verhindert, dass ein Präsident das Gremium umbesetzen kann.
   a. **Kritikpunkte:** Keine. Dies ist ein Mehrwert.
6. Die Fed ist verpflichtet, dem Kongress Bericht zu erstatten.
   a. **Kritikpunkte:** Diese Berichterstattung an den Kongress ist eigentlich keine Berichterstattung über wichtige Aspekte der politischen Entscheidungen der Fed, da diese Entscheidungen nicht einmal geprüft werden dürfen.

Die Leitung der Federal Reserve wird direkt von Washington aus beeinflusst. Die politischen Entscheidungen werden sowohl direkt als auch indirekt von Washington aus beeinflusst. Die Prüfungen der Fed schließen fast alles aus, was in ihren Bilanzen steht. Nicht zu vergessen, dass der Hauptzweck des Federal-Reserve-Systems darin besteht, die von Washington geschaffenen Schulden in Form von Anleihen zu kaufen, die die privaten Märkte nicht kaufen wollen.

Damit ist die Erläuterung der Funktionsweise des Federal-Reserve-Systems auf nationaler Ebene abgeschlossen. Es ist jedoch wichtig, auch seine Funktion auf internationaler Ebene zu verstehen. Im nächsten Abschnitt werden das internationale System des US-Dollars als globale Reservewährung und seine kausalen Zusammenhänge beschrieben.

Die globale Reservewährung

Die Hegemonie des US-Dollars wurde während des Zweiten Weltkriegs auf der Bretton-Woods-Konferenz begründet. Damals hatte der Dollar im Rahmen des Goldstandards eine starke Stellung und wurde von den teilnehmenden Ländern als Reservewährung verwendet. Seit der Abschaffung des US-Goldstandards im Jahr 1971 bleibt die Vormachtstellung des Dollars als ein Relikt des früheren Systems bestehen. Der Reservestatus des Dollars wird durch keine internationale Vereinbarung aufrechterhalten. Vielmehr liegt es im Interesse der mächtigsten Akteure des Systems, dass dies so bleibt.

Warum der Dollar?

1. Die USA verfügen über umfangreiche und entwickelte Devisenmärkte – der Kauf und Verkauf des Dollars ist einfach, effizient und transparent. Europa ist nicht so weit entwickelt und besitzt ein höheres Maß an politischer Unsicherheit.
2. Wenn eine neue Reservewährung entstehen würde, müssten die Mächte, die das derzeitige System beeinflussen, ihr Vermögen auf diese Währung übertragen.

Der US-Dollar wird im Welthandelssystem als gemeinsame Recheneinheit verwendet, da Verträge und Rechnungen in dieser Währung denominiert sind. Da diese Offshore-Verträge außerhalb des Federal-Reserve-Systems liegen, werden die Transaktionen im sogenannten **„Eurodollar"-System** abgewickelt – einem Kreditsystem, das auf US-Staatsanleihen und dergleichen als Sicherheiten angewiesen ist. Eine physische Abwicklung wird vermieden, und **die Teilnehmer tauschen im Endeffekt Schuldscheine aus**. Der im

Ausland genutzte Offshore-Dollar basiert auf Sicherheiten, die letztlich Schulden sind. Dies ist vergleichbar mit den Dollarbeträgen, die zwischen US-Banken ausgetauscht werden und die gegenseitige Schulden symbolisieren. Da es sich bei diesen Dollar lediglich um Versprechen handelt, **spielt die Fed eine Schlüsselrolle bei der Bereitstellung von Liquidität auf den internationalen Märkten während finanzieller Kontraktionen.**

Das monetäre Schicksal anderer Länder ist eng mit den geldpolitischen Entscheidungen der USA verknüpft. Im Jahr 2009 forderten China und Russland eine neue Weltreservewährung. Sie wollten eine stabile Währung, die sich von den heutigen kreditbasierten nationalen Währungen abhebt. Da der US-Dollar das Fundament des globalen Finanzsystems bildet, ist er ein systemischer Risikofaktor. Seit März 2020 ist China der zweitgrößte ausländische Eigentümer von US-Staatsanleihen und ist besorgt über seine Anlageposition (China hat seine Position in den letzten Jahren deutlich reduziert). Sollte der Dollar schnell an Wert verlieren, hätte China den größten Wertverlust zu verzeichnen. Der Dollar wurde in Bretton Woods gewählt, weil er solide durch Goldreserven gedeckt war. Heute, **in einem kreditgestützten Fiat-System, wird die Solidität nach dem Ermessen der Währungsbehörden bestimmt.**

Die Vor- und Nachteile des Dollars als Reservewährung

Den USA verschafft dieses System beträchtliche Vorteile. Ausländische Länder sind gezwungen, in die USA zu exportieren, um Dollar zu bekommen und Handel im Inland zu betreiben. 80 % [9] des Devisenhandels werden in US-Dollar abgewickelt, sodass die meisten Länder Dollar benötigen, um Handel zu betreiben. Ausländische

Länder horten Dollar-basierte Vermögenswerte (der Dollar macht circa 60 % [10] aller Währungsreserven aus), indem sie einen anhaltenden Handelsüberschuss erzielen. Um die USA dazu zu bewegen, die Waren eines Landes zu kaufen, muss das Land mit anderen Ländern konkurrieren, die die gleichen Waren herstellen. Dies kann durch eine Senkung der Preise für die eigenen Waren und Dienstleistungen erreicht werden, was eine Senkung der Produktionskosten, vor allem der Löhne, erfordert. Viele Menschen wissen, dass US-Unternehmen Arbeitskräfte aus China und Indien beschäftigen und sie in Dollar bezahlen. Die künstliche Unterdrückung ausländischer Löhne kommt den USA in Form billiger Arbeitskosten zugute – was von Frankreich als „exorbitantes Privileg“ bezeichnet wird.

Dieses Privileg ähnelt dem, das Großbritannien im 19. Jahrhundert genossen hat: „Australien, Argentinien, Kanada, Neuseeland und vor allem die Vereinigten Staaten wurden zu gewaltigen Exporteuren von Nahrungsmitteln und landwirtschaftlichen Rohstoffen, die die Arbeiter und Maschinen der industriellen Revolution in Europa versorgten.“ [1]

Durch dieses System ist die Federal Reserve *praktisch* zur **Weltzentralbank** geworden. Jede internationale Finanzkrise erfordert die Hilfe der Federal Reserve, wodurch **die Abhängigkeit ausländischer Länder von der Fed zunimmt.** Nicht-US-Banken vergeben Kredite in Dollar, was 60 % der grenzüberschreitenden Kreditvergabe ausmacht. In den Jahren 2008 und 2020 brachen die Sicherheiten, mit denen die Kredite ausländischer Banken gedeckt waren, infolge von Zahlungsausfällen zusammen. Diese Banken brauchten Dollar, aber ihre Zentralbanken konnten sie nicht erschaffen, also sprang die Fed ein.[1] **Diese Abhängigkeit ist ein wesentliches Machtinstrument und strategischer Vorteil für die USA.**

Ein weiterer Einflussfaktor sind die weltweiten US-Dollar-basierten **Zahlungssysteme**. Als Emittent der globalen Reservewährung haben die USA das dazugehörige Finanzsystem geschaffen. Die Teilnehmer an den Dollarmärkten nutzen die Systeme Fedwire, CHIPS (Clearing House Interbank Payments System) und SWIFT (Society for Worldwide Financial Telecommunication). Da der Handel über diese Systeme abgewickelt wird, haben die USA ein weiteres Machtinstrument, um auf andere Länder Druck auszuüben. Um Schwartz zu zitieren: *„Die Fed bietet das Krisenmanagement als Zuckerbrot, während das Finanzministerium mit dem Ausschluss aus dem Zahlungssystem die Peitsche schwingt.“* [1]

Dieses exorbitante Privileg hat seinen Preis. Im Allgemeinen ist dies als das Triffin-Dilemma bekannt, bei dem die Reservewährung zwischen ihren kurzfristigen nationalen und langfristigen internationalen Interessen wählen muss. In den USA **führt dies zu einer Zunahme der Vermögensungleichheit**. Das System wirkt sich negativ auf die Arbeiterklasse in den USA aus, da es den internationalen Wettbewerb günstiger macht. Währenddessen profitieren die US-Kapitalisten, die billige ausländische Arbeitskräfte beschäftigen. Die US-Geldpolitik hat ein unhaltbares Wettbewerbsumfeld für die amerikanische Arbeiterklasse geschaffen.

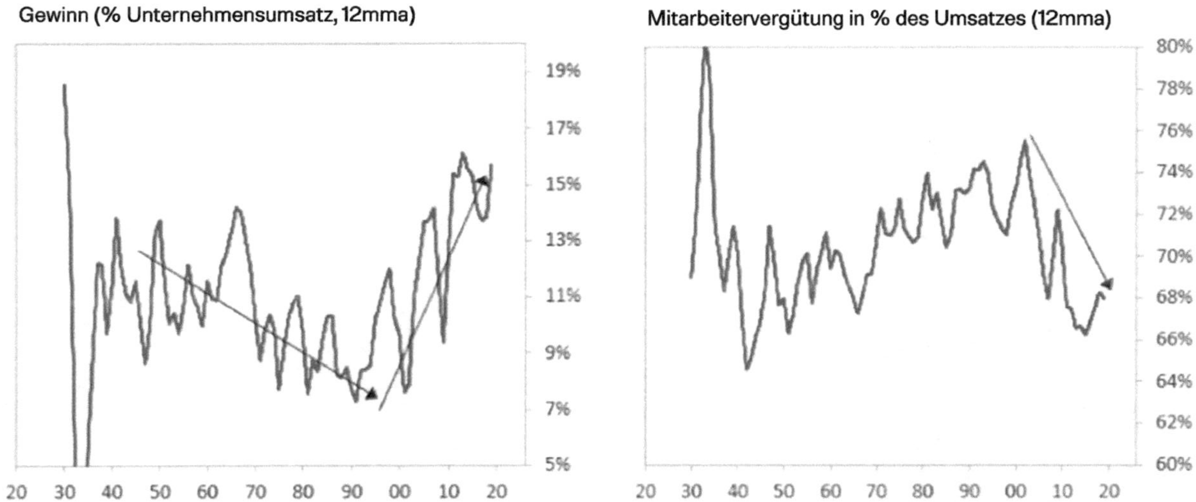

Abbildung 41: Steigende Unternehmensgewinne bei sinkenden Mitarbeitergehältern (Bildquelle: Ray Dalio) [3]

Die Länder haben die Einführung einer globalen Währung vorgeschlagen, um die Probleme auf beiden Seiten zu lösen. John Maynard Keynes schlug den so genannten Bancor vor, aber das, was dem heute am nächsten kommt, ist das Sonderziehungsrecht (Special Drawing Rights, SDR) des IWF. Das Problem ist, dass alle diese Währungen auf die eine oder andere Weise beeinflusst werden. **Eine globale Währung müsste wirklich dezentralisiert sein, sodass keine Partei sie zu ihrem Vorteil kontrollieren könnte.**

Fazit

Die Federal Reserve ist nach wie vor eine der am wenigsten bekannten und mächtigsten Wirtschaftsinstanzen der Welt. Das Federal-Reserve-System besteht aus zwölf Banken, die von zwei getrennten Gremien geleitet werden. Obwohl die Fed als unabhängig gilt, befindet sie sich im Besitz der US-Regierung, die auch die Mitglieder der Fed-Gremien auswählt. Die Fed hat eine Vielzahl von Funktionen, ist durch ihre Geldpolitik der Offenmarktgeschäfte aber in erster Linie ein Vermögensverwalter. Sie ist der größte Investor und das profitabelste Unternehmen der Welt. Geld kommt in die Wirtschaft, wenn die Fed es erschafft und damit Wertpapiere kauft. Die Fed kann die Zahl der Menschen, die glauben, dieses Geld zu besitzen, vervielfachen, indem sie die Mindestreservesätze für die Banken des Mindestreserve-Systems senkt. Unser Geld ist durch Schulden gedeckt; eine Vermehrung des Geldes bedeutet eine Vermehrung der Schulden und umgekehrt. Ohne Schulden hätten wir kein Geld. Dies ist das volatile, schuldenbasierte, inflationäre Fiat-System der Neuzeit.

Der US-Dollar wurde auf der Bretton-Woods-Konferenz als Weltwährung eingeführt. Als solche ist er während des weltweiten

Übergangs zu Fiat-Systemen erhalten geblieben. Mit der Kontrolle über die globale Reservewährung fungiert die Fed als Zentralbank der Welt und kontrolliert das wichtigste Netzwerk für ausländische Zahlungen. Dieses Machtinstrument hat der Fed einerseits Vorteile verschafft, die den Reichen zugutekommen, und andererseits Nachteile geschaffen, die die Armen zu tragen haben. **Eine globale Währung würde die widersprüchlichen Interessen dieses Systems beseitigen. Allerdings müsste sie vollständig dezentralisiert sein.** Im nächsten Kapitel werden wir herausfinden, wo wir heute stehen und welche Möglichkeiten sich am Horizont abzeichnen.

Quellenangabe

1. Schwartz, Herman Mark: *The Dollar and Empire*, 16. Juli 2020
2. https://www.federalreserve.gov/releases/h41/20210211/h41.pdf
3. https://www.linkedin.com/pulse/paradigm-shifts-ray-dalio/
4. https://www.stlouisfed.org/in-plain-english/who-owns-the-federal-reserve-banks
5. https://twitter.com/zerohedge/status/1300092969551364097?lang=en
6. https://www.federalreserve.gov/monetarypolicy/policytools.htm
7. https://www.stlouisfed.org/annual-report/2009/a-series-of-checks-and-balances
8. https://www.law.cornell.edu/uscode/text/31/714
9. https://www.tradersmagazine.com/am/88-of-all-2019-forex-transactions-are-in-us-dollars/
10. https://www.brookings.edu/wp-content/uploads/2019/09/DollarInGlobalFinance.final_.9.20.pdf

Kapitel 7

Der Zyklus des zentralisierten Bankwesens

Eine weitere Sache, die mich beunruhigt, ist die Zeit. Die Zeit ist wie ein Buch. Man hat einen Anfang, eine Mitte und ein Ende. Es ist einfach ein Zyklus.
MIKE TYSON

Moderne Geldpolitik

Infolge der Finanzkrise von 2008 wechselten die Zentralbanken zu einer Mentalität des „Stimulus um jeden Preis“. Das Gelddrucken wurde drastisch erhöht, in den meisten Märkten wurden Notkredite bereitgestellt und öffentliche Mittel wurden direkt in die großen Banken gesteckt. Diese experimentellen Maßnahmen waren, einmal mehr, angeblich nur vorübergehend.

Wenn man die Protokolle der Fed-Sitzungen während der Krise liest, hatte man kaum eine Vorstellung von dem, was kommen sollte. Damals hielten die Zentralbanker die Inflation für die größte Gefahr, die von ihrer Politik ausging. Sie hatten keine Ahnung, dass sie geradewegs in eine umfassende Bankenkrise schlitterten. Nach der Krise hatten sie immer noch keine Vorstellung von den Auswirkungen ihrer Experimente. Muhammed El-Erian fasste die Stimmung der Zentralbanker auf einer Pariser Konferenz Jahre nach der Krise zusammen:

> *Weil all dies so weit von der Normalität entfernt war, konnten sich weder die Zentralbanken noch irgendjemand sonst auf erprobte Methoden oder historische Präzedenzfälle berufen. Es war ein kühnes politisches Experiment in Echt-*

zeit, über einen ungewöhnlich langen Zeitraum hinweg... In Anbetracht all dessen wurde mir bald klar, dass ich nicht der Einzige war, der in dem Raum in Paris beunruhigt war. Viele von uns empfanden ein tiefes Unbehagen angesichts der Situation, die die Zentralbanken zum Handeln gezwungen hatte, und viele von uns fragten sich, wie es wohl weitergehen würde.[1]

Die anschließende wirtschaftliche Erholung blieb hinter den Erwartungen zurück, und es gelang nicht, aus der Krise herauszukommen. Während die Finanzmedien die Zentralbanker oft so darstellen, als seien sie sich ihrer Entscheidungen sicher, ist es in Wirklichkeit so, dass die Zentralbanker nur ein begrenztes Verständnis für die Folgen ihrer Entscheidungen haben. Der CEO der New Yorker Fed-Filiale, William Dudley, erklärte 2014:

Wir haben immer noch keine gut entwickelten Makromodelle, die einen realistischen Finanzsektor enthalten. Wir verstehen nicht ganz, wie groß angelegte Programme zum Ankauf von Vermögenswerten dazu beitragen, die Bedingungen auf den Finanzmärkten zu erleichtern.[2]

Trotz ihrer Bedenken kaufte die Fed nach der Krise noch sechs Jahre lang, bis ins Jahr 2014, Vermögenswerte auf. Vor der Rezession hatte die Fed Vermögenswerte im Wert von rund 800 Milliarden US-Dollar in ihrer Bilanz. Im Oktober 2014 waren es bereits 4,5 Billionen US-Dollar. Die Zinssätze blieben bei 0 %.

Im Jahr 2016, acht Jahre nach Beginn der Krise, versuchte die Fed, die Zinssätze anzuheben. Dies dauerte drei Jahre, bis die Fed im Herbst 2019 erneut mit einer Zinssenkung begann. Es wurden nicht nur die Zinssätze gesenkt, sondern auch die Ankäufe von Vermögenswerten wieder aufgenommen. Dies war das vierte offizielle Programm zum Ankauf von Vermögenswerten seit der Krise; es wurde QE4 (d. h. QE4eva – Quantitative Easing Forever, z. Dt. Quantitative Lockerung bis in alle Ewigkeit) genannt.

Dieser neue Stimulus im Herbst 2019 (vor der Pandemie) war eine Reaktion auf einen **Anstieg des Repo-Zinssatzes um 10 %**. Dieser Punkt ist wichtig, **da er zeigt, dass wirtschaftliche Verwerfungen bereits vor der Pandemie existierten.** Im Grunde genommen können auf dem Repo-Markt Unternehmen, die viele illiquide Wertpapiere besitzen und liquide Mittel benötigen, bei Banken Kredite aufnehmen, um sich Bargeldreserven zu beschaffen. Mit den Wertpapieren als Sicherheiten gewähren die Banken ihnen kurzfristige Bargeldkredite. Im Herbst 2019 schnellten die Zinssätze in die Höhe, weil die Banken diese Kredite nicht gewähren wollten und das Fünffache des normalen Zinssatzes von 2 % als Gegenleistung für die Kreditvergabe verlangten. Der Markt signalisierte der Welt, dass der Marktzinssatz nicht nachhaltig war, da der natürliche Zinssatz viel höher lag. **In den Jahren vor dem Crash von 2020 zeigte sich, wie abhängig der Markt von den Stimulierungsmaßnahmen der Zentralbanken war, da jede Reduzierung dieser Maßnahmen unmittelbar zu Preisvolatilität führte.**

Die Pandemie 2020

Die Federal Reserve reagierte mit folgenden Maßnahmen auf die landesweiten Lockdowns:

1. Senkung des Mindestreservesatzes auf 0 %.
2. Senkung der Zinssätze auf 0 % - 0,025 %.

3. Schaffung von Kreditprogrammen für den Unternehmens-, Kommunal- und Geldmarkt sowie den Markt für Commercial Paper (z. Dt. Geldmarktpapier), die Main Street Markets (lokale Märkte für kleine Unternehmen – Anm. d. Hrsg.) und andere.
4. Kauf von Vermögenswerten in den Unternehmens-, Kommunal- und Geldmarkt sowie den Markt für Commercial Paper, die Main Street Markets und andere.
5. Schaffung von neuen Währungstauschabkommen (Dollar-Swap-Lines) mit neun anderen Ländern (bzw. zwischen den Zentralbanken – Anm. d. Hrsg.) zur Schaffung zusätzlicher Liquidität.

Der Börsencrash im Zuge der Pandemie 2020 war einer der größten und schnellsten in der Geschichte. Die Fed griff mit einer historisch experimentellen Geldpolitik ein, indem sie die Geldmenge innerhalb weniger Monate um 21 % erhöhte. Darüber hinaus weitete sie den Ankauf von Vermögenswerten auf alle Kategorien außer Aktien aus und schuf Kreditangebote für alle Bereiche. Abgesehen von den direkten Aktienkäufen und der Einführung negativer Zinssätze schöpfte die Fed all ihre geldpolitischen Instrumente aus.

In den sechs Monaten nach der Pandemie stieg die US-Verschuldung um 15 %, aber die Fed forderte dennoch weitere fiskalische Stimulierungsmaßnahmen. Dieses Verhalten ist besorgniserregend, da die Fed eine politisch unabhängige Institution ist. Die Forderung nach fiskalischer Unterstützung steht im Widerspruch zu ihrer Haltung, dass sie noch mehr tun kann. So wie uns Rettungsaktionen und ein Jahrzehnt des Ankaufs von Vermögenswerten aus der Krise von 2008 herausgeholt haben, macht es Sinn, dasselbe auch dieses Mal zu erwarten. Eine Reihe von Faktoren spricht jedoch dafür, dass die Wirksamkeit der Stimulierungsmaßnahmen an ihr Ende gelangt.

Schuldenzyklen

Ray Dalio (Gründer des größten Hedgefonds der Welt) erklärte im Mai 2019: „*Wir befinden uns fast am Ende eines langfristigen Schuldenzyklus, was bedeutet, dass die Fähigkeit der Zentralbanken, die Geldpolitik zu lockern, begrenzt ist.*“

Nur wenige Menschen haben sich so lange und so gründlich mit den Märkten befasst wie Ray. Im Rahmen seines Studiums der Wirtschaftsgeschichte hat Ray zwischen kurzfristigen und langfristigen Schuldenzyklen differenziert. Das Verständnis dieser Unterscheidung ist wichtig, denn sie hat erhebliche Auswirkungen auf unser heutiges wirtschaftliches Umfeld.

Kurzfristige Schuldenzyklen sind den meisten von uns vertraut und werden oft als **Konjunkturzyklen** bezeichnet. Dabei handelt es sich um Schwankungen der Kreditvergabe, die in der Regel in Zeiträumen von fünf bis zehn Jahren auftreten. Nach einer Rezession nehmen Unternehmen und Privatpersonen mehr Kredite auf und nutzen sie als Kaufkraft. Produktion und Konsum nehmen zu. Schließlich kommt es zu Überkonsum und Fehlinvestitionen. Mit dem Bewusstsein dieses Zustands ändert sich auch die Stimmung und ein negativer Katalysator bewirkt, dass die Kreditvergabe zurückgeht. Es kommt zu Konkursen, und **die Federal Reserve greift ein, um die Zinssätze zu senken, Dinge zu kaufen, die die Leute nicht wollen, und Kredite an Leute zu vergeben, denen andere keine Kredite gewähren wollen.** Die Wirtschaft fällt für eine gewisse Zeit in eine Flaute und beginnt dann wieder zu wachsen, und das Ganze wiederholt sich immer wieder. Nach ein paar Jahrzehnten dieses Vorgangs zeichnet sich ein Muster ab: Jedes Mal, wenn wir diesen Prozess durchlaufen, hat die Wirtschaft wieder ein bisschen mehr Schulden.

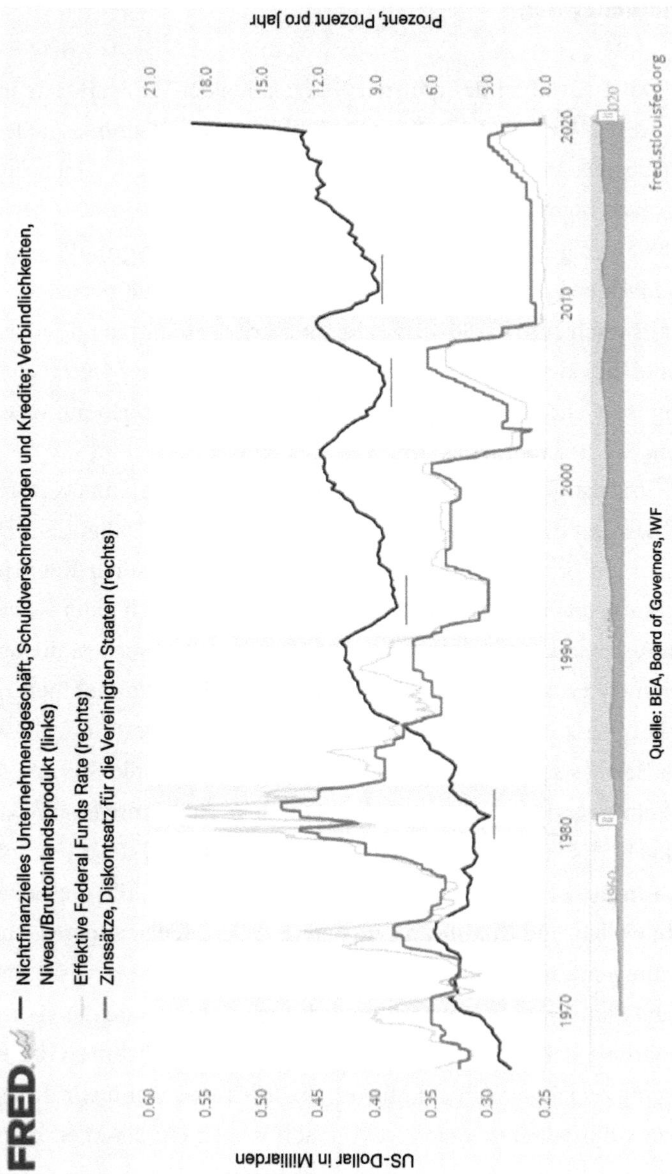

Abbildung 42: Der Schuldenstand in Prozent des BIP steigt mit jedem Zyklus

Dies kann man an den höheren Höchstständen (Abbildung 42) erkennen, die bei dem Schuldenstand im Verhältnis zum Bruttoinlandsprodukt in jedem aufeinanderfolgenden Zyklus erreicht werden (Lyn Alden hat einen ausgezeichneten Aufsatz geschrieben, der diesen Punkt im Detail behandelt).[4]

In der Zwischenzeit sinken die Zinssätze mit jedem Zyklus immer weiter. Ein wichtiger Punkt ist, dass die Zinssätze jetzt bei 0 % liegen und somit nicht weiter sinken können (außer bei einer Negativzinspolitik). Doch was bedeutet das für die Schulden?

Erläuterung der Negativzinsen:

Zur Erinnerung: Alle Geschäftsbanken, die Mitglieder des Federal-Reserve-Systems sind, haben ein Konto bei der Fed, auf dem sie ihre Reserven aufbewahren. Die Höhe der Reserven richtet sich nach dem von der Fed **festgelegten Mindestreservesatz.** Da es sich bei diesen Reserven um Einlagen handelt, zahlt die Fed den Banken in der Regel Zinsen. Theoretisch könnte die Fed jedoch beginnen, von den Banken Zinsen auf diese Einlagen zu verlangen. Dies wäre praktisch ein „negativer Zinssatz" und würde alle Banken, die Reserven bei der Fed halten, dazu bringen, diese stattdessen abzuziehen und über Kredite in der Wirtschaft zirkulieren zu lassen.

Die Banken würden diese Kosten wahrscheinlich nicht an ihre Kunden weitergeben, indem sie von ihnen Gebühren für Einlagen verlangen, aber theoretisch ist es möglich. Das US-Finanzministerium könnte auch Anleihen mit einem negativen Zinssatz herausgeben. Dies würde dadurch geschehen, dass man heute Geld gibt und in der Zukunft weniger zurückbekommt. Die Gründe, warum die Menschen diese Schuldverschreibungen oder Anleihen kaufen würden, würden den Rahmen dieses Buches sprengen.

Negative Zinssätze sind das letzte Mittel, das einer Zentralbank zur Verfügung steht, um Dollar von ihren Konten abzuziehen und sie im Finanzsystem zirkulieren zu lassen. Dies ist eine neue Art von experimenteller Geldpolitik, die es in der 4.000-jährigen Finanzgeschichte noch nie gegeben hat. Die USA haben sie noch nie angewandt, aber große Volkswirtschaften wie Japan und die Europäische Union schon. Der derzeitige Fed-Vorsitzende Jerome Powell hat sich zwar deutlich gegen negative Zinssätze ausgesprochen, doch sind Zentralbanker dafür bekannt, dass sie ihre Meinung gelegentlich ändern.

Warum sind Negativzinsen relevant? Stand Oktober 2020 sind 16 Billionen US-Dollar der globalen Schulden so bewertet, dass sie eine negative Rendite aufweisen. Strategen von JP Morgan haben festgestellt, dass der weltweite Bestand an Staatsschulden mit negativen Realrenditen (Rendite minus Inflation) 31 Billionen US-Dollar beträgt. Das sind 76 % der gesamten Staatsverschuldung der Industrieländer, was einen Anstieg gegenüber 57 % im Jahr 2017 darstellt. Die globale Gesamtverschuldung lag 2019 bei rund 250 Billionen US-Dollar (Quelle: Grant's Interest Rate Observer). Die monetären Maßnahmen führen dazu, dass ein beträchtlicher Teil der Verschuldung negative Renditen aufweist, was darauf hindeutet, dass **die geldpolitischen Optionen in vielen großen globalen Volkswirtschaften erschöpft sind.**

Langfristige Schuldenzyklen entstehen am Schnittpunkt von **(1) Kreditakkumulation** in jedem Zyklus und **(2) Erschöpfung der Geldpolitik** im Laufe der Zeit. Während kurzfristige Schuldenzyklen vor allem aufgrund des Verbraucherverhaltens schwanken, verändern sich langfristige Schuldenzyklen entsprechend der Geldpolitik. Man muss sich darüber im Klaren sein, dass mit jedem Konjunkturzyklus kurz- und langfristige Kosten verbunden sind. Würde die Fed nicht eingreifen und Anreize und Rettungsmaßnahmen bereitstellen, würde die Gesellschaft bei jedem Zyklus für diese beiden Kosten aufkommen. Da die US-Notenbank bei jeder Konjunkturabschwächung die Wirtschaft ankurbelt, werden die langfristigen Kosten jedes Mal vermieden (und damit das Fass zum Überlaufen gebracht). **Wichtige Anzeichen für das Ende eines Konjunkturzyklus sind das Ausmaß von**

1. **Fehlinvestitionen**
2. **Überkonsum**
3. **Vermögensungleichheit**
4. **Politischem Extremismus**

Um die ersten beiden Punkte zu verstehen, muss man das sogenannte **Produzenten-Trilemma** verstehen. Menschen, die Werte produzieren, erhalten Geld. Sobald sie es erhalten haben, können sie drei Dinge damit tun: (1) es sparen, (2) es ausgeben oder (3) es investieren. Da die Zentralbanken die Zinssätze auf historische Tiefststände gedrückt haben, macht Sparen keinen Sinn – das Geld wird durch Inflation an Wert verlieren, bevor man mit seinen 0,1 % Einlagenzinsen etwas verdienen kann. Dieses durch die stimulierende Geldpolitik geschaffene Trilemma zwingt die Menschen, ihr Geld entweder auszugeben oder es durch Investitionen zu riskieren.

Dadurch wird ein Anreiz geschaffen, Geld, das sonst gespart würde, entweder auszugeben oder zu investieren. Die Ergebnisse sind:

1. **Fehlinvestitionen.** Fast 20 % der US-Firmen sind Zombie-Unternehmen, also Unternehmen, die überleben, indem sie ihre bestehenden Schulden refinanzieren. Größe und Wachstum haben Vorrang vor nachhaltigen Finanzpraktiken, was zu Misserfolgen wie WeWork oder Konkursen wie SunEdison führt, die von CEOs geschaffen wurden, die „schnell handeln und Dinge kaputt machen". Der 100-Milliarden-Dollar-Investitionsfonds für das Silicon Valley, der von Softbank geschaffen wurde, ist ein Beispiel für Fehlinvestitionen. Ein weiterer Indikator für Fehlinvestitionen sind historische Höchststände der Aktienmarktbewertung.

Abbildung 43: Aktienmarktbewertungen sind auf historischen Höchstständen (Datenquelle: Robert Schiller CAPE-Daten)

2. Überkonsum. Die Menschen geben heute mehr aus als früher.

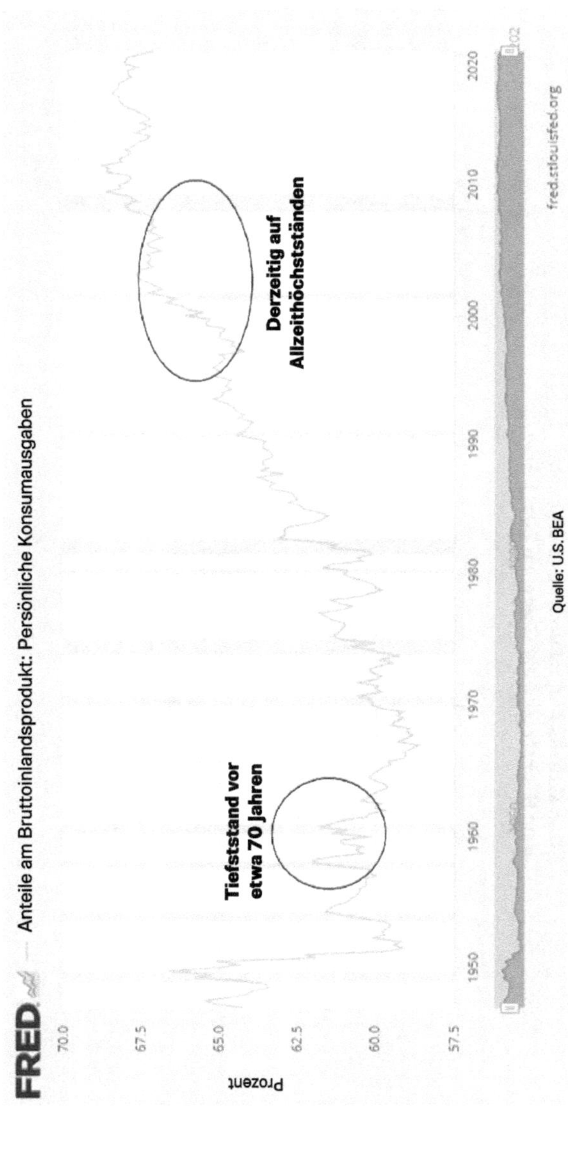

Abbildung 44: Persönlicher Konsum in Prozent des BIP

Wir konsumieren mehr als je zuvor, aber niemand wird dadurch glücklicher.

Allgemeiner Glückszustand von Erwachsenen in den USA, General Social Survey (Allgemeine Sozialstudie), 1973-2016

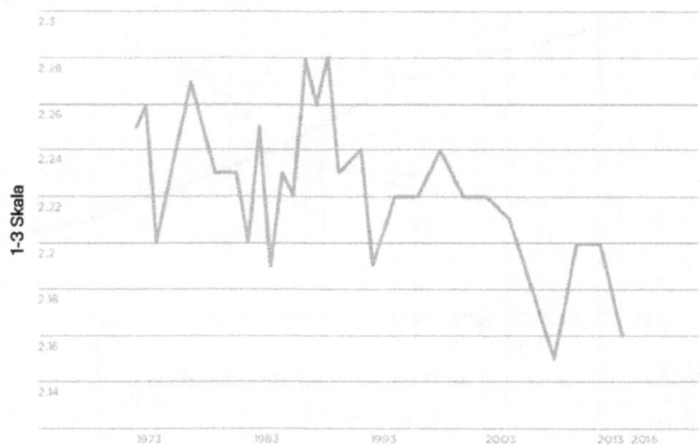

Abbildung 45: Umfrage zum Glückszustand in den USA (Bildquelle: worldhappiness.report)

Die Verbraucherausgaben konzentrieren sich eher auf kurzfristige Wünsche als auf langfristige Bedürfnisse. Ein neuer Forschungsbereich untersucht die Auswirkungen von Suchtmitteln und Suchterkrankungen. Die Menschen konsumieren zu viele Dinge, die ihre kurzfristigen Bedürfnisse befriedigen (soziale Medien/Internet/Freizeit), und zwar auf Kosten der Zeit, die sie in Aktivitäten stecken würden, die ihr langfristiges Wohlbefinden verbessern.

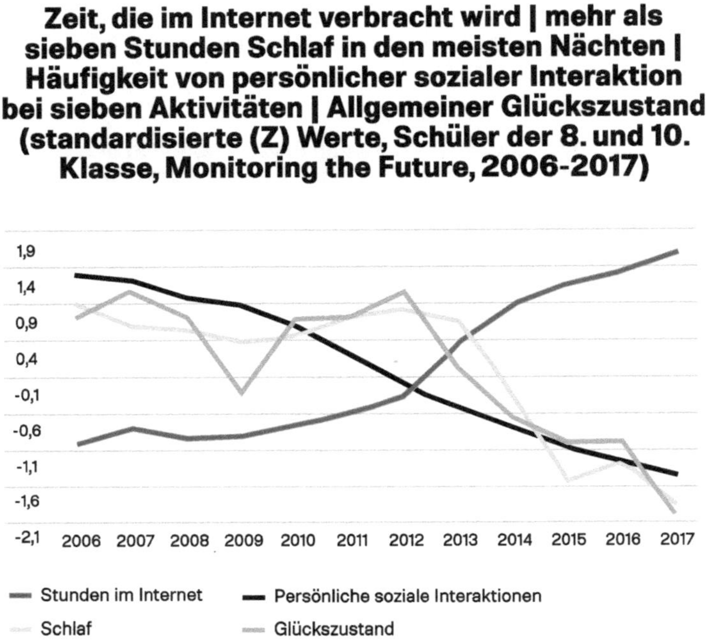

Abbildung 46: Die Menschen verbringen mehr Zeit mit dem Internet und weniger mit Schlaf und Geselligkeit (Bildquelle: worldhappiness.report)

Korrelation zwischen Aktivitäten und allgemeinem Glückszustand, 8- und 10-Klässler, Monitoring the Future, 2013-2016 (bezogen auf Ethnie, Geschlecht, SES (z. Dt. SoS, sozioökonomische Status – Anm. d. Hrsg.) und Klassenstufe)

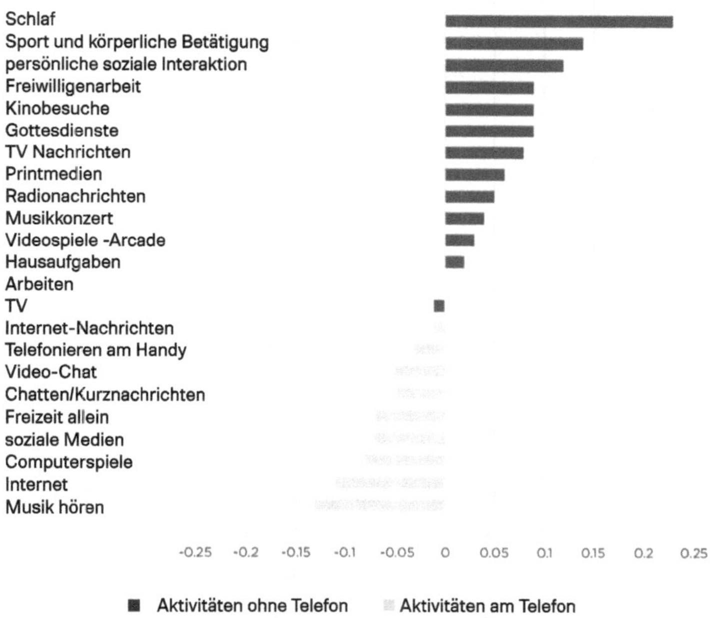

Abbildung 47: Glück korreliert mit Aktivitäten, die immer seltener ausgeübt werden (Bildquelle: worldhappiness.report)

Die bevorzugte Lösung für Probleme im Zusammenhang mit dem sinkenden Glückszustand ist es, mehr Geld für Medikamente auszugeben. Immer häufiger werden Medikamente verschrieben, oft bevor gesunde Lebensweisen überhaupt ausprobiert werden.

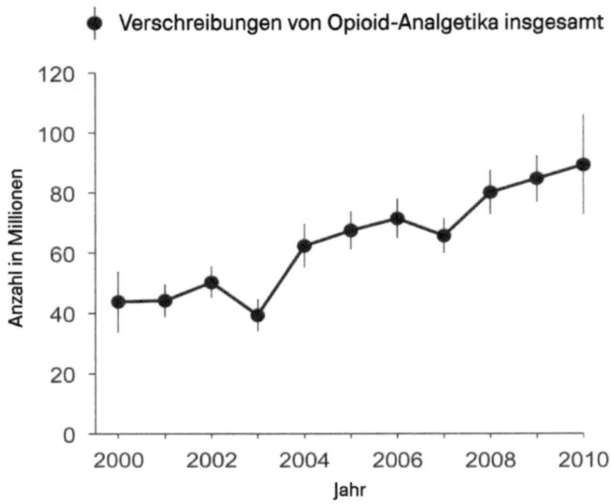

Abbildung 48: Opioide werden immer häufiger verschrieben (Bildquelle: US National Library of Medicine)[5]

Medikamente gibt es nicht umsonst und dieser Lebensstil ist unerschwinglich. Die Gesundheitsausgaben sind von 4 % des Einkommens im Jahr 1971 auf heute 18 % gestiegen (Analyse von yakes.io).

Hinzu kommt, dass unser Fokus, der mehr auf Zweckmäßigkeit statt auf der Verbesserung der wirtschaftlichen Verhältnisse liegt, durch Schulden finanziert wird. Studenten verschulden sich ein Leben lang, um einen Abschluss zu machen, ohne Aussicht auf einen Job, mit dem sie die Schulden zurückzahlen können. Im Jahr 1971 betrugen die durchschnittlichen Kosten für ein vierjähriges College 16 % des mittleren Haushaltseinkommens, heute sind es 47 % (Analyse von yakes.io). Der am stärksten mit Schulden behaftete Aspekt unseres Lebens ist jedoch die Unterkunft.

Wenn man ein Haus kaufen möchte, braucht man einen Kredit, weil alles unerschwinglich ist. Um einen Kredit zu bekommen, braucht man ein Kreditscoring bzw. muss man kreditwürdig sein. Um ein Kreditscoring zu erhalten, muss man andere Arten von Schulden wie bei Kreditkarten aufnehmen. Wie viele Menschen nehmen tatsächlich Kreditkarten in Anspruch, weil sie einen kurzfristigen Kredit brauchen? Diejenigen, die das tun, zahlen am Ende 15 % Zinsen und werden immer ärmer. Diejenigen, die sich nicht mit Kreditkarten verschulden, kaufen sieben Jahre später mit noch mehr Schulden ein Haus. Dann kommt eine Rezession, sie werden entlassen und die Bank bekommt ihr Haus.

In der Zwischenzeit läuft es für die Kreditkartenunternehmen gut:

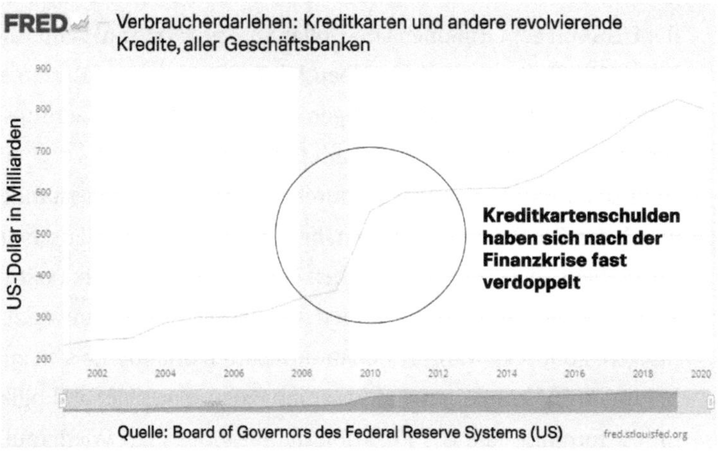

Abbildung 49: Kreditverschuldung steigt rapide an

Diese Anhäufung von Schulden führt zu den beiden folgenden Resultaten:

1. **Die Vermögensungleichheit erreicht gegen Ende langfristiger Schuldenzyklen ihren Höhepunkt.** Es sei an die Erläuterung des

Cantillon-Effekts erinnert. Extreme monetäre Stimulierungsmaßnahmen (d. h. mehr Schulden) führen zu einem erheblichen Anstieg der Preise für Finanzanlagen. Wohlhabende Menschen, die in diese Anlagen investiert sind, profitieren sehr davon. Diejenigen, die keine Finanzanlagen besitzen, bleiben außen vor, da sie Bargeld halten (sofern sie welches haben) und keinen Vermögenszuwachs erzielen. Außerdem wird ihr Bargeld von der Zentralbank entwertet, die Geld druckt, um die Wirtschaft am Laufen zu halten. **Die Einkommensungleichheit in den USA ist so groß wie seit der Großen Depression nicht mehr.** Der Lockdown im Jahr 2020 hat den Haushalten mit niedrigem Einkommen am meisten geschadet, während das Vermögen der Milliardäre nach Angaben der UBS von acht Billionen US-Dollar im April 2020 auf zehn Billionen US-Dollar im Juli desselben Jahres gestiegen ist.[6] Extreme Ungleichheit führt zu Spannungen zwischen den Bevölkerungsschichten und trägt zu politischem Extremismus bei.

2. **Politischer Extremismus wird durch wirtschaftliche Missstände angeheizt.** Die Politik ist heute ein heikles Thema. Viele Menschen bilden heute ihre gesellschaftlichen Gruppen rund um die Politik und haben es schwer, Beziehungen über Parteigrenzen hinweg zu pflegen. Politische Kampagnen und Debatten orientieren sich zunehmend an Emotionen und Erzählungen und weniger an Logik und Informationen. Als Reaktion darauf gibt es ein Wiederaufleben der politischen Bewegungen gegen das Establishment und einen wachsenden Populismus. Die unten stehende Grafik zeigt, dass die Vermögensungleichheit ihren letzten Höhepunkt während der Großen Depression erreichte, was mit einem Anstieg der populistischen Stimmung zusammenfiel. Die wirtschaftliche Ungleichheit trägt heute auf die gleiche Weise zum Anstieg populistischer Stimmungen bei.

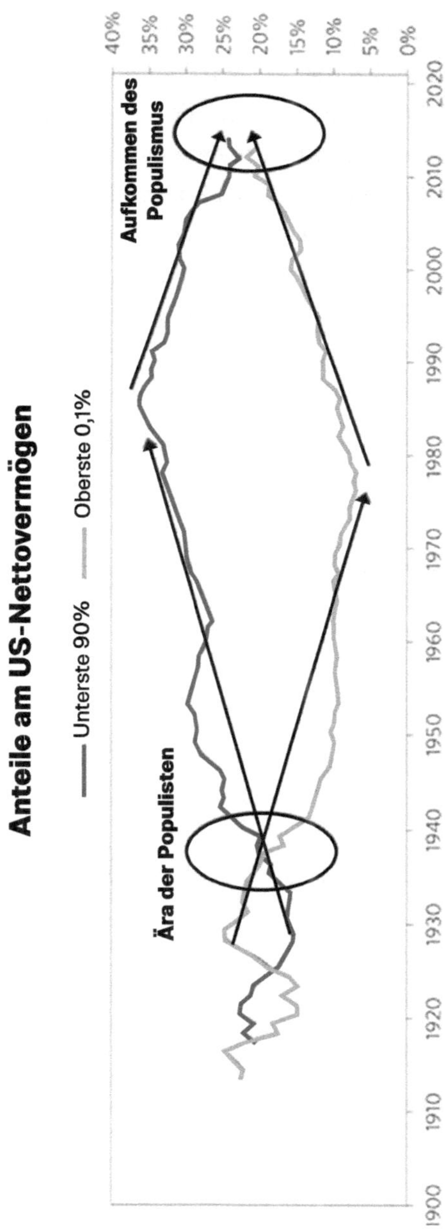

Abbildung 50: Der Anstieg des Populismus geht mit Einkommensungleichheit einher (Bildquelle: Bridgewater Associates)

Zusammenfassend lässt sich sagen, dass die langfristige Anhäufung von Schulden durch das Zentralbanksystem zu einer Anhäufung von langfristigen Problemen führt. Die Politik der Zentralbanken zwingt die Menschen, Geld nicht mehr zu sparen, sondern es auszugeben und zu investieren. **Dies führt zu Überkonsum und Fehlinvestitionen.** Die Anhäufung von Schulden verschärft die Vermögensungleichheit und trägt zu einem Anstieg des politischen Extremismus bei.

Man kann über einen längeren Zeitraum Steroide einnehmen, aber jedes Mal werden sie weniger wirksam sein und es wachsen einem schließlich „Brüste". Das Ende des langfristigen Schuldenzyklus ist erreicht, wenn der Wirtschaft „Brüste" wachsen.

So wie bei Japan:

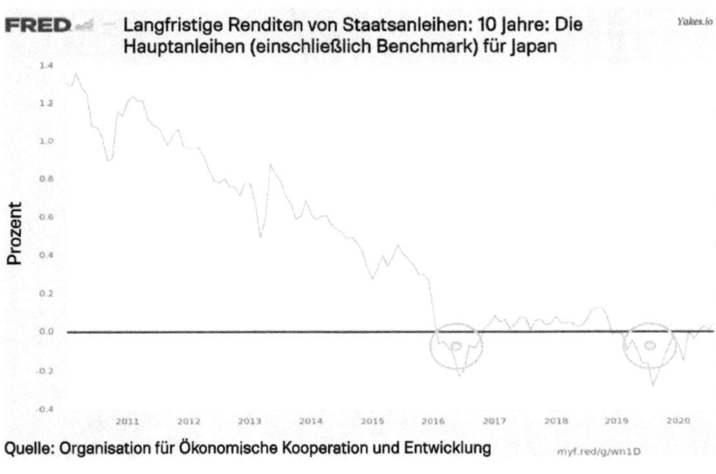

Abbildung 51: Die unnatürliche Reaktion der japanischen Zentralbank auf diese wirtschaftlichen Missstände – die negativen Zinssätze

Der Punkt ist, dass sich Abfälle über lange Zeiträume hinweg ansammeln und wir früher oder später dafür bezahlen müssen. Mit diesem Verständnis folgt hier die einfache Logik jedes Zyklus.

Kurzfristiger Schuldenzyklus:

- Unser Geld ist *jetzt* vollständig durch Schulden gedeckt.
- Eine Ausweitung der Geldmenge bedeutet eine Ausweitung der Schulden.
- Schulden sind ein Versprechen, jemanden in der Zukunft zu bezahlen.
- Wenn wir also die Schulden in der Wirtschaft erhöhen, erhöhen wir die Versprechen, in der Zukunft etwas zu tun.
- Diese Versprechen führen dazu, dass die Erwartungen von unserer tatsächlichen Leistungsfähigkeit abweichen, und wenn die Erwartungen nicht erfüllt werden können, kommt es zu einem Zusammenbruch, weil die Menschen kein Vertrauen mehr zueinander haben.
- Die Produktivität fällt dann unter das Erreichbare, weil die Menschen nicht mehr darauf vertrauen, dass Versprechen gut sind.
- Irgendwann fangen die Menschen wieder an, zu vertrauen, und die Produktivität kehrt auf ihr natürliches Niveau zurück.
- Der Zyklus wiederholt sich.

Langfristiger Schuldenzyklus:

- Jedes Mal, wenn sich der Zyklus wiederholt, lindert der monetäre Stimulus (Gelddrucken) den Schmerz, indem noch mehr Schulden gemacht werden, was das Problem jedoch nur noch verschlimmert.

- Jeder kurzfristige Zyklus hinterlässt der Wirtschaft ein wenig mehr Schulden im Verhältnis zur tatsächlichen Produktivität.
- Die übermäßige Anhäufung von Schulden geht so lange, bis extreme Schuldenniveaus erreicht und die Möglichkeiten des monetären Stimulus ausgeschöpft sind.
- Anzeichen dafür sind: Fehlinvestitionen, übermäßiger Konsum, Vermögensungleichheit und politischer Extremismus.
- Die Wirtschaft tritt in eine Phase der Stagnation ein, während wir die Institutionen umstrukturieren, die das Chaos verursacht haben.

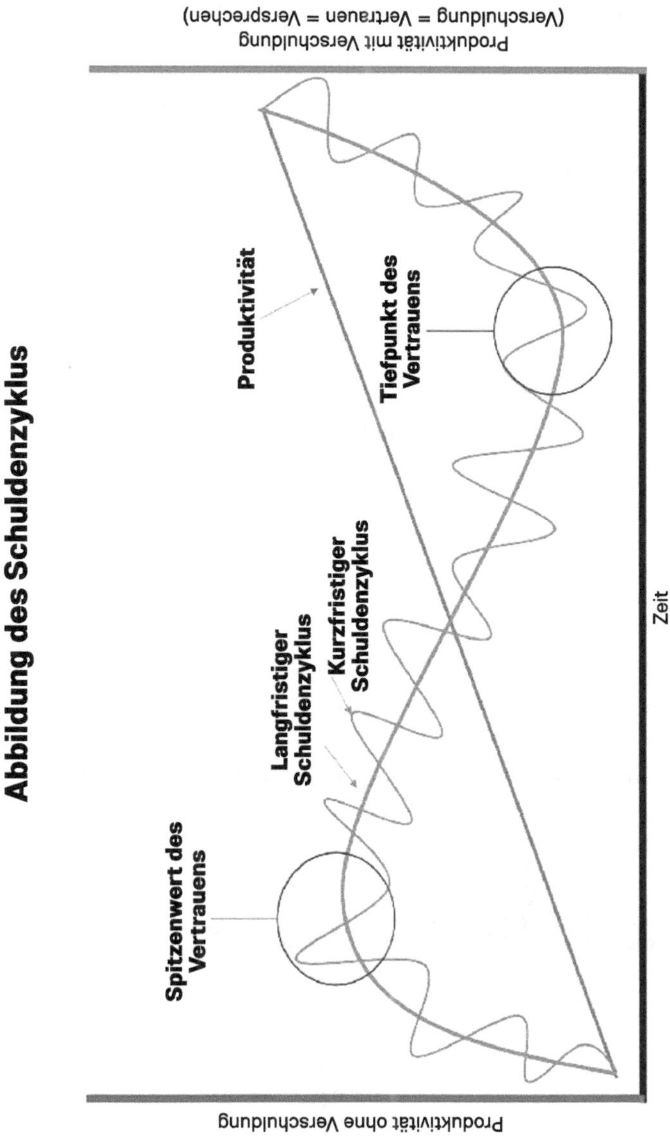

Abbildung 52: Kurz- und langfristige Schuldenzyklen bei linearem Produktivitätswachstum

Das Ende des langfristigen Schuldenzyklus

Mit diesem theoretischen Verständnis sollten wir uns die Daten seit der Großen Depression ansehen und die Zyklen vergleichen.

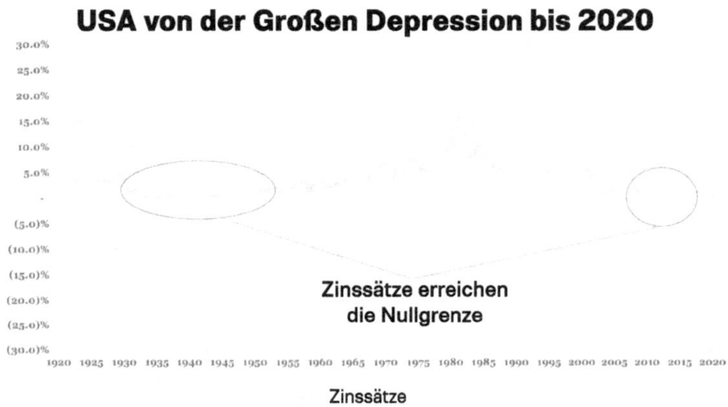

Abbildung 53: Zinssätze seit 1920

1. Die Zinssätze erreichen die Nullgrenze. Dies sind die einzigen beiden Mal in der Geschichte der USA

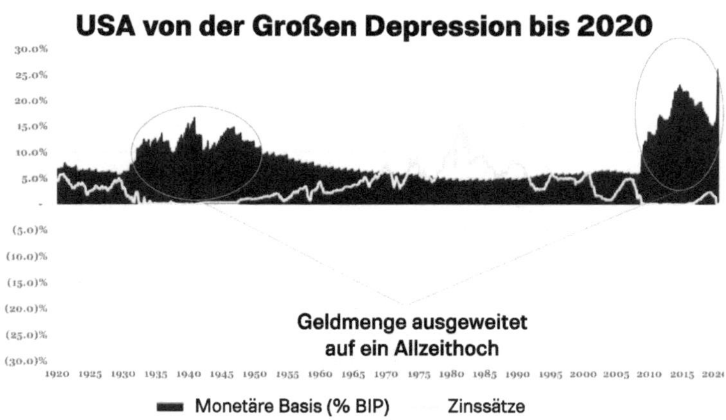

Abbildung 54: Geldmenge und Zinssätze seit 1920

2. Da die Fed die Zinssätze nicht unter Null senken konnte, griff sie auf den Ankauf von Vermögenswerten in Rekordhöhe zurück, um die Wirtschaft weiter anzukurbeln und die Geldmenge (Geldbasis) erheblich auszuweiten.
   a. Die Geldbasis umfasst die bei der Fed gehaltenen Bankreserven und den gesamten Bargeldumlauf. Sie ist die grundlegendste Messgröße für Geld und beinhaltet auch die liquidesten Formen davon.

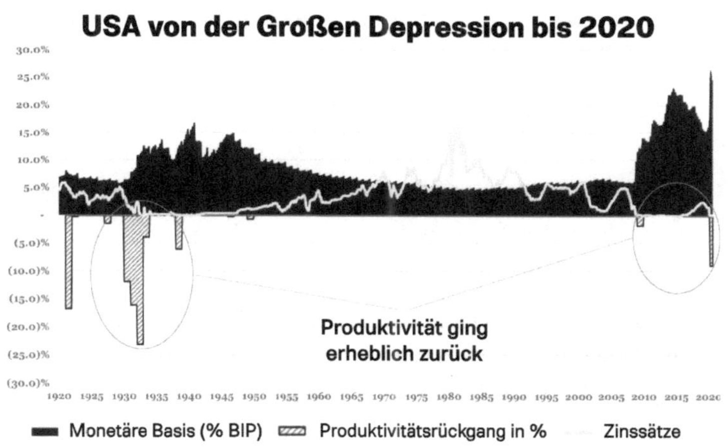

Abbildung 55: Geldmenge, Zinssätze und prozentualer Rückgang der Produktivität seit 1920

3. Trotz des Umfangs der monetären Stimulierung war die Produktivität rückläufig. Man beachte die Seltenheit von Produktivitätsrückgängen im vergangenen Jahrhundert. Von 1930 bis 1950 gab es vier Phasen des Produktivitätsrückgangs. Seit der Finanzkrise im Jahr 2008 gab es zwei.

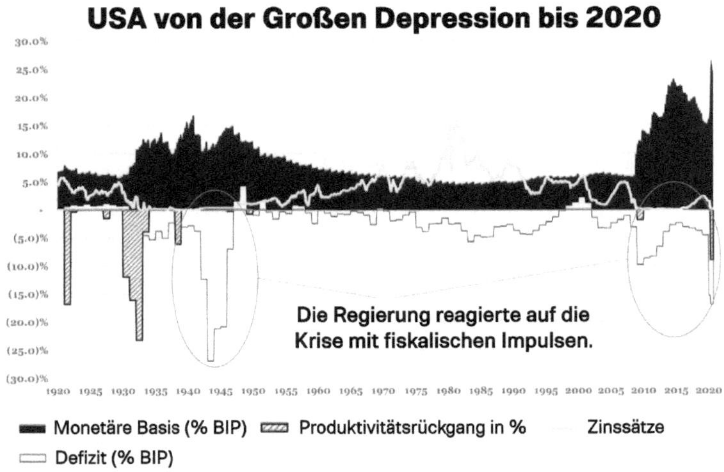

Abbildung 56: Geldmenge, Zinssätze, prozentualer Rückgang der Produktivität und Haushaltsdefizit seit 1920

4. In beiden Zeiträumen gab es eine große Krise inmitten des wirtschaftlichen Niedergangs. In den 1940er Jahren war es der Zweite Weltkrieg, in den 2020er Jahren begann es mit der Pandemie. Da die geldpolitischen Möglichkeiten ausgeschöpft waren, reagierte die Regierung mit fiskalischen Stimulierungsmaßnahmen, deren derzeitiges Ausmaß noch unklar ist.

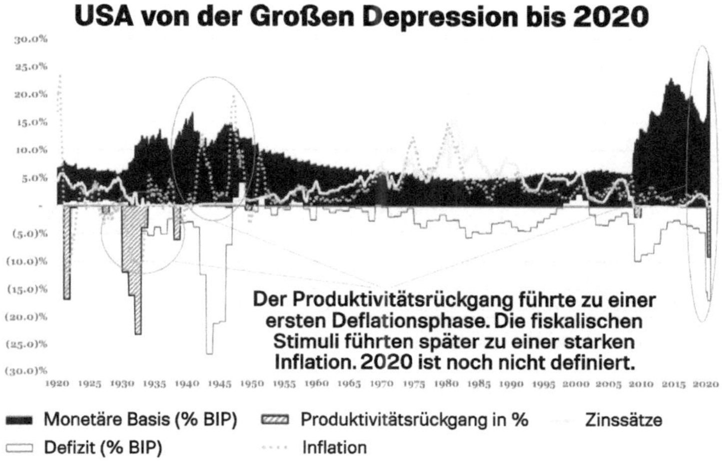

Abbildung 57: Geldmenge, Zinssätze, prozentualer Rückgang der Produktivität, Haushaltsdefizit und Inflation seit 1920

5. Historisch gesehen führte fiskalischer Stimulus in der Regel zu Inflation. Die Große Depression und die Pandemie von 2020 haben jedoch gemeinsam, dass die geldpolitischen Maßnahmen ausgeschöpft waren, bevor die fiskalischen Stimuli in Kraft traten. Als sich in beiden Fällen eine Krise abzeichnete, waren fiskalische Impulse die einzige verbleibende Reaktion. Nun befinden wir uns im Jahr 2021, und die Federal Reserve fordert weitere fiskalische Konjunkturmaßnahmen und erklärt, dass ein geringes Risiko bestehe, „es zu übertreiben“[7].
   a. Darüber hinaus beschloss die Fed im August 2020 einstimmig eine grundlegende Änderung ihrer Inflationsstrategie: Statt eine Inflation von unter 2 % anzustreben, zielt sie nun darauf ab, eine Inflationsrate darüber zu erreichen. Der Strategiewechsel wurde damit begründet, dass das „durchschnittliche Inflationsziel“ auf lange Sicht bei 2 % liegen

> sollte, was momentan unterschritten wird. Die Fed sagt also, dass wir mehr Inflation brauchen, weil wir noch nicht genug hatten (oder vielleicht braucht sie einfach nur den Fall der Inflation).

Diese Zeiträume sind nicht völlig identisch und werden unterschiedliche Ergebnisse aufweisen. Zu den Unterschieden gehören die vorherrschenden Währungssysteme, die Art der jeweiligen Krise und der Zeitpunkt der fiskalischen Stimulusreaktion. Niemand kann genau sagen, was passieren wird, oder wann. In Anbetracht der Geschichte und des Zusammentreffens bestimmter wirtschaftlicher Faktoren halte ich jedoch nicht am US-Dollar fest, wenn seine Kaufkraft ständig schwindet. **Jeder vierte Dollar, der derzeit im Umlauf ist, wurde im Jahr 2020 gedruckt.**

Um es kurz zusammenzufassen: Nach der Krise von 2008 wurden die Zinssätze auf Null gesenkt. Der Versuch der Fed, die Zinsen anzuheben, funktionierte nicht, und nach der Pandemie im Jahr 2020 gingen sie wieder auf Null zurück. Viele Indikatoren deuten auf das Ende eines langfristigen Schuldenzyklus hin. Unser derzeitiges wirtschaftliches Umfeld weist große Ähnlichkeiten mit der Zeit der Großen Depression auf, und viele Indikatoren deuten auf eine Inflation hin. Es bleibt abzuwarten, wann und ob die Inflation kommt, und es ist ungewiss, ob wir zuerst eine Deflation erleben werden.

Fazit

Folgendes ist viel sicherer.

In der Antike war Geld in erster Linie dezentralisiert und sechs bestimmte Eigenschaften trieben die Verbreitung von Geld im Laufe der Zeit voran. Das evolutionäre Muster war eine Steigerung der Effizienz auf Kosten einer zunehmenden Zentralisierung. Geld und die Entstehung moderner Bankensysteme wurden schließlich untrennbar miteinander verbunden. Die Effizienz dieses Evolutionsschritts erforderte Vertrauen in zentralisierte Instanzen.

Dieses Vertrauen wurde von den Akteuren des Geldes (d. h. von Regierungen und Banken) missbraucht, und es ist offensichtlich, dass die Unveränderbarkeit zu einer wünschenswerten siebten Eigenschaft geworden ist. Für den größten Teil der jüngeren Geschichte gab es jedoch keine praktikable dezentralisierte Lösung für das daraus resultierende moralische Fehlverhalten unserer Geldakteure. Infolgedessen ist die Geschichte voll von Beispielen für Missbrauch und Betrug, die durch Teilreservesysteme verursacht wurden, was wiederum zu sich wiederholenden Boom-und Bust-Zyklen führte. Jedes Mal, wenn dies geschah, bestand die politisch bequeme Lösung darin, das System weiter zu zentralisieren, was schließlich in der Gründung der Zentralbank gipfelte.

Da die Geldsysteme zunehmend zentralisiert wurden, fehlt es uns an Informationstransparenz, und wir sind dem moralischen Fehlverhalten derjenigen ausgesetzt, die unser Geld kontrollieren. Gesellschaften, die einem Fiat-Geldsystem unterliegen, tätigen Transaktionen in einem Geldmedium, das den Akteuren des Systems auf Kosten der Teilnehmer zugutekommt, die davon ausgehen, dass die Akteure in guter Absicht handeln. Es besteht ein Interessenkonflikt zwischen Regierungsvertretern und Marktteilnehmern.

Wir haben heute das am stärksten zentralisierte globale Bankensystem in der 4.000-jährigen Geschichte des Finanzwesens. Es hat eine lange Reihe von Fehlschlägen hinter sich und steht kurz davor, erneut zu scheitern. Fiat-Geld bedeutet Wert per Dekret, im Gegensatz zu Wert durch Leistung oder Verdienst.

Was kann man tun? Nun, es gibt verschiedene Wertpapiere und Vermögenswerte, die man kaufen könnte. Aktien, Anleihen, Immobilien und Gold befinden sich alle auf einem Allzeithoch oder in der Nähe eines Allzeithochs. Die Gewinner dieses Spiels haben sich im letzten Jahrzehnt herauskristallisiert. Eine defensive Portfoliostrukturierung könnte zwar vor einem Börsencrash schützen, aber in allen großen Finanzkrisen haben die Vermögenswerte an Wert verloren, und heute gibt es nur wenige Orte, an denen man sein Geld verstecken kann. In einer Krise wird es schwer sein, als durchschnittlicher Anleger Geld zu verdienen; alles, was man tun kann, ist zu schützen, was man hat.

Zum ersten Mal in der Geschichte wurde der Welt eine Alternative zu diesem repressiven System geboten. **Bitcoin** ist eine aufkommende digitale Form des Geldes, die vollständig dezentralisiert ist. Jahrelang wurde Bitcoin von Regierungsvertretern, mächtigen Banken und allen anderen, die auf sie gehört und keine eigenen Nachforschungen angestellt haben, verspottet. Dass man sich über ihn lustig machte, war jedoch eine seiner Stärken. So konnte Bitcoin unter dem Radar fliegen, ohne ins Visier der Regulierungsbehörden zu geraten.

Jetzt investieren dieselben Banker, die Bitcoin verspottet haben, in Bitcoin und ändern damit ihr Narrativ. JP Morgan und Goldman Sachs schaffen eigene Abteilungen, die sich mit Bitcoin beschäftigen. Die Citigroup glaubt, dass Bitcoin bis Ende 2021 318.000 US-Dollar wert sein wird.[3] Bitcoin wird von Paypal, Square, Cashapp und Robinhood verwendet. Öffentliche Unternehmen wie Tesla legen ihre Finanzmittel in Bitcoin an, um sich vor Inflation zu schützen.8 Große Versicherungsunternehmen wie Mass Mutual sowie prominente Investoren wie Paul Tudor Jones, Stanley Druckenmiller und Tim Draper investieren erhebliche Beträge in Bitcoin.

Warum tun sie das alles? Der Rest dieses Buches wird erklären, warum.

Quellenangabe

1. El-Erian, Mohamed A.: *The Only Game in Town: Central Banks, Instability, and Avoid- ing the Next Collapse*, S. 13
2. Bemerkungen von William C. Dudley, Präsident und Chief Executive Officer der Federal Reserve Bank of New York, auf der Jahrestagung 2014 der American Economic Association, Philadelphia, Pennsylvania, 4. Januar 2014
3. https://twitter.com/classicmacro/status/1327381449000034307?s=20
4. https://www.lynalden.com/fiscal-and-monetary-policy/
5. https://www.ncbi.nlm.nih.gov/pmc/articles/PMC3955827/
6. https://www.ubs.com/global/en/global-family-office/reports/billionaires-insights-2020.html

7. https://www.cnbc.com/2020/10/06/fed-chair-powell-calls-for-more-help-from-congress-says-theres-a-low-risk-of-overdoing-it.html

8. https://www.cnbc.com/2021/02/08/tesla-buys-1point5-billion-in-bitcoin.html

Kapitel 8

Die Geschichte von Bitcoin

Ich habe das Gefühl, ich bin zu sehr damit beschäftigt, Geschichte zu schreiben, als dass ich sie lesen könnte.
KANYE WEST

Im Oktober 2008, inmitten einer weltweiten Rezession, die zu staatlichen Rettungsaktionen für das Bankensystem führte, wurde unter dem Pseudonym Satoshi Nakamoto ein Whitepaper mit dem Titel *Bitcoin: A Peer-to-Peer Electronic Cash System* veröffentlicht. Das Dokument beschreibt das Zusammenspiel von Technologien, die in ihrer Kombination digitales Geld hervorbringen. Diese Technologien waren das Ergebnis von vier Jahrzehnten voller Versuche und Fehlschläge, digitales Geld zu entwickeln – Abbildung 58 ist eine Auflistung von etwa 100 gescheiterten Versuchen:

ACC	CyberCents	iBill	Mondex	Polling
Agora	CyberCoin	iKP	MPTP	Proton
AIMP	CyberGold	IMB-MP	Net900	Redi-Charge
Allopass	**DigiCash**	InterCoin	NetBill	S/PAY
B-money	DigiGold	Ipin	NetCard	Sandia Lab E-Cash
BankNet	Digital Silk Road	Javien	NetCash	Secure Courier
Bitbit	e-Comm	Karma	NetCheque	Semopo
Bitgold	E-Gold	LotteryTickets	NetFare	SET
Bitpass	Ecash	Lucre	No3rd	SET2Go
C-SET	eCharge	MagicMoney	One Click Charge	SubScrip
CAFÉ	eCoin	Mandate	PayMe	Trivnet
CheckFree	Edd	MicroMint	PayNet	TUB
ClickandBuy	eVend	Micromoney	**PayPal**	Twitpay
ClickShare	First Virtual	MilliCent	PaySafeCard	VeriFone
CommerceNet	FSTC Electronic Check	Mini-Pay	PayTrust	VisaCash
CommercePOINT	Geldkarte	Minitix	PayWord	Wallie
CommerceSTAGE	Globe Left	MobileMoney	Peppercoin	Way2Pay
Cybank	**Hashcash**	Mojo	PhoneTicks	WorldPay
CyberCash	HINDE	Mollie	Playspan	X-Pay

Abbildung 58: Nennenswerte Versuche, digitales Geld zu erschaffen; die fett gedruckten werden später im Kapitel erläutert (Daten von Princeton)[3]

PayPal steht auf dieser Liste – der ursprüngliche Gedanke des Unternehmens war der kryptographische Zahlungsverkehr auf kleinen tragbaren Geräten. Dies gelang nicht und das Unternehmen überlebte, indem es sich von dieser Idee abwandte. Es ist keine Überraschung, dass die wichtigsten Gründer von PayPal allesamt öffentliche Befürworter von Bitcoin sind (z. B. Peter Thiel und Elon Musk). Diese Menschen waren ein wichtiger Katalysator für das Wachstum des Silicon Valley.

Viele der Projekte in der obigen Tabelle weisen eine ähnliche Geschichte auf, als sie versuchten, etwas wie Bitcoin zu erschaffen. Rückblickend wird klar, dass ihr grundlegendes Problem darin bestand, dass sie in erster Linie versucht haben, ein Unternehmen zu sein. Doch mit jedem Misserfolg wurden neue Erkenntnisse gewonnen, und die Welt kam dem digitalen Geld einen Schritt näher.

Die Cypherpunks

Viele Versuche, digitales Geld zu erschaffen, wurden von der **Cypherpunk-Bewegung** initiiert, die in den 1990er Jahren mit dem Aufkommen des Internets entstand. Die Cypherpunks glaubten, dass das Internet zu einem Überwachungsapparat der Regierung werden würde, wenn keine entsprechenden Abwehrtechnologien entwickelt würden.

Abbildung 59: Mai/Juni 1993 Titelseite von Wired (Bildquelle: Wired).

Es folgt eine Zusammenfassung des Cypherpunk-Manifests[5]:

- Die Privatsphäre ist ein Grundrecht und notwendig für eine offene Gesellschaft im elektronischen Zeitalter.
- Die Privatsphäre in einer offenen Gesellschaft erfordert anonyme Transaktionssysteme, die durch Kryptographie ermöglicht werden können.
- Wir können von mächtigen Institutionen nicht erwarten, dass sie uns Privatsphäre gewähren, da dies nicht zu ihrem Vorteil ist.
- Wir müssen unsere Privatsphäre verteidigen, wenn wir sie behalten wollen.

- Elektronische Technologien ermöglichen es uns heute, unsere Privatsphäre zu verteidigen, da Software nicht zerstört und weit verteilte Systeme nicht abgeschaltet werden können.
- Elektronische Technologien können private Systeme ermöglichen durch:
  - Kryptographie
  - Anonyme E-Mail-Weiterleitungssysteme
  - Digitale Signaturen
  - Elektronisches Geld
- Damit sich die Privatsphäre durchsetzen kann, muss sie Teil eines Gesellschaftsvertrags sein, in dem die Menschen diese Systeme für das Gemeinwohl einsetzen.

Bevor Regierungen nationale Firewalls installierten, bevor Social-Media-Websites unsere persönlichen Daten verkauften, vor dem PRISM-Programm der NSA und bevor die großen Technologiekonzerne systematisch politische Bewegungen zensierten, hatten die Cypherpunks diese neue Welt bereits vorweggenommen. Sie waren in der Lage, diese neue Welt zu antizipieren, weil sie auf ungewöhnliche Weise verschiedene Arten von Wissen miteinander verknüpften – darunter Kryptographie, Informatik, die Österreichische Schule der Nationalökonomie und Libertarismus.

Die Kryptographie ermöglicht eine digitale Verschlüsselung, die den staatlichen Einfluss auf das Internet beseitigt. Allerdings ist auch eine autonome Form des digitalen Geldes erforderlich, um eine Wirtschaft zu ermöglichen, die frei von staatlicher Kontrolle ist. **Digitales Geld ermöglicht einer verschlüsselten Online-Wirtschaft den freien Transfer von Werten und damit die Möglichkeit, sich in der digitalen Welt frei zu organisieren.**

Lasst uns einen Blick auf die 30-jährige Geschichte des digitalen Geldes werfen, um die zunehmenden Probleme zu veranschaulichen, die zum heutigen Stand der Dinge geführt haben. Die Geschichte beginnt mit der Erfindung der Fernkommunikation und der anschließenden Kryptographie, die verwendet wurde, um die Kommunikation zu sichern.

Die Cypherpunks verfügten über ein ungewöhnliches Spektrum an Wissen, das sie nutzten, um das Internet zu einem Wegbereiter der Freiheit zu machen, und nicht zu einem Kontrollinstrument.

Kryptographie

Kryptographie ist die Praxis der Kommunikationsabsicherung beim Vorhandensein einer **feindseligen dritten Partei**. Sie entstand als Reaktion auf die Kommunikation über große Entfernungen (das Telefon), die leicht abgehört werden konnte.

Kommunikation ist im einfachsten Sinne nichts anderes als Energie, die über eine Leitung übertragen wird. Eine Taschenlampe hat zum Beispiel eine Batterie, eine Glühbirne, einen Schalter und ein Kabel, das alles miteinander verbindet. Angenommen, du hast einem Freund, der vier Kilometer von dir entfernt ist, die Glühbirne gegeben und ein vier Kilometer langes Kabel verlegt. Nun kann dein Freund sehen, wann du den Schalter ein- und ausschaltest. Wenn er im Voraus weiß, was an und aus bedeutet, könnt ihr erfolgreich miteinander kommunizieren. Alle Formen der Telekommunikation und der Datenverarbeitung lassen sich auf diese Idee zurückführen – das heißt **die Benutzung eines Schalters, um binäre Signale (ein/aus) über Strom zu senden.**

Der Morsecode (benannt nach dem Erfinder des Telegraphen Samuel Morse) wurde verwendet, um binäre Signale als alphanumerische Zeichen zu senden und zu deuten. Dies ermöglichte es den Menschen, mit einem einzigen Schalter alles in der Landessprache zu kommunizieren. Mit neuen Technologien kommen jedoch auch neue Probleme.

Abbildung 60: Morsecode

Bei der Kommunikation über große Entfernungen bestand immer häufiger die Gefahr, dass eine dritte Partei sie abfängt. Dies war während der Weltkriege besonders relevant, und die Kryptographie war die Lösung. In ihrer grundlegendsten Form bedeutet Kryptographie die Verwendung einer Chiffre zur Verschlüsselung von Text. Eine Chiffre ist ein Dokument, das dazu dient, Buchstaben zu verschlüsseln, indem sie in ein anderes System übertragen werden (z. B. A = O, T = H, C = Q, K = Y). Wenn beide Parteien die gleiche Chiffre verwenden, können sie die verschlüsselten Nachrichten der jeweils anderen Partei verstehen. Wenn beispielsweise zwei Parteien miteinander kommunizieren und beide wissen, dass ATTACK = OHHOQY entspricht, dann kann OHHOQY über den Kommunikationskanal gesendet werden. Wird die Nachricht dann von einer dritten Partei abgefangen, so ist sie für diese dritte Partei unverständlich. Je mehr Chiffren verwendet wurden, desto mehr Chiffren wurden entschlüsselt, sodass die Kryptographie immer komplexer wurde.

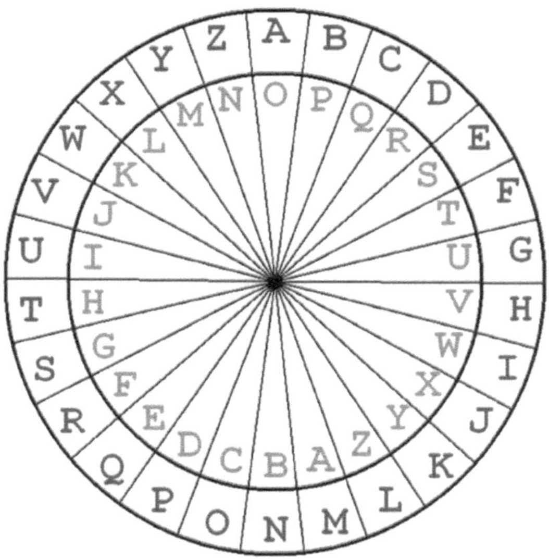

Abbildung 61: Eine Chiffrierscheibe (Bildquelle Michigan Tech)[4]

Die Verwendung von **Chiffren (auch als Schlüssel bezeichnet)** führte zu Sicherheitsrisiken und erhöhter Komplexität. Damit zwei Parteien die Nachrichten der jeweils anderen entschlüsseln können, müssen beide den Schlüssel kennen. Daher **mussten die Schlüssel vorher zwischen den kommunizierenden Parteien ausgetauscht werden, was oft über unsichere Kanäle geschah.** Wenn jemand den Schlüssel abfängt, kann er alle verschlüsselten Nachrichten entschlüsseln. Aus diesem Grund mussten alle Netzwerkteilnehmer unterschiedliche Schlüssel verwenden. Je mehr Personen einen bestimmten Schlüssel verwendeten, desto größer war das Risiko, dass die Nachrichten abgefangen und entschlüsselt wurden. Die Dinge wurden komplexer, da die Anzahl der benötigten Schlüssel exponentiell mit der Anzahl der Netzwerkmitglieder anstieg. Bei einem Netzwerk mit zehn Teilnehmern sind 102 Schlüssel erforderlich.

Diese Probleme führten in den 1970er Jahren zur Erfindung des **Public-Key-Verschlüsselungsverfahrens** (Asymmetrisches Kryptosystem – Anm. d. Hrsg.) – „Public-Key“ bedeutet, dass ein öffentlicher Schlüssel frei über Kanäle gesendet werden kann, ohne dass ein privater Schlüssel preisgegeben wird.

Die Reaktion der Regierung auf die Kryptographie

Wie erwartet, versuchte die Regierung, diese neue Technologie zu kontrollieren. Steven Schlesinger von der Fordham University fasst das Szenario wie folgt zusammen:

> *Anstatt die Verschlüsselung zu akzeptieren und sich auf deren Anwendung einzustellen, versuchte die US-Regierung, die Nutzung der Verschlüsselung durch ihre Bürger zu be-*

kämpfen. Letztlich führte dies zu unnötigen und langwierigen Rechtsstreitigkeiten. Der Höhepunkt war der Versuch der Regierung, Technologieunternehmen dazu zu zwingen, „Hintertüren" in die Verschlüsselungssysteme einzubauen, die den Zugriff der Regierung ermöglichen würden, wenn sie es für notwendig erachtet.[1]

Der Kampf begann mit der Entwicklung von PGP (Pretty Good Privacy), dem Standard-Verschlüsselungssystem für E-Mails, durch Phil Zimmerman. Als Zimmermann PGP in Länder mit repressiven Regierungen exportierte, leitete das US-Justizministerium eine dreijährige strafrechtliche Untersuchung gegen ihn ein. Die NSA behauptete öffentlich, dass seine Software von Kinderschändern und Kriminellen benutzt würde. In Wirklichkeit erschwerte PGP der NSA die Aufgabe, die Welt zu überwachen, und verschaffte vielen Menschen Privatsphäre im Internet. Genau wie jede andere Enabling-Technologie kann sie von guten und schlechten Menschen genutzt werden. Der Cypherpunk Timothy May hat dieses Phänomen am besten beschrieben:

Man kann sich aussuchen, ob Kinderpornografen, Terroristen oder Geldwäscher. Dies sind die Personen, die man mit Tod und Zerstörung verbindet ... Aber alle Technologien hatten negative Auswirkungen. Das Telefon [führte] zu Erpressung, Todesdrohungen, Bombendrohungen und Entführungsfällen.[2]

Dass böse Menschen Technologien nutzen können, wird von der Regierung immer wieder als Narrativ angeführt, um die Zustimmung der Bevölkerung für die Ausweitung ihrer Macht zu gewinnen. In diesem Fall wurde es benutzt, um Argumente für die Einrichtung von geheimen staatlichen Zugriffsmöglichkeiten auf Verschlüsselungsprotokolle vorzulegen. Die Cypherpunks argumentierten, dass es sich bei PGP-Code um veröffentlichte Rede handelt, deren Kontrolle einen Verstoß gegen den ersten Verfassungszusatz (First Amendment) darstellt. Um dies zu beweisen, überzeugte Phil Zimmerman das MIT, den PGP-Quellcode in Büchern zu veröffentlichen und diese an europäische Buchhandlungen zu versenden. Die Regierung wusste, dass sie nicht vor Gericht gehen und versuchen konnte, die Veröffentlichung eines Buches einer Universität zu unterbinden. Daraufhin entschieden zwei US-Richter, dass Verschlüsselung durch den ersten Verfassungszusatz geschützt ist.[2] Die Schlacht um die private Verschlüsselung war gewonnen, aber der Krieg dauert bis heute an.

Das Public-Key-Verschlüsselungsverfahren ermöglichte den Schutz der Privatsphäre in der digitalen Welt. Die US-Regierung versucht noch heute, diese Form der Kryptographie zu kontrollieren.

Abgesehen von der juristischen Auseinandersetzung hat die Public-Key-Kryptographie eine Fülle von Erfindungen möglich gemacht. Ich werde im nächsten Kapitel auf die relevanten Details eingehen, aber zunächst sollte man verstehen, dass sie die Erfindung **digitaler Signaturen** ermöglicht hat.

Digitale Signaturen

Satoshi Nakamoto (der pseudonyme Bitcoin-Schöpfer) erklärte in einem Beitrag:

Es geht um die Sache mit der alten zentralen Geldausgabestelle von Chaum, aber möglicherweise nur, weil das die einzige verfügbare Option war. Vielleicht wären sie an einer neuen Richtung interessiert. Viele Menschen lehnen E-Währungen automatisch ab, weil seit den 1990er Jahren so viele Unternehmen daran gescheitert sind. Ich hoffe, es ist offensichtlich, dass nur die zentral kontrollierte Natur dieser Systeme der Grund für ihr Scheitern war. Ich denke, dies ist das erste Mal, dass wir ein dezentrales, nicht vertrauensbasiertes System ausprobieren.

Satoshi bezieht sich hier auf den Kryptographen David Chaum, der als einer der Väter der Cypherpunk-Bewegung gilt. Im Jahr 1983 entwickelte er das Konzept der **Blindsignatur** und gründete 1989 **Digicash.**

Wir erinnern uns an die Goldschmiedebankiers, die unser modernes Schecksystem entwickelt haben. Die Bankiers händigten Belege aus, mit denen eine Einlösung in Gold garantiert wurde. Die Menschen begannen mit diesen Belegen zu handeln, als wären sie Geld. Die Menschen vertrauten darauf, dass die Bankiers ihr Versprechen halten würden und dass diese Belege **fälschungssicher** waren. Das bedeutete, dass der Bankier den Beleg auch tatsächlich unterschrieben hat und das schriftliche Zahlungsversprechen somit nicht gefälscht war.

Bei digitalem Geld ist das anders. Da es digital ist, kann es unendlich oft reproduziert werden, da das Geld nur aus Bits auf einem Computer besteht, die sich nicht von anderen Bits unterscheiden lassen. Digitales Geld hat **das Problem der doppelten Ausgaben** geschaffen – wenn man mir digitales Geld schickt, was würde mich daran hindern, es zu vervielfachen und dasselbe Geld an mehrere Personen zu senden?

Vor Bitcoin wurde dieses Problem in digitalen Systemen durch eine Art zentraler Autorität gelöst. Wenn du beispielsweise mir einen Scheck gibst, arbeitet deine Bank mit meiner Bank zusammen, um ihre beiden elektronischen Kassenbücher zu aktualisieren – indem sie das Geld von deinem Konto abzieht und es zu meinem hinzufügt. Beide Banken überprüfen, ob du auch wirklich derjenige bist, der du vorgibst zu sein. Dieses zentralisierte System funktioniert zwar, ist aber sehr umständlich, und der Vorgang kann nicht anonym durchgeführt werden.

Die Blindsignatur von Chaum löste das Problem der Doppelausgaben und konnte (größtenteils) anonym durchgeführt werden, erforderte aber immer noch zentrale Server für die Verifizierung. Die Menschen mussten diesen Servern vertrauen, und wenn sie jemals ausfielen, würde auch das Netzwerk ausfallen. Er setzte seine Idee 1990 mit dem Unternehmen Digicash um, das jedoch letztlich scheiterte. Seine **digitalen Signaturen** ermöglichten es den Menschen jedoch, ihre Identität so zu verschlüsseln, dass keine andere Partei im Netzwerk sie entschlüsseln konnte. Wenn man eine Geldeinheit ausgab, verlangte der Empfänger, dass man eine zufällige Teilmenge der Verschlüsselung entschlüsselte, und hielt dies in einem Protokoll fest. Wenn du nun jemals versuchen würdest, dieselbe Geldeinheit doppelt auszugeben, könnten beide Empfänger zur Bank gehen, um ihre Zahlungsversprechen einzulösen, und dann könnte die Bank die beiden Informationen zusammenfügen und deine Identität vollständig entschlüsseln.[3]

Dies war der erste große Fortschritt beim digitalen Geld. Digicash scheiterte letztendlich, weil es schwierig war, Händler und Banken davon zu überzeugen, es zu übernehmen. Außerdem handelte es sich nicht um ein Peer-to-Peer-System, was den Aufbau eines Netzwerks erschwerte, wenn die Händler es nicht nutzen würden (d. h. Peer-to-Peer-Systeme können zumindest zwischen Einzelpersonen verwendet werden, bis Institutionen deren Nutzen erkennen und sich dafür entscheiden).

Digitale Signaturen lösten das Problem der Doppelausgaben, ohne die eigene Identität preiszugeben, aber der Verifizierungsprozess wurde von zentralen Servern durchgeführt.

Digitale Knappheit

Andere Ansätze entstanden und verschwanden wieder, doch alle hatten die Gemeinsamkeit, dass sie **an einen bestimmten Wert gebunden** waren. Wodurch erhielt deine digitale Währung ihren Wert von 100 US-Dollar? Niemand hatte versucht, eine Währung einzuführen, die grundlegende monetäre Eigenschaften bewahrt. Stattdessen waren sie alle an eine andere Währung gebunden. Bei Digicash musste man 100 US-Dollar eintauschen, um 100 Digicash zu erhalten. Bei anderen war es genauso. NetCash versuchte, Regierungen dazu zu bringen, Dienste zu genehmigen, die digitales Geld aus dem Nichts erzeugen. E-Gold versuchte, das Geld zu 100 % mit Gold zu unterlegen, während es bei Digigold nur teilweise mit Gold gedeckt werden sollte.[3] **Jede Idee war ein Versuch, die digitale Währung an den Dollar oder einen Rohstoff zu koppeln, denn der Versuch, einen monetären Wert zu erschaffen, war eine gewaltige Herausforderung.**

Um ein frei verfügbares digitales Geld mit monetärem Wert zu erschaffen, muss dieses digitale Geld monetäre Eigenschaften besitzen. Wir erinnern uns an den Konvergenzprozess in einem Markt – Schritt 1 für ein Gut, das ein monetäres Medium werden soll, ist die Funktion als gültiger Wertspeicher bzw. -zwischenspeicher. Die wichtigste Eigenschaft, die dafür erforderlich ist, ist Knappheit. Digitales Geld ist unendlich replizierbar, sodass seine Knappheit ein Problem darstellte.

Die digitale Knappheit wurde schließlich durch die Verwendung von **mathematischen Rätseln** erreicht. Die Idee stammt von den Verschlüsselungsexperten Dwork und Naor aus dem Jahr 1992 und war eine Lösung für E-Mail-Spam. Wenn der Computer jedes Mal, wenn man eine E-Mail sendet, ein Rätsel lösen muss, das ein paar Sekunden dauert, würde das den Benutzer nicht wirklich stören, aber es würde die Fähigkeit eines Spam-Versenders, Tausende von Spam-E-Mails pro Sekunde zu versenden, erheblich beeinträchtigen. Adam Back setzte 1997 in seinem Vorschlag für HashCash mathematische Rätsel ein. Hal Finney, der erste Bitcoin-Empfänger in der Geschichte, soll ebenfalls mathematische Rätsel im ersten **Proof-of-Work-System** verwendet haben.[3] Das Proof-of-Work-System wurde schließlich bei Bitcoin eingesetzt, wobei Computer, sogenannte Miner, ein rechenintensives Rätsel lösen müssen, um neue Bitcoin zu erzeugen. Dadurch sind Bitcoin kostenintensiv in der Herstellung und so knapp. Dies wird in einem späteren Kapitel noch ausführlich behandelt.

Die digitale Knappheit wurde dadurch gelöst, dass Computer rechenintensive Rätsel lösen mussten, um neues digitales Geld zu erschaffen.

Die Blockchain

Die letzte wichtige Entwicklung war die **Blockchain**, deren Ursprung auf eine wissenschaftliche Veröffentlichung von Haber und Stornetta aus dem Jahr 1991 zurückgeht. Eine Blockchain ist eine Datenbankstruktur. Sie wurde nicht geschaffen, um bei digitalem Geld eingesetzt zu werden, sondern um eine Datenbank mit Zeitstempeln zu erhalten.[3] Die Idee war, dass Menschen im Laufe der Zeit verschiedene Versionen eines Dokuments an einen Server senden. Der Server würde einen Hash-Pointer auf das vorherige Dokument, einen Zeitstempel und eine digitale Unterschrift des Servers hinzufügen, um zu überprüfen, ob es tatsächlich der Server war, der das Dokument unterschrieben (d. h. verifiziert) hat. Dies bedeutete, dass die jüngste Version in der Liste einen Bezug zu ihrer Vorgängerversion hatte, wodurch eine Verkettung aller Versionen entstand.

Ein **Hash-Pointer** ist eine **Hash-Funktion**, die das vorherige Dokument in einer zeitlichen Liste von Dokumenten hasht. Wir werden Hash-Funktionen in dem nächsten Kapitel besprechen, aber du solltest verstehen, dass es sich um einen Algorithmus handelt, der diese Datenstruktur ermöglicht hat, indem er jede beliebige Datenmenge in eine 256-Bit-Textkette komprimieren kann (diese Funktionen sind auch als Kompressionsfunktionen bekannt). Auf diese Weise konnten große Datenbanken zur Speicherung in eine Textkette komprimiert werden, und eine einzige Änderung in einem beliebigen Teil der Datenbank würde sich in der Textkette widerspiegeln.

Wenn jedes erstellte Dokument einen Hash-Pointer auf seine Vorgängerversion enthält, wären alle Änderungen an seiner Vorgeschichte durch eine Änderung des Hash-Pointers des aktuellen Dokuments ersichtlich. Man versieht jedes Dokument mit einem

Zeitstempel, um eine zeitliche Auflistung zu erhalten, und verwendet dann eine digitale Signatur, um zu beweisen, dass es der Server war, der die Aktualisierung des Dokuments genehmigt hat. **All diese Maßnahmen zusammengenommen ergeben eine verifizierte Informationskette, bei der jede Manipulation der Historie sofort erkennbar wäre.**

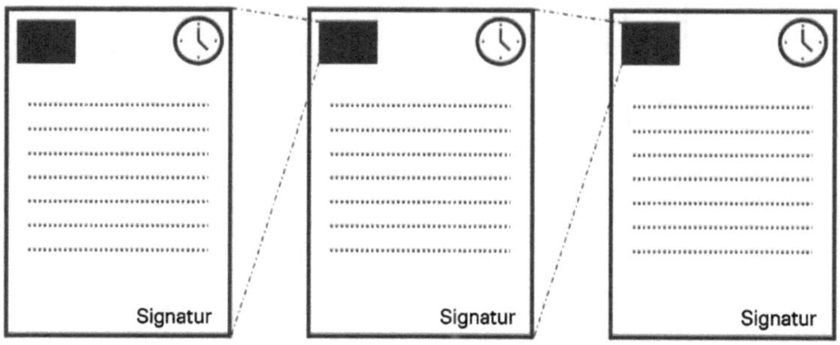

Abbildung 62: Dokumente enthalten eine digitale Signatur, einen Zeitstempel und einen Hash der vorherigen Version.

Dieser Prozess wurde effizienter gestaltet, indem jeder Pointer unter Verwendung eines sogenannten Merkle-Tree (benannt nach dem Kryptographen Ralph Merkle, der die Hash-Funktionen erfand) in Blöcke integriert wurde. Es handelt sich um dasselbe Konzept, nur dass man statt einer Kette von Dokumenten eine Kette von Blöcken hat. Innerhalb jedes Blocks befindet sich eine Baumstruktur mit dem Hash-Wert jedes Dokuments. Durch diese Struktur wurden die Daten eleganter organisiert und der für die Speicherung erforderliche Speicherplatz erheblich reduziert. Dieses System hatte jedoch **ein Problem – um den Blockchain-Daten zu vertrauen, muss man auch dem zentralen Server vertrauen, an den man die Dokumente**

sendet (das gleiche Problem hatte Digicash). Bitcoin verwendet dieses System, um eine unveränderbare Aufzeichnung aller Transaktionen zu erstellen, nutzt dafür aber ein dezentrales Netzwerk, wodurch die Notwendigkeit entfällt, zentralen Servern zu vertrauen (mehr dazu in einem späteren Kapitel).

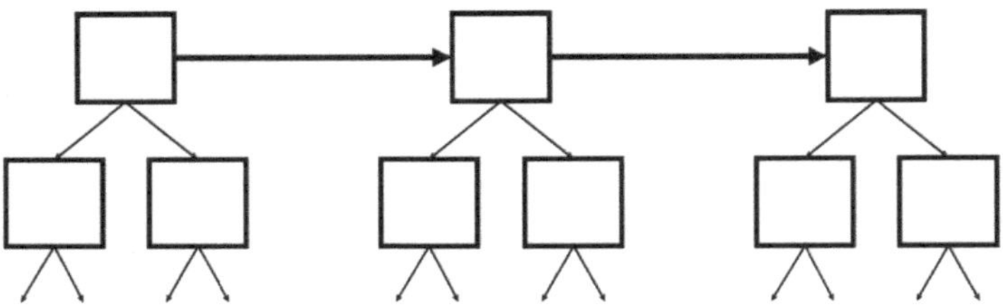

Abbildung 63: Blöcke enthalten Baumstrukturen von Dokumenten, und jeder Block enthält einen Hash-Pointer auf die vorherige Version.

Eine Blockchain ist eine zeitbezogene Methode der Datenspeicherung in einer Liste, bei der jedes Dokument mit seiner vorherigen Version verknüpft (und somit von ihr abhängig) ist.

Zusammenfassend lässt sich sagen, dass mit digitalen Signaturen eine überprüfbare Methode geschaffen wurde, um eine Identität digital zu bestätigen, ohne sie preiszugeben. Wenn diese digitale Signatur in eine Blockchain-Datenstruktur integriert wird, entsteht ein zeitlich gebundener, unveränderbarer Datensatz. Diese Technologien können dazu verwendet werden, dem Problem der Doppelausgabe entgegenzuwirken, das mit digitalem Geld einhergeht. Das Angebot dieses digitalen Geldes musste jedoch knapp sein. Dieses Problem wurde mit rechenintensiven Rätseln (über Hash-Funktionen) gelöst, mit denen das Angebot reguliert wurde.

Bevor Bitcoin entstand, nutzten die ersten Ansätze digitaler Währungen eine Blockchain, um ein Kassenbuch bzw. Ledger mit einem Zeitstempel zu versehen und um **Doppelausgaben** zu verhindern, sowie ein mathematisches Rätsel, um die Knappheit der Währung zu regulieren. **Wei Dai** hat 1998 **b-money** vorgestellt und **Nick Szabo** hat 2005 **Bitgold** entworfen (es gibt eine Theorie, dass Szabo Satoshi ist, doch er bestreitet das). Dabei wurde ein dezentrales Netzwerk von Knotenpunkten bzw. Nodes (Nodes sind mit einem Netzwerk verbundene Computer) genutzt, um den Verifizierungsprozess durchzuführen und die Notwendigkeit von Vertrauen zu beseitigen. **Bei ihren Ansätzen blieb jedoch die Frage offen, wie Unstimmigkeiten zwischen den Nodes bezüglich des aufgezeichneten Kassenbuchs beseitigt werden können.** Sie haben auch keinen Mechanismus vorgeschlagen, um den Schwierigkeitsgrad der zu lösenden Rätsel anzupassen.[3] Letztendlich wurden diese Probleme durch Bitcoin gelöst, indem ein Netzwerk mit cleveren Anreizen genutzt wurde. Dies dürfte noch nicht ganz verständlich sein, wenn du also verwirrt bist, lies bitte einfach weiter.

Bei Bitcoin wurden digitale Signaturen, die Blockchain-Datenstruktur und mathematische Rätsel verwendet, um zum ersten Mal in der Geschichte erfolgreich ein dezentrales digitales Geld zu erschaffen.

Bitcoin

Satoshi sagt, er habe im Mai 2007 mit der Programmierung von Bitcoin begonnen und bitcoin.org im Mai 2008 registriert. Im Oktober

2008 veröffentlichte er das Bitcoin-Whitepaper und den Code. Das Bitcoin-Netzwerk war Anfang 2009 betriebsbereit. Die erste Transaktion wurde an Hal Finney gesendet, und eine Gemeinschaft von Cypherpunks begann, die Verwendung von Bitcoin für Peer-to-Peer-Transaktionen zu fördern. Satoshi erklärte in einem Forenbeitrag:

> *Es könnte Sinn machen, sich ein paar zu besorgen, falls es sich durchsetzen sollte. Wenn genügend Menschen auf dieselbe Weise denken, wird das zu einer sich selbst erfüllenden Prophezeiung.*

Im Nachhinein erscheint dieses Zitat lächerlich, aber damals war der Erfolg von Bitcoin noch nicht absehbar. Satoshis Entschlossenheit war bewundernswert. Er war ein anonymer Programmierer, der sein Leben in ein Projekt steckte, dem 30 Jahre gescheiterter Versuche vorangingen. Die Wahrscheinlichkeit, dass es funktionieren würde, schien sehr gering. Heute ist es ein Netzwerk im Wert von einer Billion US-Dollar, das ein Geldsystem in Frage stellt, das von den mächtigsten Institutionen der Welt kontrolliert wird.

Die Voraussicht der Cypherpunks ist erstaunlich, und was sie taten, erforderte Mut. Sie existierten an einem interessanten Schnittpunkt verschiedener Wissenströmungen aus den Bereichen Kryptographie, Informatik, Österreichischer Schule der Nationalökonomie und Libertarismus. Tatsächlich wurde ihr Streben nach der Erfindung des Internet-Geldes zu einem großen Teil von Ökonomen inspiriert, die in der Österreichischen Schule verwurzelt sind.

Im Jahr 1984 sagte der Wirtschaftsnobelpreisträger Friedrich Hayek:

> *Ich glaube nicht, dass wir jemals wieder ein gutes Geld haben werden, bevor wir es nicht aus den Händen des Staates nehmen, das heißt, wir können es nicht gewaltsam aus den Händen des Staates nehmen, alles, was wir tun können, ist, auf irgendeinem schlauen Umweg etwas einzuführen, das sie nicht aufhalten können.*

Im Jahr 1999 erklärte der Wirtschaftsnobelpreisträger Milton Friedman:

> *Ich denke, dass das Internet eine der Hauptkräfte sein wird, um die Rolle des Staates zu reduzieren. Das Einzige, was noch fehlt, aber bald entwickelt werden wird, ist ein zuverlässiges E-Cash, eine Methode, mit der man im Internet Geld von A nach B überweisen kann, ohne dass A B oder B A kennt.*

Im Jahr 2008 begann diese Vision Realität zu werden. Indem Satoshi auf den Errungenschaften großer Persönlichkeiten aufbaute, schuf er dezentralisiertes digitales Geld.

Fazit

Die libertären Kryptographen der Cypherpunk-Bewegung entwickelten Technologien, die Freiheit in der digitalen Welt ermöglichen sollten. Das digitale Geld stand im Mittelpunkt dieser Technologien. Nach vier Jahrzehnten gescheiterter Versuche, digitales Geld zu erschaffen, wurde Bitcoin ins Leben gerufen. Jeder Versuch baute auf den vorangegangenen auf und brachte Fortschritte mit sich. Die wichtigsten Entdeckungen wie digitale Signaturen, digitale Knappheit und die Blockchain-Datenbankstruktur wurden kombiniert, wodurch digitales Geld entstand. Bitcoin löste das letzte Problem, das notwendig war, um diese wichtigen Entdeckungen zu kombinieren: die Uneinigkeit der Teilnehmer über die Historie der Blockchain-Datenbank. Das daraus resultierende dezentralisierte digitale Geld wurde auf schlauem Umweg immer bekannter, was nun nicht mehr aufzuhalten ist. Wenn du wissen willst, wie es dazu kam, lies weiter.

Quellenangabe

1. Schlesinger, Steven W.: *DEFEND YOURSELVES: THE RIGHT TO DATA ENCRYPTION*, Fordham University, S. 4
2. ReasonTV: *When Encryption Was a Crime: The 1990s Battle for Free Speech in Software*
3. Narayanan, Arvind; Bonneau, Joseph; Felten, Edward; Miller, Andrew; Goldfeder, Steven: *Bitcoin and Cryptocurrency Technologies*, S. 10-17
4. https://pages.mtu.edu/~shene/NSF-4/Tutorial/VIG/Vig-Devices.html
5. https://www.activism.net/cypherpunk/manifesto.html

Kapitel 9

Die Grundlagen von Bitcoin

Ich bin wirklich schlecht darin, Fragen zu beantworten. Normalerweise beantworte ich sie gar nicht. Ich versuche, mich von der Frage inspirieren zu lassen. Ich denke darüber nach und springe von einem Punkt der Inspiration oder Energie zum nächsten, anstatt die Energie zu erklären.
KANYE WEST

Bei Bitcoin fließen mehrere Technologien zusammen. In diesem Kapitel wird erläutert, was Bitcoin kann, wie digitale Signaturen funktionieren, wie Transaktionen gesendet werden und wie sie in einer Blockchain zusammengefasst werden.

Was Bitcoin kann und warum Bitcoin wertvoll ist, sind zwei separate Fragen. Bitcoin verdankt seinen Wert dem Netzwerk von Menschen, die sich dafür entschieden haben, Bitcoin zu nutzen. Um zu verstehen, warum diese Menschen sich für die Nutzung von Bitcoin entschieden haben, muss man seine Funktionsweise verstehen. Das kann schwierig sein, da die Technologie von Bitcoin ein Zusammenspiel von technischen Konzepten ist, die den meisten Menschen unbekannt sind.

Bitcoin ist eine Software. Sie wurde von Satoshi Nakamoto erschaffen und wird derzeit von einer Gruppe von Entwicklern gepflegt. Die Software ermöglicht es den Menschen:

1. Bitcoin in einer Wallet (z. Dt. Brieftasche) zu verwahren.
2. Mithilfe der Software Bitcoin zwischen verschiedenen Personen zu versenden/empfangen.
3. Neue Bitcoin zu erzeugen, indem man mit einem Computer ein mathematisches Rätsel löst.

Das kann Bitcoin, das war´s.

Abbildung 64: Mike-Tyson-Meme

Bitcoin im Vergleich zu traditionellen Finanzsystemen

Mit der Bitcoin-Software kann man Geld an jeden in der Welt senden, der ebenfalls die Bitcoin-Software verwendet. Diese Fähigkeit klingt einfach, aber sie ist mächtig. Probier mal, deine Bank anzurufen und sie zu bitten, einen größeren Geldbetrag für dich an jemanden in einem anderen Land zu überweisen. Viel Spaß dabei, die nächste Woche mit dem Versuch zu verbringen, dies umzusetzen, und dabei von der Regierung überwacht zu werden. Es gibt keine andere Möglichkeit, große Geldbeträge innerhalb von Minuten über ein digitales Netzwerk zu transferieren.

Du fragst dich vielleicht, wie es mit Paypal, Venmo oder CashApp aussieht?

Das sind alles **vertrauenswürdige Drittparteien.** Das Vertrauen in Dritte hat jedoch Konsequenzen.

- Du musst dich an deren Regeln halten.
- Du musst ihnen sagen, wer du bist.
- Du musst darauf vertrauen, dass sie deine Daten sicher aufbewahren.
- Du musst ihnen die Kontrolle über dein Geld geben.

Fügen wir meiner letzten Aussage das Wort „vertrauensfrei" hinzu: Die Möglichkeit, innerhalb von Minuten große Mengen an Werten über ein **vertrauensfreies** digitales Netzwerk zu bewegen, ist unglaublich mächtig. Es ist vertrauensfrei, weil man keiner dritten Partei vertrauen muss. Dies ist möglich, weil es sich um ein **dezentralisiertes Netzwerk** handelt, das keine **dritten Vermittler** hat und somit von niemandem kontrolliert werden kann; dazu später mehr.

Im April 2020 wurden Bitcoin im Wert von 1,1 Milliarden US-Dollar in einer Transaktion **zu einem Preis von 68 Cent transferiert,** und zwar innerhalb weniger Minuten.[2] Dies geschah kostengünstig und effizient, ohne dass die Beteiligten sich an irgendwelche Regeln halten, einer dritten Partei ihre Identität mitteilen, jemandem ihre Daten anvertrauen oder die Kontrolle darüber geben mussten. **Kein anderes Zahlungssystem auf der Welt kann einen solchen Wertbetrag zu diesem Preis und in dieser Zeit ohne die Kontrolle durch eine dritte Partei bewegen.**

Um zu begreifen, wie das funktioniert, müssen wir zuerst die Grundlagen verstehen. Der Rest dieses Kapitels wird sich auf die Funktionsweise von Bitcoin konzentrieren. Wir werden mit einigen mathematischen Grundlagen des **Public-Key-Verschlüsselungsverfahrens** beginnen. Dadurch können wir **Hash-Funktionen** und

digitale Signaturen erklären, die die Grundlagen von Bitcoin bilden. Schließlich werden wir uns damit befassen, wie Transaktionen zusammengefasst und in der Blockchain gespeichert werden. Dies stellt den konzeptionell anspruchsvollsten Aspekt von Bitcoin dar. Wenn du dir das langsam durchliest und es verinnerlicht hast, wirst du den Rest von Bitcoin mit Leichtigkeit verstehen.

Das Problem des diskreten Logarithmus

Das **Problem des diskreten Logarithmus** ist ein bislang ungelöstes mathematisches Problem. Es ist die Grundlage der Public-Key-Verschlüsselung, die es ermöglicht, Informationen über unsichere Kanäle zu senden, ohne dass man befürchten muss, dass sie entschlüsselt werden könnten. Im einfachsten Sinne ermöglicht es uns, **Einwegberechnungen** durchzuführen – eine Berechnung, bei der man bei A x B = C nur auf A oder B kommen kann, wenn man A und B kennt (d. h. wenn man z. B. A und C kennt, kann man sie NICHT teilen, um B zu erhalten). Dieses Problem tritt auf, wenn man die **Mathematik der endlichen Körper auf elliptische Kurven** anwendet.

Die **Mathematik der endlichen Körper** verwendet Rechenverfahren wie Addition, Subtraktion, Multiplikation und Division auf eine andere Weise als die normale Mathematik. Der Unterschied besteht darin, dass es wie eine Uhr funktioniert, bei der das Maximum 12 Stunden beträgt, und wenn man diesen Wert überschreitet, beginnt man wieder bei 1 (z. B. wenn es 10 Uhr morgens ist und man 15 Stunden hinzufügt, durchläuft man die Uhr, bis man schließlich bei 1 Uhr morgens landet). Das ist der Grund, warum man sie als Mathematik der endlichen Körper bezeichnet – eine Uhr arbeitet in einem endlichen (begrenzten) Körper von 12 Stunden. Das bedeutet, dass Addition, Subtraktion, Multiplikation und Division andere Ergebnisse liefern als in der normalen Mathematik. Bleibt man bei dem Beispiel der Uhr, so ist 12 der maximale Wert in dem Körper. 4 x 4 = 16, aber das Maximum vom Körper ist 12. 16 - 12 = 4. Der Rest von 4 ist die Antwort. In der Mathematik der endlichen Körper mit einem Maximum von 12 ist also 4 x 4 = 4.

In der normalen Mathematik:
4 x 4 = 16
In der endlichen Mathematik:
4 x 4 = 4

Weil...

Wenn wir bei Null anfangen und 16 Stunden addieren, kommen wir auf 4.

Jedes Mal, wenn das Maximum von 12 erreicht ist, fängt man wieder bei 0 an zu zählen.

Abbildung 65: Beispiel für eine mathematische Operation in einem endlichen Körper

Elliptische Kurven sind eine Art von Graph, der eine Punktaddition ermöglicht. Das bedeutet, dass jedes Mal, wenn man zwei Punkte auf der elliptischen Kurve addiert, man immer einen dritten Punkt erhält (abgesehen von ein paar Ausnahmen, die aber kontrolliert werden können). Außerdem handelt es sich um einen vollständig symmetrischen Graphen, d. h. man findet die Spiegelung des dritten Punktes auf der anderen Seite des Graphen.

Unten sieht man, dass die Addition der Punkte A + B = C ist:

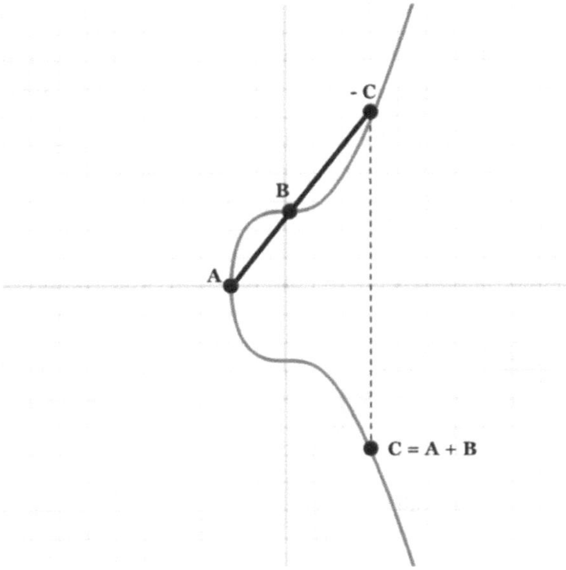

Abbildung 66: die elliptische Kurve secp256k1 mit Punktaddition

Dies gilt auch für die Multiplikation mit einer ganzen Zahl und einem Punkt. Kryptographen haben erkannt, dass man **bei der Multiplikation eines Punktes und einer ganzen Zahl mit Hilfe der Mathematik der endlichen Körper mit einer standardisierten Methode zufällige Ergebnisse erzeugen kann.** Das heißt, wenn wir die ganze Zahl und den Punkt kennen, können wir sie multiplizieren und die Lösung erhalten. Was aber, wenn wir nur den Punkt und die Lösung haben? Nun, dann könnten wir einfach Algebra anwenden und die Lösung durch den Punkt dividieren, um die ganze Zahl zu erhalten, richtig?

Die Antwort lautet ja und nein. Wenn die Ordnung (Ordnung bedeutet die maximale Zahl wie 12 für eine Uhr) eine Primzahl ist, dann können bestimmte Theoreme verwendet werden, um effizient zu dividieren. Jedoch werden Theoreme zunehmend weniger fähig, Zahlen zu teilen, wenn die Ordnung größer wird, da Computer die Division dieser Zahlen durch Ausprobieren lösen. Wenn man eine ausreichend große Primzahl finden kann, besteht die einzige Möglichkeit darin, einen Computer nach dem Zufallsprinzip Eingaben ausprobieren zu lassen, bis er die gewünschte Antwort findet. Moderne Computer verfügen über genügend Rechenleistung, um viele iterative Schätzungen vorzunehmen bzw. Rateversuche durchzuführen. Um sich gegen die schnellen iterativen Schätzungen eines Computers zu verteidigen, muss eine außergewöhnlich große Primzahl verwendet werden, sodass es rechnerisch unmöglich ist (zumindest mit heutigen Computern).

Wenn man also eine ausreichend große Primzahl wählt, ist die Division praktisch unmöglich, wenn man versucht, die Punktmultiplikation umzukehren. Dies ist das **Problem des diskreten Logarithmus** und bildet die Grundlage der modernen Kryptographie. Mathematiker haben derzeit keine Möglichkeit, diese Zahlen zu dividieren, sie können nur mit Hilfe von Computern erraten, welche Zahl mit dem bekannten Punkt multipliziert wurde, um die Antwort zu erhalten. **Dies macht es praktisch unmöglich, Multiplikationsberechnungen über große endliche Primzahlbereiche bzw. -felder (auch Galois-Feld genannt – Anm. d. Hrsg.) durch Division umzukehren.**

Ein Großteil der modernen Kryptographie beruht auf diesem unlösbaren Problem. Wenn es gelöst wird, werden die meisten unserer kryptographischen Systeme zusammenbrechen. Computer könnten theoretisch schnell genug werden, um Lösungen durch Iteration zu erraten (z. B. durch Quantencomputer). Dies ist jedoch sehr unwahrscheinlich. Zur Verdeutlichung: Die von Bitcoin verwendete Primzahl ist 2^{256} oder $\sim 10^{77}$. Die geschätzte Anzahl der

Atome im Universum beträgt 10^{80}. Eine Billion Computer, die eine Billion Berechnungen in jeder Billionstel Sekunde für eine Billion Jahre durchführen, ist immer noch weniger als 10^{56} Berechnungen.[1] Wenn Computer jemals in der Lage sind, die Lösung mit der Brute-Force-Methode zu finden, dann werden wir wahrscheinlich in der Lage sein, viel größere Primzahlen als Ergebnis zu finden. Wenn wir dieses Stadium erreichen, wäre das Scheitern von Bitcoin unser geringstes Problem.

Was ist der Sinn dahinter? Das Public-Key-Verschlüsselungsverfahren ist extrem sicher, da die fortschrittlichsten Computer Billionen von Jahren brauchen, um es zu knacken. Außerdem ermöglicht sie die Überprüfbarkeit verschlüsselter Kommunikation. Dieser Fortschritt führte zur Entwicklung der **digitalen Signatur**, die die Grundlage des digitalen Geldes darstellt. Grundlegend für digitale Signaturen (wie auch für viele andere Anwendungen in Bitcoin) sind **Hash-Funktionen.**

Hash-Funktionen

Eine **Hash-Funktion (Hash-Algorithmus)** ist eine Einwegfunktion, die aus Eingaben variabler Länge eine Ausgabe fester Länge macht.

1. Einweg bedeutet, dass sie nicht rückgängig gemacht werden kann, ohne die Eingaben zu kennen (Problem des diskreten Logarithmus).
2. Diese Algorithmen sind allgemein als Kompressionsalgorithmen bekannt. Sie können verwendet werden, um eine Datenmenge **variabler** Länge in eine Datenmenge **fester** Länge zu verschlüs-

seln. Das bedeutet, dass man sowohl ein ganzes Lexikon als auch einen einzelnen Buchstaben eingeben kann und jedes Mal die gleiche Textlänge als Ausgabe erhalten wird. Bitcoin verwendet in seiner gesamten Software den **SHA256-Hash-Algorithmus** (Secure Hashing Algorithm 256 Bits). Man kann beliebig lange Daten durch diesen Algorithmus laufen lassen, und er wird immer einen 256-Bit-Code der Daten ohne erkennbares Muster erzeugen. SHA256 wurde von der NSA entwickelt, ist allgemein bekannt und wird manchmal als Sicherheitsvorkehrung für die Verschlüsselung gesetzlich vorgeschrieben. Du kannst es auf freeformatter.com ausprobieren.[3]

a. Wenn ich zum Beispiel „yakes“ eingebe, wird Folgendes ausgegeben:
   - 2534c8d79c95cbe9d1b742d9c82d8780f6a071c442536993d3a f7eea06d5ff47

b. Wenn ich „yakes1“ eingebe, erhält man folgende Ausgabe:
   - 2181013eb9f5c896710914a9bed34fa7f23e32315e7850c4f719 9879c6745919

c. Dabei kann man feststellen, dass es kein erkennbares Muster gibt, unabhängig davon, wie gering die Abweichungen sind. Wenn ein Dritter einen dieser Hashes abfängt und wüsste, dass ich SHA256 verwende, wäre er aufgrund des **Problems des diskreten Logarithmus** nicht in der Lage, die Berechnung rückgängig zu machen, um die Eingaben herauszufinden.

Digitale Signaturen

Um Transaktionen über das Bitcoin-Netzwerk zu senden, benötigst du eine Adresse und einen privaten Schlüssel. Die Adresse ist sozusagen deine Kontonummer und der private Schlüssel ist das Passwort für dieses Konto. Ein privater Schlüssel ist die Chiffre, die zum Entschlüsseln einer Adresse verwendet werden kann. Um Bitcoin zu versenden, musst du nachweisen, dass du diesen privaten Schlüssel besitzt, ohne ihn preiszugeben; genau das ermöglicht dir eine digitale Signatur. **Digitale Signaturen** sind Algorithmen, die es ermöglichen, **(1) Schlüssel zu erzeugen, (2) Signaturen zu erzeugen** und **(3) Signaturen zu verifizieren.** Der spezielle Algorithmus für digitale Signaturen, der von Bitcoin verwendet wird, ist der **ECDSA** (Elliptic Curve Digital Signature Algorithm). Schauen wir uns die Grafik in Abbildung 67 Schritt für Schritt an, um zu verstehen, wie Bitcoin den ECDSA verwendet:

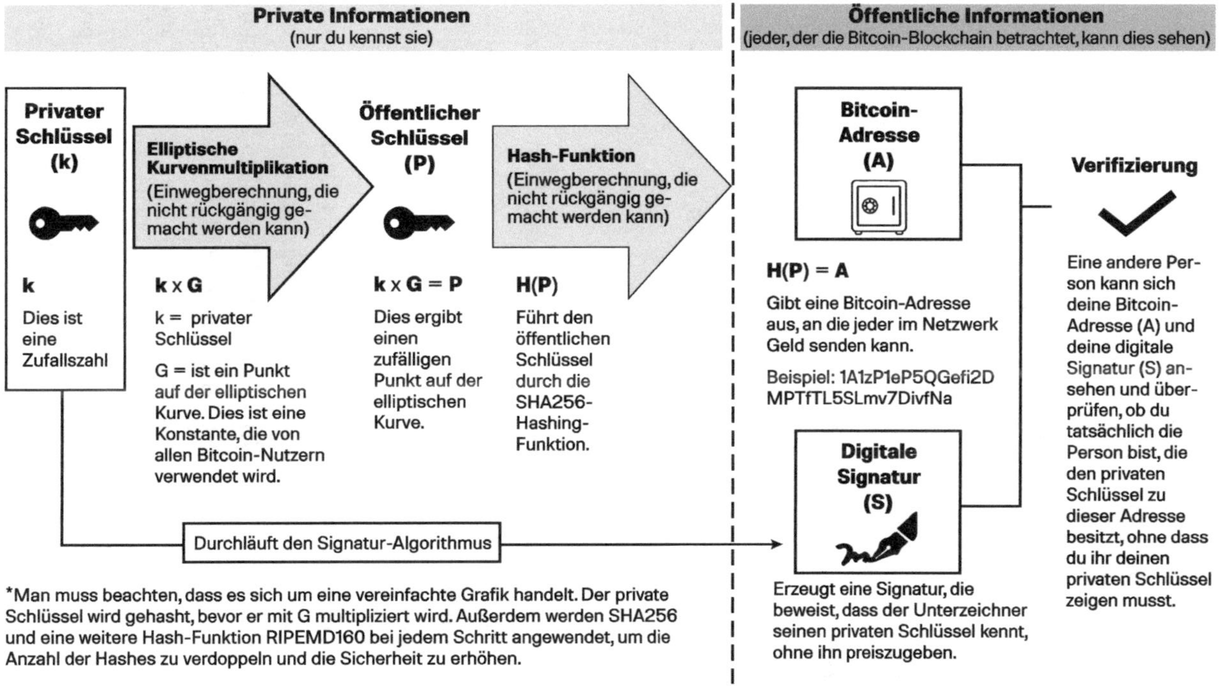

Abbildung 67: Der Prozess der Generierung einer Bitcoin-Adresse, der Erstellung einer Transaktionssignatur und der Verifizierung mit dem ECDSA-Algorithmus

1. Der erste Schritt besteht darin, einen privaten Schlüssel (Private Key) zu erzeugen:

Abbildung 68: Erzeugung des privaten Schlüssels (Private Key)

   a. Theoretisch könnte dies alles sein, aber starke Zufallszahlengeneratoren sind ein Mindestmaß an Sicherheit in jedem digitalen Signatursystem.
   b. Eine gute Quelle für Zufälligkeit bedeutet etwas, das schwer vorherzusagen ist.
   c. Zufälligkeit wird in der Regel von einer Quelle abgeleitet, daher basieren starke **Zufallszahlengeneratoren** (RNGs) darauf, Dinge zu finden, die in der Welt wirklich zufällig auftreten. Was diese RNGs sind und wie sie funktionieren, würde den Rahmen dieses Kapitels sprengen, aber man kann auf Wikipedia nachlesen, wie sie funktionieren.[4]
   d. Wenn zwei Personen die gleiche Zufallszahl für ihren privaten Schlüssel im Bitcoin-Netzwerk erzeugen, würde dies

die Sicherheit der Gelder gefährden, die derjenige kontrolliert, der sie zuerst erzeugt hat. Dies nennt man eine **Kollision.**

e. Wie das funktioniert, wird klar, wenn wir zur Erläuterung der Bitcoin-Adressen kommen.

Ein privater Schlüssel wird als Zufallszahl generiert, eine gute Quelle für Zufälligkeit ist für Sicherheitszwecke entscheidend.

2. Deine Zufallszahl wird dann mit dem **Generatorpunkt (G)** multipliziert:

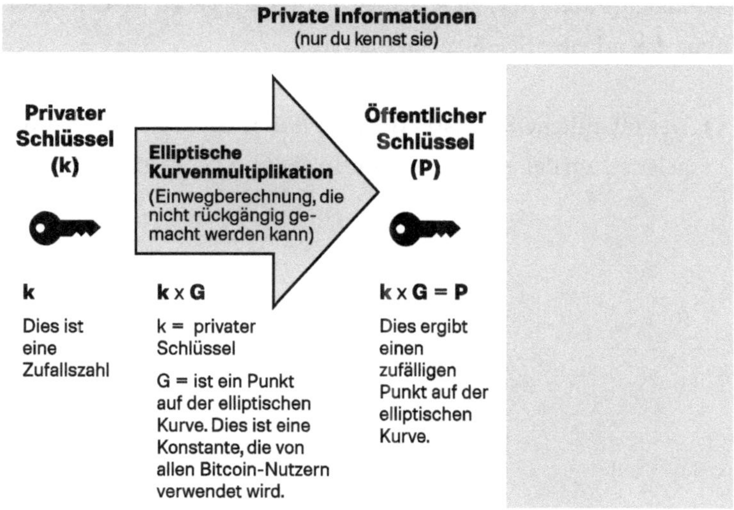

Abbildung 69: Erzeugung des öffentlichen Schlüssels (Public Key)

a. G ist ein Standardpunkt, der von jedem Teilnehmer im Bitcoin-Netzwerk verwendet wird und auf der **elliptischen Kurve secp256k1** liegt.

b. All das bedeutet, dass wir nun einen Multiplikationsprozess der endlichen Mathematik auf einer elliptischen Kurve angewendet haben, um einen öffentlichen Schlüssel zu erstellen.
c. Dies ist eine Einwegberechnung, die aufgrund des Problems des diskreten Logarithmus nicht umkehrbar ist.
d. Nun muss dies in ein standardisiertes Format umgewandelt werden, das jeder als seine eigene eindeutige öffentliche Adresse verwenden kann, genau wie die eigene Privatanschrift.

Der private Schlüssel (Private Key) wird mit einem Standardpunkt auf der elliptischen Bitcoin-Kurve multipliziert, um einen öffentlichen Schlüssel (Public Key) zu erstellen, der weitergegeben werden kann, ohne den privaten Schlüssel preiszugeben.

3. Der **öffentliche Schlüssel (P)** wird durch eine Hash-Funktion geleitet, um deine **Bitcoin-Adresse (A)** zu erzeugen:

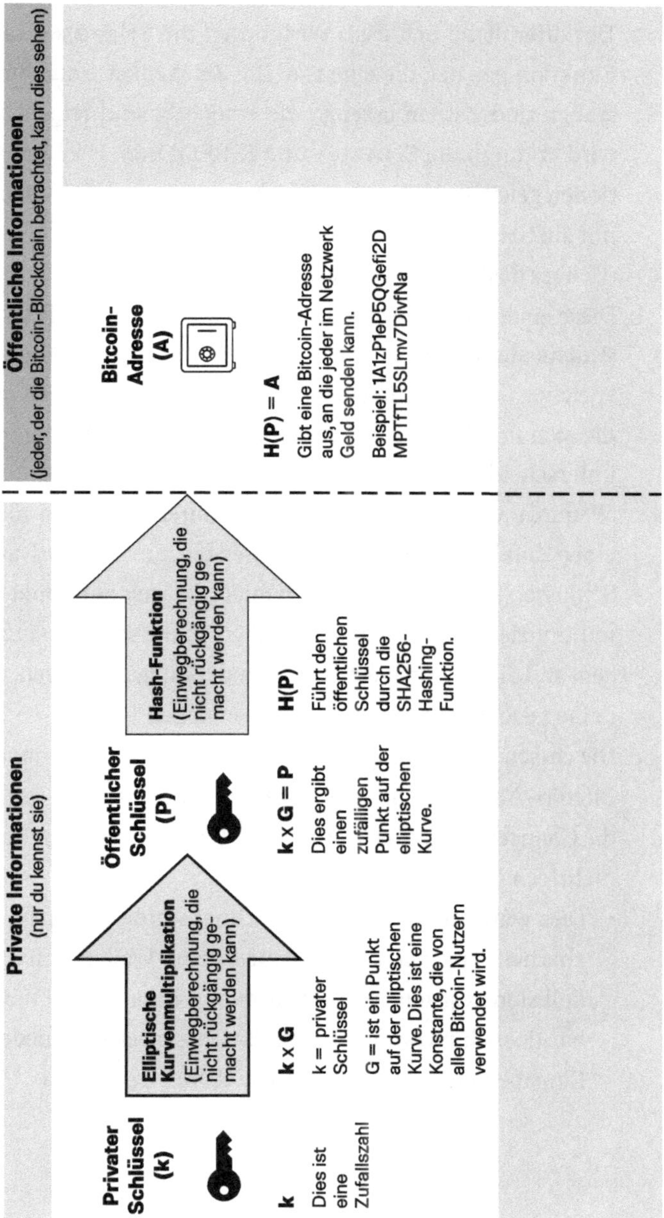

Abbildung 70: Erzeugung der Bitcoin-Adresse

a. Der öffentliche Schlüssel wird durch die SHA-256-Hash-Funktion geleitet, die eine 256-Bit-Zeichenkette aus Buchstaben und Zahlen erzeugt, die eindeutig sind (eigentlich wird er durch die SHA256- und RIPEMD160-Hash-Funktionen geleitet, aber um es einfach zu halten, werden wir uns nur auf SHA256 beschränken). Mit dieser Adresse kann man dir über das Bitcoin-Netzwerk Bitcoin schicken.
b. Diese ersten drei Schritte des Prozesses werden von **Bitcoin-Wallets** ausgeführt, die die Bitcoin-Adressen eines Nutzers speichern und von denen es viele verschiedene Typen gibt, die sich im Hinblick auf die Qualität (z. B. die Sicherheit) unterscheiden.
c. Wenn du eine Wallet-Software herunterlädst, wird diese einen Zufallszahlengenerator verwenden, um einen privaten Schlüssel (k) zu erstellen, diesen mit dem Generatorpunkt (G) multiplizieren, um einen öffentlichen Schlüssel (P) zu erzeugen, und diesen durch eine Hash-Funktion laufen lassen, um deine neue Bitcoin-Adresse (A) zu erstellen.
d. **Die entscheidende Frage:** Da jeder unabhängig voneinander Bitcoin-Adressen mit Zufallszahlen generiert, wie stehen die Chancen, dass eine bestimmte Bitcoin-Adresse am Ende mehrfach vergeben ist?
    - Dies würde als **Kollision** bezeichnet werden, und um Sicherheit zu gewährleisten, muss deine Wallet-Software **kollisionsresistent** sein. Das bedeutet, dass es nicht machbar (jedoch nicht unmöglich) ist, dass zwei verschiedene Eingaben dieselbe Ausgabe bzw. Adresse erzeugen.

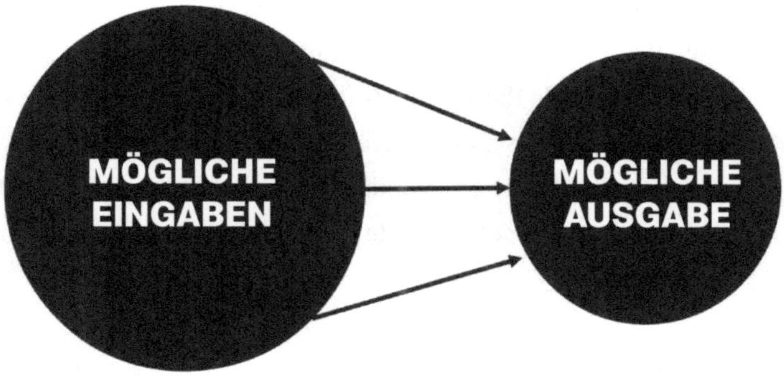

Abbildung 71: Die Anzahl der möglichen Eingaben ist größer als die Anzahl der möglichen Ausgaben, und es ist daher sicher, dass mindestens eine Ausgabe für mehr als eine Eingabe gilt.

- Damit der ECDSA sicher ist, müssen sowohl deine **(1) Zufallsquelle** als auch deine **(2) Hashing-Funktion** kollisionsresistent sein.
  - Deine Zufallsquelle muss stark sein (wie oben bei der Beschreibung des privaten Schlüssels erwähnt). Ein Beispiel für eine schwache Quelle wäre eine, die eine Zahl zwischen 1 und 100 erzeugt. Es wären nur 100 Adressen nötig, um mit 100%iger Wahrscheinlichkeit eine Kollision zu erzeugen.
  - Das Gleiche gilt für die Hashing-Funktion. Bitcoin verwendet SHA-256, bei dem die Möglichkeit einer Kollision bei $1/2^{256}$ liegt, was verschwindend gering ist.

e. Die Kollisionsresistenz von SHA-256 spielt keine Rolle, wenn deine ursprüngliche Zufallsquelle schwach ist. Damit eine Wallet optimal ist, muss ihre Zufallsquelle also 2^{256} Ausgaben erzeugen. Alles, was darüber hinausgeht, ist unnötig, da die Hashing-Funktion die Wahrscheinlichkeit auf 2^{256} begrenzt, und alles, was darunter liegt, erhöht unnötigerweise die Wahrscheinlichkeit einer Kollision.

f. **Der springende Punkt:** Die Zufallsquelle und die verwendete Hash-Funktion sind entscheidend für die Sicherheit einer Wallet. Es gibt viele verschiedene Wallet-Hersteller, die entweder eine gute Zufallsquelle verwenden oder eben eine nicht so gute.

Der öffentliche Schlüssel wird dann gehasht, um eine Bitcoin-Adresse zu erstellen. Wenn dein privater Schlüssel eine schwache Zufallsquelle verwendet, könnte deine Adresse ein Sicherheitsproblem haben.

4. Da wir nun eine Adresse haben, können wir Bitcoin senden und empfangen. Dazu müssen wir eine **digitale Signatur** erstellen:

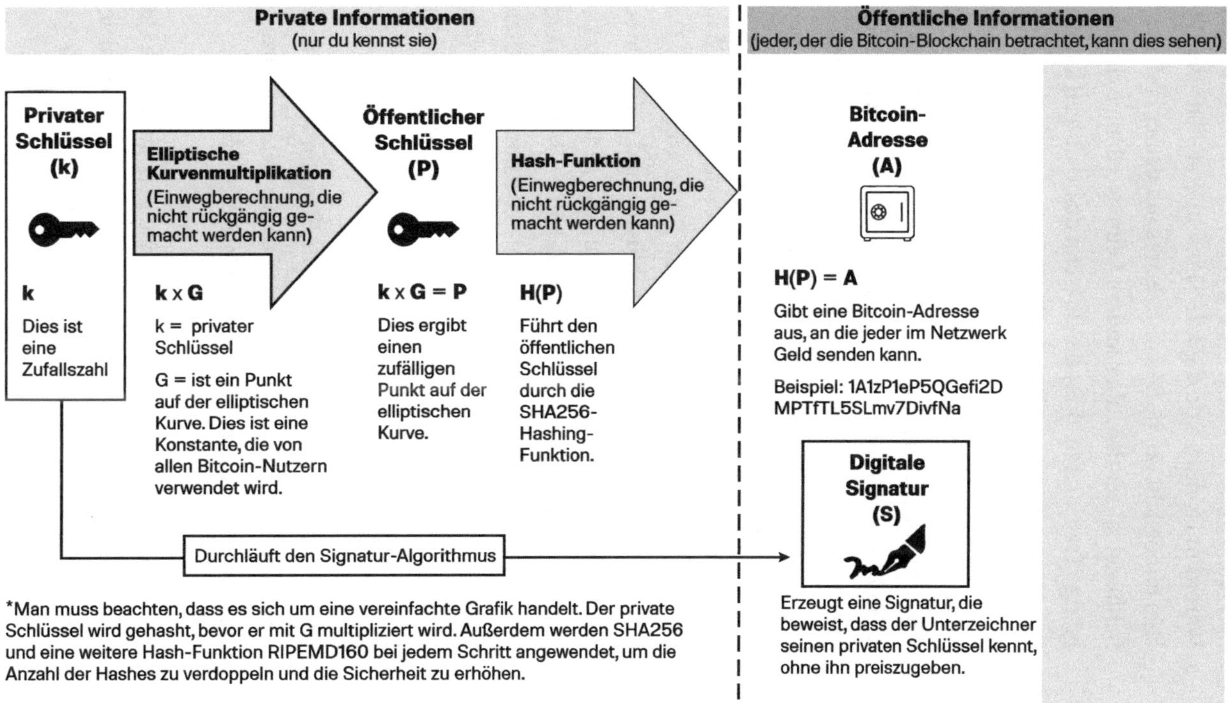

Abbildung 72: Die digitale Signatur wird erstellt, um den Besitz des privaten Schlüssels zu beweisen, ohne ihn preiszugeben.

a. Warum muss man eine digitale Signatur erstellen? Bei Bitcoin ermöglicht dir die Software, etwas mit deinem privaten Schlüssel zu senden, aber andere Leute werden es nur als gültige Transaktion akzeptieren, wenn du bestätigen kannst, dass du den privaten Schlüssel besitzt.
b. Mit einer **digitalen Signatur** kannst du dies tun, ohne deinen privaten Schlüssel preiszugeben.
c. Wie funktioniert das? Dieser Schritt ist mathematisch etwas komplexer. Es ist nicht notwendig, die Details zu verstehen, aber es ist wichtig zu begreifen, dass dein privater Schlüssel mit anderen Variablen vermischt wird (was in der obigen Grafik nicht gezeigt wird), die deinen Schlüssel verbergen und gleichzeitig beweisen, dass er immer noch da ist. Man kann sich das wie das Mischen von Farbe vorstellen. Du kannst rote Farbe (dein privater Schlüssel) und weiße Farbe (andere Variablen) in einem Verhältnis von genau 50/50 zusammenmischen, um rosa Farbe zu erhalten. Wenn jemand deine rosa Farbe finden würde, könnte er daraus schließen, dass du rote Farbe mit weißer gemischt hast, aber er wäre nicht in der Lage, genau festzustellen, wie viel du von jeder Farbe verwendet hast.

Der ECDSA-Algorithmus erstellt eine digitale Signatur aus deinem privaten Schlüssel. Mit dieser Signatur und deiner Bitcoin-Adresse kannst du nun Bitcoin an andere Personen im Netzwerk senden.

5. Mit einer Bitcoin-Adresse und einer digitalen Signatur kann ein anderer Teilnehmer des Bitcoin-Netzwerks schließlich verifizieren, dass du tatsächlich der Besitzer der Adresse bist, und deine Transaktion als gültig akzeptieren:

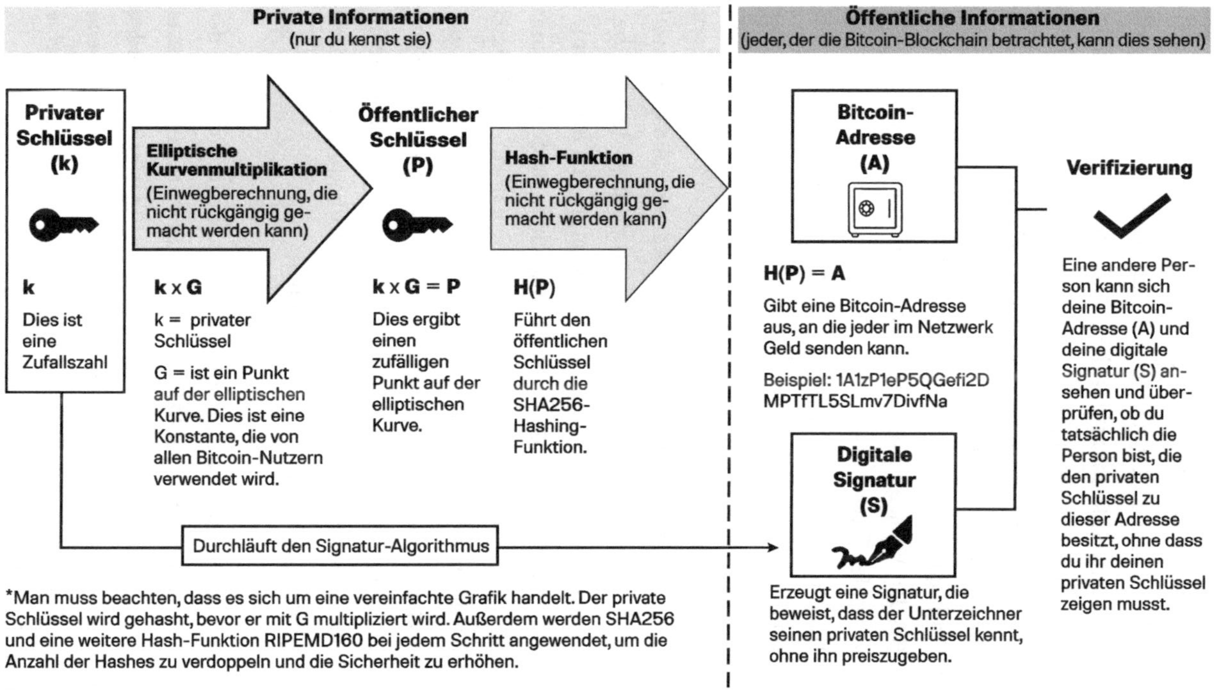

Abbildung 73: Teilnehmer des Netzwerks können verifizieren, dass die digitale Signatur mit der Bitcoin-Adresse übereinstimmt

a. Bei Bitcoin ist eine Verifizierung durch andere Netzwerkteilnehmer notwendig, damit eine Transaktion akzeptiert wird.
b. Dies ist vergleichbar mit der Einlösung eines Schecks bei einer Bank. Dazu muss die Bank sowohl den Scheck und die Unterschrift der Person verifizieren als auch sicherstellen, dass sie über das nötige Guthaben auf ihrem Konto verfügt.
c. Traditionell haben die Banken diese Funktion übernommen. Bei den Versuchen mit digitalem Geld vor Bitcoin wurde ein zentraler Server verwendet.
d. Bei Bitcoin verifiziert jeder Netzwerkteilnehmer die Transaktion auf dezentrale Weise. Für jede Transaktion, die du sendest, gibt es Tausende von Computern, die davon erfahren und alle die gleiche Überprüfung durchführen, um zu verifizieren, dass (1) deine Signatur mit deiner Adresse übereinstimmt und (2) dass du nicht mehr Bitcoin ausgibst, als du hast (dies ist ein Schutz gegen das **Problem der doppelten Ausgaben**).
e. Das Einzige, was du wirklich brauchst, ist dein privater Schlüssel. Deine Adresse kann mit deinem privaten Schlüssel wiederhergestellt werden. Aber du kannst das niemals umdrehen und einen privaten Schlüssel aus einer Adresse wiederherstellen. **Als Bitcoin-Besitzer bist du in erster Linie für die ordnungsgemäße Sicherung und Aufbewahrung deines privaten Schlüssels verantwortlich.**

Wenn du Bitcoin versendest, verifiziert jeder Node im Netzwerk, der von deiner Transaktion erfährt, deine Signatur mit deiner Adresse und prüft, ob du mindestens so viele Bitcoin besitzt, wie du versenden willst. Wenn die Verifizierung deiner Signatur fehlschlägt oder wenn die Anzahl der Bitcoin in deinem Besitz nicht ausreicht, wird deine Transaktion aus dem Netzwerk gelöscht.

Die Funktionsweise von Transaktionen

Wir sind es gewohnt, Transaktionen aus der Perspektive der doppelten Buchführung zu betrachten, aber bei Bitcoin ist es anders. Die Transaktionen sind als eine Kette strukturiert. Für jede Bitcoin-Transaktion gibt es einen Input und einen Output (bis auf eine Ausnahme).

Angenommen, Kanye West sendet einen Bitcoin an Mike Tyson:

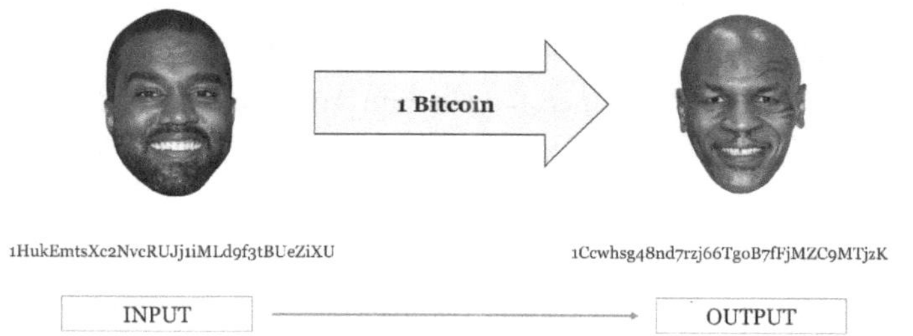

Adresse	UTXO
1HukEmtsXc2NvcRUJj1iMLd9f3tBUeZiXU	2
1Ccwhsg48nd7rzj66TgoB7fFjMZC9MTjzK	0
	...

Adresse	UTXO
1HukEmtsXc2NvcRUJj1iMLd9f3tBUeZiXU	1
1Ccwhsg48nd7rzj66TgoB7fFjMZC9MTjzK	1
	...

Abbildung 74: Kanye West sendet einen Bitcoin an Mike Tyson

Der Input ist die Anzahl der Bitcoin auf der Adresse von Kanye. Der Output ist der Betrag, den er an Mikes Adresse senden möchte. Auf der Adresse von Kanye sind zwei Bitcoin. Wenn er also einen Bitcoin an Mikes Adresse sendet, ist das sein Output. Alle Teilnehmer des Bitcoin-Netzwerks verifizieren, dass die zwei Bitcoin auf seiner Adresse größer oder gleich dem Betrag der Transaktion sind, die er an Mikes Adresse sendet. Da dies der Fall ist, wird die Transaktion akzeptiert, und Mike besitzt nun einen Bitcoin.

Mikes neuer Bitcoin bleibt nun auf seiner Adresse, bis er ihn ausgeben möchte. Solange er das nicht tut, steht der Bitcoin auf der Liste der **Unspent Transaction Outputs (UTXOs, z. Dt. nicht ausgegebene Transaktionsausgaben)**. Es gibt zu jedem Zeitpunkt eine fortlaufende Liste aller Bitcoin, die auf jeder Adresse existieren. Dabei handelt es sich um alle Outputs aus früheren Transaktionen, die noch nicht ausgegeben wurden (daher der Name). Anhand dieser Liste bestätigen die Netzwerkteilnehmer, dass Kanye den einen Bitcoin besaß, den er an Mike gesendet hat. Nach der Transaktion hat sich der Betrag auf Kanyes Adresse um einen Bitcoin verringert und auf Mikes Adresse um einen erhöht. Mike hat nun einen Bitcoin zum Ausgeben, was anhand der aktualisierten Liste der UTXOs verifiziert werden kann.

Die einzige Ausnahme von dieser Transaktionsstruktur ist die **Coinbase-Transaktion** – wenn ein Miner das mathematische Rätsel löst, um einen neuen Block zu finden, werden neue Bitcoin geschaffen und an die Adresse des Miners gesendet. Diese Bitcoin haben keinen Input. Im nächsten Kapitel wird dies genauer erklärt. Nachdem wir nun die Grundlagen einer Transaktion verstanden haben, wollen wir uns ansehen, wie sie zusammengefasst und in der Blockchain gespeichert werden.

Die Inputs der Transaktion müssen größer sein als die Outputs. Die Netzwerkteilnehmer verifizieren dies anhand der UTXO-Liste. Coinbase-Transaktionen sind die einzige Ausnahme von dieser Regel.

Die Datenstruktur der Blockchain

Eine Blockchain ist eine Kette von Blöcken. **In Blöcken werden Transaktionen gebündelt**. Die Grundlagen der Blockchain haben wir im letzten Kapitel behandelt, aber hier werden wir speziell darauf eingehen, wie sie mit Bitcoin funktioniert.

Bitcoin ermöglicht es Menschen, Transaktionen zu erstellen. Diese Transaktionen werden in Blöcken zusammengefasst. Diese Blöcke werden miteinander verknüpft und bilden so die Blockchain. Diese Blockchain wird als nicht veränderbares Kassenbuch genutzt. Schauen wir uns zunächst die Struktur eines Blocks an.

Kanye sendet einen Bitcoin an Mike:

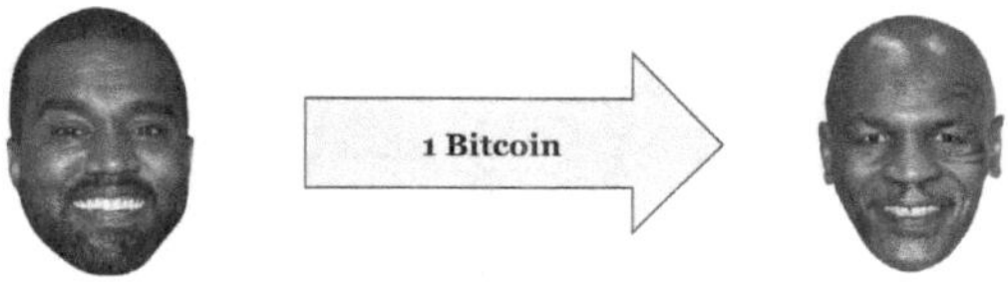

Abbildung 75: Kanye sendet einen Bitcoin an Mike

Die Transaktion wird dann mittels ECDSA verifiziert und gehasht (d. h. durch die SHA256-Hash-Funktion laufen gelassen), und die 256-Bit lange Textfolge ist der Ausgabewert, der als **Transaktions-Hash** (bzw. Transaktions-ID oder TX-Hash – Anm. d. Hrsg.) bezeichnet wird:

Abbildung 76: der Hash von der Transaktion von Kanye zu Mike

Der **Transaktions-Hash** wird dann in den neuesten Block hinzugefügt. Auf den ersten Blick könnte man meinen, es handele sich nur um Listen von Transaktionen, doch sie sind als binärer Hash-Baum angeordnet, der als **Merkle-Tree** bezeichnet wird. Diese Struktur ist in der folgenden Abbildung zu sehen, wobei jede Transaktion gehasht, mit ihrer Geschwistertransaktion verknüpft und dann erneut gehasht wird. Dieser Vorgang wird so lange wiederholt, bis nur noch ein einziger Hash für alle Daten übrig bleibt.

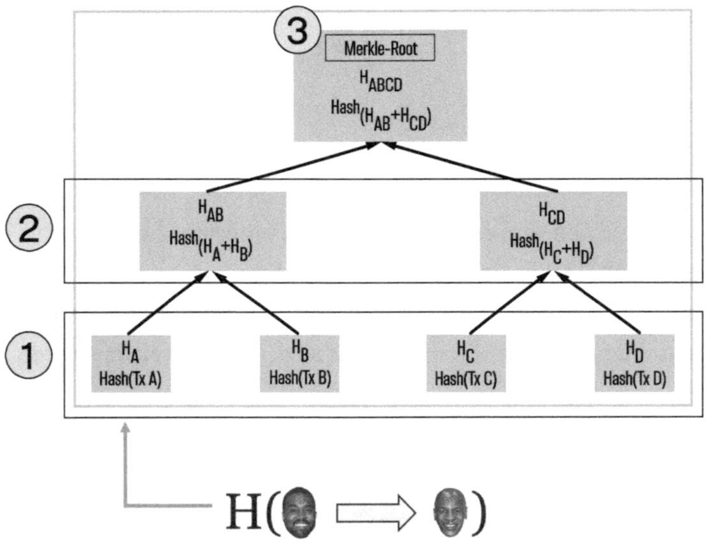

Abbildung 77: Der Hash der Transaktion ist in einem Merkle-Tree mit allen anderen Transaktionen enthalten (Bildquelle: Mastering Bitcoin mit Ergänzungen von Eric Yakes)[1]

1. Hier sieht man, dass die Transaktionen A bis D jeweils gehasht sind.
2. Diese Hashes werden dann in Paaren kombiniert, und dann wird jedes Paar gehasht.
3. Es bleibt ein Hash an der Spitze des Baums übrig, der als **Merkle-Root** (z. Dt. Merkle-Wurzel) bezeichnet wird. Dies ist die Wurzel aller Transaktionen – wenn eine dieser Transaktionen nachträglich geändert würde, wäre dies in der Merkle-Wurzel sofort erkennbar.

Die Transaktionen werden gehasht und dann zu einem Merkle-Tree hinzugefügt. Jedes Zweigpaar wird so lange gehasht, bis nur noch ein einziger Hash, die Merkle-Root, übrig ist.

Die Merkle-Root wird dann in den **Block-Header** eingefügt. Der Block-Header ist die Bezeichnung für jeden Block in der Blockchain. Er enthält Informationen, die andere im Bitcoin-Netzwerk verwenden können, um den Block zu verifizieren. Die folgende Abbildung zeigt, dass die Merkle-Root eines von sechs Elementen im Block-Header ist:

Elemente des Block-Headers	Beschreibung	
Merkle-Root	Der endgültige Hash-Wert vom Merkle-Tree	(1)
Vorheriger Block-Hash	Der Hash des vorherigen Blocks in der Blockchain	(2)
Version	Welche Version der Software wird verwendet (es gibt verschiedene Versionen von Bitcoin, die miteinander kompatibel sind)	(3)
Zeitstempel	Die Erstellungszeit des Blocks	(3)
Difficulty Target (Target/Schwierigkeitsziel)	Der angestrebte Schwierigkeitsgrad für das Proof-of-Work-Rätsel	(3)
Nonce	Die Lösung des Proof-of-Work-Rätsels	(3)

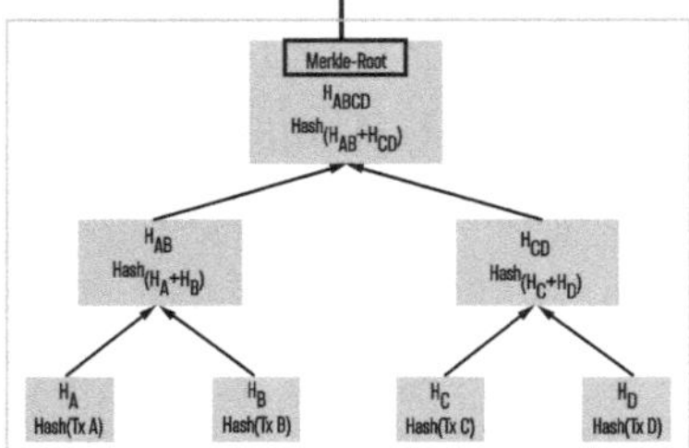

Abbildung 78: Elemente des Block-Headers, der Hash vom Merkle-Tree ist das Merkle-Root-Element

1. Die **Merkle-Root** wird von den Netzwerkteilnehmern verwendet, um schnell zu verifizieren, dass alle Transaktionen, die in einem neuen Block enthalten sind, in verschiedenen Kopien der Blockchain identisch sind. Wie später noch erläutert wird, hat jeder Netzwerkteilnehmer seine eigene persönliche Kopie der Blockchain, die von Person zu Person unterschiedlich sein kann.
2. Der **vorherige Block-Hash** ist der Hash des vorherigen Blocks und wird allgemein als **Hash-Pointer** bezeichnet, da er auf den vorherigen Block verweist. Durch dieses Element werden alle Blöcke in der Kette miteinander verknüpft. Wenn sich seit dem Beginn von Bitcoin auch nur eine einzige Sache in den Daten eines vorherigen Blocks ändern würde, würde der Hash des vorherigen Blocks nicht mehr mit dem übereinstimmen, was er vor der Änderung war. Dies ermöglicht es anderen Teilnehmern des Bitcoin-Netzwerks, mit einem Blick auf dieses Feld schnell zu verifizieren, dass sie alle mit derselben Blockchain mit der exakt gleichen Historie arbeiten.
3. **Version, Zeitstempel, Target** (z. Dt. Schwierigkeitsziel) und **Nonce** beziehen sich alle auf Elemente, die mit dem Mining-Prozess zusammenhängen, der im nächsten Kapitel behandelt wird.

Blöcke sind also einfach Bündelungen von Transaktionen. Der Block-Header enthält Metadaten über die Transaktionen im Block sowie einen Hash des vorherigen Blocks. Auf der höchsten Ebene enthält ein Block die folgenden Informationen:

Elemente des Blocks	Beschreibung
Block-Header	Enthält alle Elemente des Block-Headers
Blockgröße	Die Größe des Blocks in Bytes
Transaktionszähler	Die Anzahl der enthaltenen Transaktionen
Transaktionen	Die Daten aller im Block enthaltenen Transaktionen

Elemente des Block-Headers
Merkle-Root
Vorheriger Block-Hash
Version
Zeitstempel
Difficulty Target (Target/Schwierigkeitsziel)
Nonce

Abbildung 79: Die Elemente des Block-Headers werden in das Feld des Block-Headers neben den anderen Elementen des Blocks aufgenommen.

Auf der höchsten Ebene beinhaltet ein Block

- die Bündelung von Transaktionen
- die Anzahl der Transaktionen
- die insgesamte Bytegröße der Transaktionen
- die Daten des Block-Headers

Blöcke enthalten die gebündelten Transaktionen, einen Hash-Pointer auf den vorherigen Block und Metadaten des Blocks.

Innerhalb der Daten des Block-Headers wird das Element des vorherigen Block-Hashs verwendet, um den aktuellen Block mit dem vorherigen Block zu verketten. Die folgende Abbildung zeigt eine vollständige Darstellung der Blockchain:

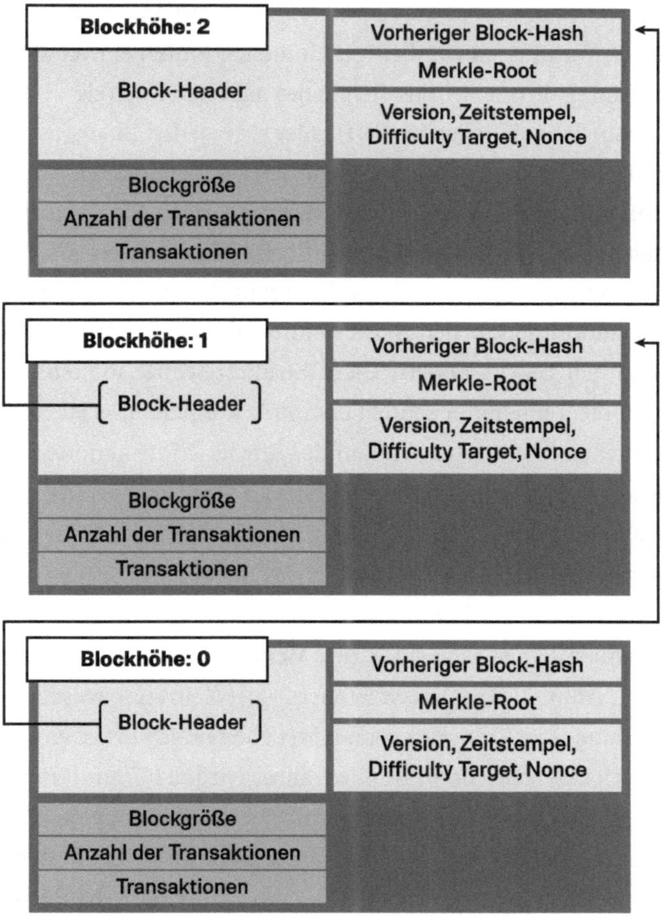

Abbildung 80: Die Blockchain zeigt sowohl die Elemente des Blocks als auch die Elemente des Block-Headers

Die Blockchain kann man sich als vertikalen Stapel von Blöcken vorstellen, daher wird der Begriff **Blockhöhe** verwendet, um Blöcke zu identifizieren. Der erste Block, der auch als **Genesis-Block** bezeichnet wird, hatte die Blockhöhe 0. Zum Zeitpunkt des Verfassens dieses Textes beträgt die aktuelle Höhe der Blockchain 672.000. Neue Blöcke werden im Durchschnitt alle zehn Minuten erstellt. Warum und wie dies funktioniert, erfordert ein Verständnis des Mining-Prozesses, das Thema des nächsten Kapitels.

Man sieht, dass der Block-Header eines jeden Blocks anschließend gehasht und in den nächsten Block aufgenommen wird. Zur Erinnerung: Dies wird als **Hash des vorherigen Blocks** (bzw. als **Hash-Pointer**) bezeichnet, und auf diese Weise werden die Blöcke miteinander verkettet. **Jede Änderung in einem vorherigen Block wird sofort im aktuellen Block sichtbar, da sich der Hashwert des vorherigen Blocks ändert.** Diese Struktur wurde implementiert, damit die Teilnehmer schnell erkennen können, dass sie alle mit demselben historischen Verlauf der Bitcoin-Transaktionen arbeiten. Dies ist im Grunde eine Methode der Versionskontrolle, die vor böswilligen Akteuren schützt. Eine vollständige Erläuterung dieses Vorgangs erfordert ein Verständnis des Bitcoin-Netzwerks, das im nächsten Kapitel behandelt wird.

Schließlich ist es wichtig, den **Memory-Pool** (oder kurz Mempool – Anm. d. Hrsg.) zu verstehen – der Zeitraum zwischen der Erstellung einer Transaktion und ihrer endgültigen Erfassung in der Blockchain. Während dieses Zeitraums wird die Transaktion von jedem Teilnehmer, der von ihr Kenntnis hat, in seinem jeweiligen Memory-Pool aufbewahrt. Dies ist wie ein Warteraum, in dem die Transaktion verbleibt, bis ein Miner das mathematische Rätsel gelöst hat, wodurch die Transaktion in der Blockchain veröffentlicht wird. Jeder Netzwerkteilnehmer kann einen unterschiedlichen Memory-Pool haben. Der Memory-Pool des Miners, der letztlich den nächsten Block gefunden hat, wird in die Blockchain eingefügt; alle gesendeten Transaktionen, die von diesem Miner nicht aufgenommen wurden, müssen dann einfach darauf warten, in den nächsten Block aufgenommen zu werden.

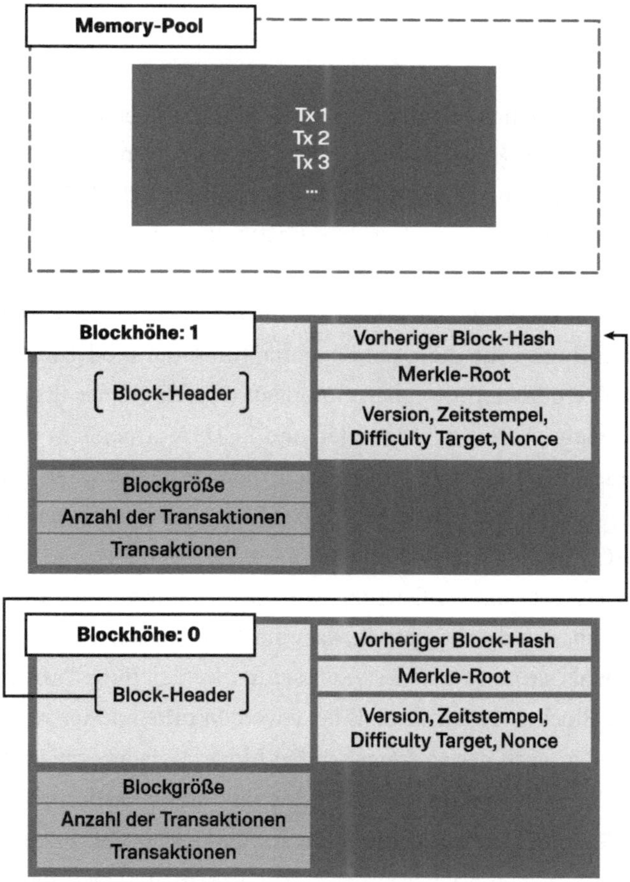

Abbildung 81: Der Memory-Pool der Transaktionen, die bald in die Blockchain aufgenommen werden sollen

Während die Netzwerkteilnehmer meist alle mit demselben Verlauf der Blockchain arbeiten, kann der Memory-Pool variieren. Der Miner, der den neuen Block schürft (mined), fügt die Transaktionen aus seinem Memory-Pool zur Blockchain hinzu.

Fazit

Bitcoin ermöglicht es, digitales Geld Peer-to-Peer zu versenden. Transaktionen können anonym durchgeführt werden, ohne dass die Genehmigung einer dritten Partei erforderlich ist. Kein anderes Zahlungssystem kann so kostengünstig und effizient wie Bitcoin große Wertbeträge transferieren.

Das Problem des diskreten Logarithmus ermöglicht Einwegberechnungen, die die Grundlage der gesamten modernen Kryptographie bilden. Einwegberechnungen werden bei der Erstellung von Bitcoin-Adressen verwendet, und ECDSA ermöglicht es einer Adresse, anderen Nodes zu beweisen, dass sie den privaten Schlüssel kennt, ohne ihn preiszugeben. Das Bitcoin-Netzwerk verwendet den ECDSA, um Transaktionen zu versenden und anschließend zu verifizieren. Bei der Verifizierung wird die Signatur mit den Adressen abgeglichen und sichergestellt, dass die Adresse nicht mehr Bitcoin ausgibt als sie hat. Nach der Verifizierung werden diese Transaktionen in Blöcken angeordnet. Blöcke werden miteinander verkettet, indem der Hash des vorhergehenden Blocks in jeden neuen Block eingefügt wird – so können die Teilnehmer sofort verifizieren, dass eine Verkettung der Blockhistorie stattgefunden hat. Sobald die Miner ein rechenintensives Rätsel lösen, werden neue Blöcke hinzugefügt, wobei die Transaktionen in den verschiedenen Memory-Pools der Miner verbleiben, bis das Rätsel gelöst wird.

Wir haben nun ein Verständnis für die Struktur der Blockchain. Diese Übersicht über die Blockchain ist ohne das Verständnis des Bitcoin-Netzwerks unvollständig. Wie erfährt jeder Teilnehmer von den Transaktionen? Einigen sich alle auf dieselben Transaktionen? Wenn nicht, wie wird ein Konsens zwischen Tausenden von verschiedenen Teilnehmern erreicht, wenn mehrere Versionen der Blockchain referenziert werden? Dies wird im nächsten Kapitel erklärt.

Quellenangabe

1. Antonopolous, Andreas: *Mastering Bitcoin*, https://github.com/bitcoinbook/bitcoinbook
2. https://www.cryptovantage.com/news/here-are-the-5-big-gest-bitcoin-transactions-in-history/
3. https://www.freeformatter.com/sha256-generator.html#ad-output
4. https://en.wikipedia.org/wiki/List_of_random_number_generators

Kapitel 10

Die Funktionsweise von Bitcoin

Ich habe eine neue Strategie, und zwar: keine Strategie. Und ich habe eine Methode, um noch mehr Musik zu verkaufen, und die heißt: bessere Musik machen.
KANYE WEST

Mit Bitcoin können Transaktionen gesendet und in eine öffentliche Blockchain aufgenommen werden, die als Kassenbuch dient. Bitcoin ist wertvoll, weil wir sicher sein können, dass die im Kassenbuch enthaltenen Transaktionen legitim und nicht betrügerisch sind. Wir können aufgrund der Größe des Bitcoin-Netzwerks sicher sein, dass sie nicht betrügerisch sind. In diesem Kapitel wird erläutert, wie das dezentrale Netzwerk Anreize für unabhängige Teilnehmer schafft, legitime Transaktionen auf der Blockchain zu organisieren und zu erstellen.

Dezentralisierte Software

Ein Computer besteht aus Speicher und Rechenleistung. Der Speicher ist gespeicherte Information, von der einige Computer mehr haben als andere. Die Rechenleistung ist die Fähigkeit, Eingaben in Ausgaben umzuwandeln, und einige Computer besitzen eine höhere Verarbeitungsgeschwindigkeit als andere. Software besteht aus Regeln, die ein Computer befolgen soll. Ein Computer nimmt Eingaben entgegen, wendet die ihm vorgegebenen Regeln an und erzeugt Ausgaben.

Bitcoin ist eine Software, aber sie unterscheidet sich von dem, was wir gewohnt sind, weil sie dezentralisiert ist. Die meiste Software, mit der wir vertraut sind, funktioniert über ein zentralisiertes Netzwerk. Ein Beispiel dafür ist Facebook und dessen Funktionsweise. Wenn du dich anmeldest, um ein Konto zu erstellen, werden deine Daten auf einen der vielen Computer hochgeladen, die Facebook zum Speichern der Nutzerdaten verwendet. Jedes Mal, wenn du einen Beitrag oder Kommentar schreibst, landen diese Informationen auf diesem Computer. Wenn der CEO deine Daten löschen oder ändern wollte, würde er den Mitarbeiter, der die Computer verwaltet, anrufen, ihm deinen Namen geben und ihm sagen, was er damit machen soll. Das alles ist möglich, weil Facebook ein zentralisiertes Unternehmen ist.

Die meisten Unternehmen, die wir kennen, sind zentralisiert, und das aus gutem Grund. Die Tatsache, dass der CEO nur einen Telefonanruf entfernt ist, um diese Änderungen vorzunehmen, ermöglicht es dem Unternehmen, effizient zu arbeiten. Als Gegenleistung für diese Effizienz müssen die Beteiligten des Unternehmens (Mitarbeiter, Aktionäre und Kunden) darauf vertrauen, dass der CEO nur das tut, was für sie alle gleichzeitig am besten ist. Grob gesagt, benötigt der CEO eines Unternehmens keinen Konsens oder eine Zustimmung der Beteiligten, um Veränderungen zu bewirken. Dies ermöglicht es einem Unternehmen, auf einem wettbewerbsintensiven Markt agil zu sein.

Im Gegensatz dazu gibt es dezentralisierte Unternehmen, in denen Entscheidungen durch einen Konsens zwischen mehreren Beteiligten getroffen werden. Dieses System erfordert in seiner reinsten Form kein Vertrauen in eine zentrale Autorität, da der Wille der Beteiligten immer durchgesetzt wird. **Dieser Prozess ist zwar ineffizient, aber notwendig für die Durchführung von Vorgängen, die in hohem Maße moralischem Fehlverhalten ausgesetzt sind.**

Die Gründerväter wussten dies, als sie das Mächtegleichgewicht und unser demokratisches Verfahren der Wahl von Beamten schufen. Es ermöglichte der Gesellschaft, ein hohes Maß an Kontrolle über die von ihr gewählten Amtsträger zu behalten. Vereinfacht gesagt, **sind völlig dezentralisierte Systeme langsam und ineffizient, aber notwendig, um das Agency-Problem zu beseitigen,** bei dem ein Interessenkonflikt besteht.

Das Computerzeitalter ermöglichte dezentralisierte Systeme, weil die Fähigkeit, Informationen mit Lichtgeschwindigkeit zu übertragen, die Anforderungen der Dezentralisierung wesentlich leichter umsetzbar machte. Software wurde das ideale Medium für die Dezentralisierung. Mit den Fortschritten in der Computertechnik entstand ein neues Universum von Ideen, die nun dezentralisiert werden konnten, aber dennoch operativ durchführbar waren.

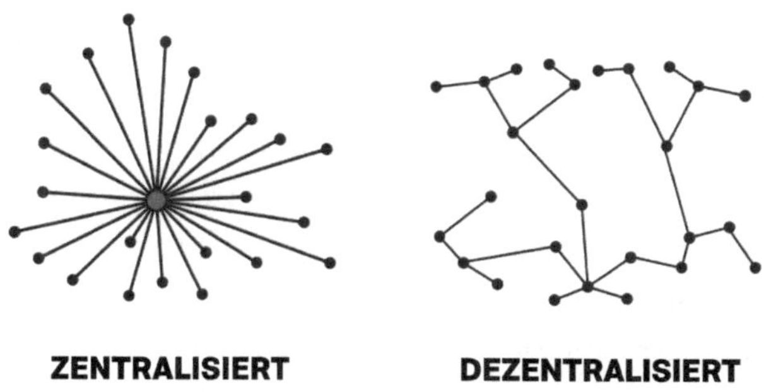

Abbildung 82: zentralisiertes vs. dezentralisiertes Netzwerk (Bildquelle Wikipedia)[3]

Dezentralisierte Systeme gehen einen Kompromiss zwischen Effizienz und moralischem Fehlverhalten ein. Durch die Anwendung dezentralisierter Systeme auf digitale Umgebungen werden deren Ineffizienzen erheblich reduziert.

Bei dezentralisierter Software handelt es sich um Code, der so weit automatisiert ist, dass es keinen zentralen Eigentümer (wie einen

CEO) geben muss. Stattdessen handelt es sich um eine Reihe von Regeln, die jeder, der mit der Software interagiert, zu befolgen hat. Wenn die Regeln einmal festgelegt sind, können sie nicht mehr geändert werden, ES SEI DENN, die meisten Netzwerkteilnehmer stimmen einer Änderung zu.

Diese Zustimmung wird durch aktives Mitwirken erreicht, da die Software **Open Source (quelloffen) ist – jeder hat eine persönliche Kopie des Codes, die er nach seinen Vorstellungen ändern kann.** Wenn man jedoch seinen Code zu sehr verändert, kann man möglicherweise nicht mehr mit dem Code anderer Leute interagieren. Jeder kann seinen eigenen Code so oft ändern, wie er möchte, aber die Regeln, die befolgt werden, sind jene, für die sich der größte Teil des Netzwerks entschieden hat. Jeder, der sich nicht an die Regeln halten will, kann seinen Code ändern, aber das bedeutet, dass er nur mit denjenigen interagieren kann, die diese Änderung ebenfalls vorgenommen haben. Einfach ausgedrückt: Wenn man die Bitcoin-Software ändern will, muss man die Mehrheit der Teilnehmer davon überzeugen, das Gleiche zu tun. Wenn man das nicht kann, wird sich Bitcoin nicht ändern.

Aus diesem Grund gibt es eine Reihe von verschiedenen Abspaltungen von Bitcoin: Bitcoin Cash, Bitcoin Gold, Bitcoin Diamond, usw. Sie wurden von Menschen geschaffen, die die Regeln ändern wollten, die Mehrheit aber nicht überzeugen konnten und beschlossen, die Regeln trotzdem in ihrem Sinne zu ändern, wodurch eine neue Software und ein neues Netzwerk entstanden, die sie dann alle zu nutzen begannen. Diese werden **Forks** genannt und sind eine Kategorie von **Altcoins (alternative Coins)**. In der Vergangenheit gab es zwar kleinere Änderungen bei Bitcoin, aber keine Änderungen der grundlegenden Regeln – was ein Beleg für die wirklich dezentralisierte Natur von Bitcoin ist und erklärt, warum er so wertvoll ist. Mehr dazu später.

Dezentralisierte Systeme folgen einer Reihe von Regeln. Die Regeln ändern sich, wenn die Mehrheit der Teilnehmer die Software mit den geänderten Regeln herunterlädt. Tun sie das nicht, bleiben die Regeln bestehen, und die Minderheit muss sich entscheiden, ob sie bleibt oder geht.

Das Bitcoin-Netzwerk

Das Bitcoin-Netzwerk besteht aus der Summe aller Netzwerkteilnehmer. Die Teilnehmer werden **Nodes** genannt – ein Computer mit kompatibler Bitcoin-Software, der mit dem Netzwerk verbunden ist. Jeder Node im Netzwerk kann auf verschiedene Weise teilnehmen, abhängig von der von ihm verwendeten Software, und **ist durch seinen Speicher und seine Rechenleistung beschränkt.** Unten ist eine Karte der aktuell etwa 10.000 Bitcoin-Nodes:

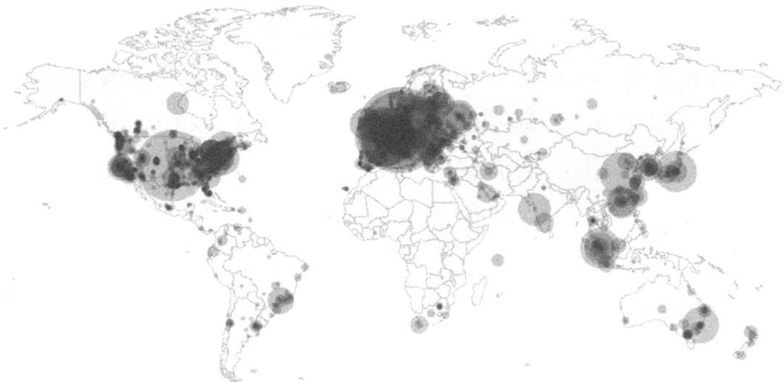

Abbildung 83: eine Karte der aktiven Nodes im Bitcoin-Netzwerk im Januar 2021 (Bildquelle bitnodes.io)[4]

Die Nodes beteiligen sich an dem Netzwerk über drei Hauptfunktionen: **Routing, Verifizierung** und **Mining.**

1. **Routing** – Alle Nodes sind ständig dabei, ihre Peers (andere Nodes) zu finden und sich mit ihnen zu verbinden. Kein Node ist mit jedem Node verbunden. Jeder Node hat ein paar Peers, mit denen er sich verbindet (in der Regel acht), damit er neue Transaktionen oder neue Blöcke an sie weiterleiten kann. Die Informationen verbreiten sich im gesamten Netzwerk durch ein **Gossip Protocol** (z. Dt. Klatschprotokoll) – ein Node teilt anderen Nodes mit, was er mitbekommt, und diese Nodes geben dies dann an andere Nodes weiter. Durch diesen Prozess verbreiten sich die Informationen schnell im gesamten Netzwerk.
2. **Verifizierung** – Wenn ein Node von einer Transaktion erfährt, führt er Prüfungen durch, um sicherzustellen, dass die Transaktion gültig ist. Es wird Folgendes überprüft:
    a. Die Inputs der Transaktion wurden zuvor nicht ausgegeben. Die Nodes verifizieren, dass die Bitcoin ausgegeben werden können, indem sie die Transaktion mit einer Liste von **UTXOs (Unspent Transaction Outputs)** abgleichen. UTXOs sind eine fortlaufende Liste aller Bitcoin, die auf jeder Adresse existieren. Anhand dieser Liste kann die Anzahl der Bitcoin auf einer Adresse schnell überprüft werden, um sicherzustellen, dass auf dieser Adresse genügend Bitcoin zum Ausgeben vorhanden sind. Dies verhindert **Doppelausgaben.**
    b. Die Summe der Inputs ist größer oder gleich der Summe der Outputs. Dadurch wird sichergestellt, dass keine neuen Bitcoin erzeugt werden.
    c. Die Signatur entsperrt erfolgreich den öffentlichen Schlüssel. Damit wird sichergestellt, dass die Person, die die Transaktion sendet, auch der Besitzer des privaten Schlüssels ist.

d. Wenn alles in Ordnung ist, fügt der Node die Transaktion zu seinem Pool potenzieller Transaktionen hinzu, die noch nicht in die Blockchain aufgenommen wurden – dem **Memory-Pool.** Wenn ein Node von einer Transaktion erfährt, die sich bereits in seinem Pool befindet, leitet er diese Transaktion nicht an andere Nodes weiter.

3. **Mining** – Um den Memory-Pool der Transaktionen in einen offiziellen Block auf der Blockchain umzuwandeln, müssen die Mining-Nodes ein mathematisches Rätsel lösen. Wenn ein Miner das Rätsel löst, teilt er die Lösung den Nodes in seiner Umgebung mit und erstellt einen neuen Block mit allen Transaktionen aus seinem Memory-Pool. Die umliegenden Nodes prüfen, ob die Lösung korrekt ist, fügen den neuen Block zu ihren Blockchains hinzu, übermitteln ihn an weitere Nodes und beginnen mit dem Mining eines neuen Blocks.

Die Fähigkeit eines Nodes, diese drei Funktionen teilweise oder vollständig zu erfüllen, hängt von den Beschränkungen seines Speichers und seiner Rechenleistung ab. Aufgrund dieser Beschränkungen gibt es verschiedene Arten von Nodes.

Alle Nodes können Transaktionen weiterleiten und verifizieren. Allerdings ist ihre Fähigkeit, diese Transaktionen **unabhängig mit der Blockchain abzugleichen, durch ihren Speicher beschränkt.** Während ich diese Zeilen schreibe, benötigt die Bitcoin-Blockchain 350 GB Speicherplatz, was den Speicher vieler herkömmlicher Laptops übersteigt. Wenn ein Node nicht in der Lage ist, die gesamte Blockchain herunterzuladen, muss er sich auf einen Peer verlassen, der das kann. Sobald er dann von einer Transaktion erfährt, gleicht er diese mit der Kopie der Blockchain des Peers ab. Diese Nodes werden als **Lightweight-Nodes** bezeichnet und sind die einfachste

Art von Nodes. Nodes, die die gesamte Blockchain heruntergeladen haben, werden als **Full-Nodes** bezeichnet.

Die Fähigkeit eines Nodes, Mining zu betreiben, wird durch seine Rechenleistung eingeschränkt. Mining ist ein rechenintensiver Prozess, den nur hochspezialisierte Computer wirtschaftlich durchführen können. Mehr dazu später.

Viele Nodes sind **Wallets**. Alle Nodes können eine Wallet sein, wenn sie wollen, müssen aber nicht über diese Funktionalität verfügen. Wenn man sich eine Bitcoin-Wallet-Software herunterlädt, funktioniert die Wallet auch als Node im Hintergrund, indem sie Transaktionen weiterleitet und verifiziert. Wenn man eine Transaktion mit seiner Wallet sendet oder empfängt, interagiert man mit anderen Nodes, um die Transaktion an das Netzwerk weiterzuleiten.

In der folgenden Grafik kannst du diese Beziehungen sehen:

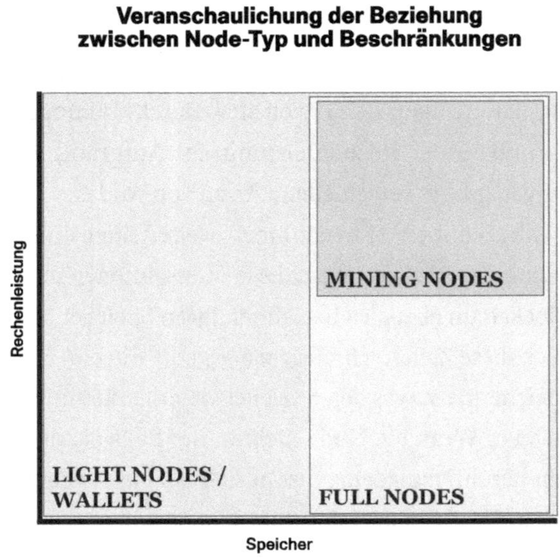

Abbildung 84: Node-Typen sind durch Speicher und Rechenleistung eingeschränkt

Hier eine kurze allgemeine Beschreibung der einzelnen Node-Typen:

1. **Wallet-Node** – ermöglicht das Erstellen von Bitcoin-Adressen und das Senden/Empfangen von Transaktionen.
2. **Lightweight-Nodes** – ermöglichen das Weiterleiten und Verifizieren von Transaktionen mit minimalem Speicherplatzbedarf. Dies geschieht jedoch auf Kosten der Abhängigkeit von der Blockchain eines Full-Nodes. Die Fähigkeit eines Full-Nodes, die Vorteile von Lightweight-Nodes zu nutzen, wird im nächsten Kapitel behandelt.
3. **Full-Nodes** – können alle Transaktionen unabhängig verifizieren. Eine Person, die einen Full-Node betreibt, kann sicher sein, dass ihre Blockchain die wahre Blockchain ist.
4. **Mining-Nodes** – können wertvolle Bitcoin einbringen. Dies ist jedoch sehr rechenintensiv, da es eine beträchtliche Menge an Energie erfordert, um mit anderen Minern zu konkurrieren und die mathematischen Rätsel zu lösen.

Verschiedene Arten von Nodes nehmen durch unterschiedliche Funktionen an dem Netzwerk teil. Die Fähigkeit eines Nodes, die drei primären Funktionen (d. h. Routing, Verifizierung und Mining) auszuführen, wird durch seinen Speicher und seine Rechenleistung eingeschränkt.

Der Mining-Prozess

Die Mining-Nodes haben die wichtigste Funktion für das Netzwerk. An diesem Punkt wissen wir, wie Transaktionen gebildet, zu Blöcken zusammengefasst und schließlich in der Blockchain veröffentlicht werden. Dieser Prozess wird durch Nodes ermöglicht, die Transaktionen verifizieren und sie an andere Nodes weiterleiten. **Im letzten Schritt, der Veröffentlichung eines neuen Blocks in der Blockchain, kommen die Miner ins Spiel – das ist die wichtigste Innovation von Bitcoin im Vergleich zu früheren Formen des digitalen Geldes.** Dieses System hat eine elegante Möglichkeit geschaffen, das Netzwerk vor bösartigen Akteuren zu schützen, nicht nur durch Technologie, sondern auch durch spieltheoretische Anreize. Dieser Schritt ist das, was alle Schöpfer digitalen Geldes vor Satoshi nicht hinbekommen haben. Zunächst werden wir uns ansehen, wie dieser Prozess funktioniert, und dann erörtern, warum er so wichtig ist.

Damit ein neuer Block gemined und in die Blockchain aufgenommen werden kann, muss ein Mining-Node das mathematische Rätsel des **Proof-of-Work (PoW)** lösen. Der **Proof-of-Work-Algorithmus wird gelöst, indem ein Hash der Block-Header-Elemente erzeugt wird, der unter dem Difficulty Target (bzw. Target, d. h. Zielwert der Difficulty/Schwierigkeitsziel – Anm. d. Hrsg.) liegt.** Da die Ausgabe einer Hash-Funktion zufällig ist, ist die einzige Möglichkeit, eine ausreichend niedrige Zahl zu erzeugen, das Raten. Das **Target** wird verwendet, um die Chance zu erhöhen oder zu verringern, dass ein Miner den Proof-of-Work-Algorithmus löst. Je niedriger das Target ist, desto schwieriger ist es, den Algorithmus zu lösen, da der Bereich der möglichen Antworten kleiner ist.

Wir erinnern uns an die Block-Header-Elemente aus dem vorherigen Kapitel:

Elemente des Block-Headers	Beschreibung
Merkle-Root	Der endgültige Hash-Wert vom Merkle-Tree
Vorheriger Block-Hash	Der Hash des vorherigen Blocks in der Blockchain
Version	Welche Version der Software wird verwendet (es gibt verschiedene Versionen von Bitcoin, die miteinander kompatibel sind)
Zeitstempel	Die Erstellungszeit des Blocks
Difficulty Target (Target/Schwierigkeitsziel)	Der angestrebte Schwierigkeitsgrad für das Proof-of-Work-Rätsel
Nonce	Die Lösung des Proof-of-Work-Rätsels

Abbildung 85: Block-Header-Elemente mit Zeitstempel, Target und Nonce hervorgehoben

Die nachstehende Formel kombiniert all diese Elemente und hasht sie, um den **Hash des Block-Headers** zu berechnen:

Block-Header-Hash =
SHA256(Merkle-Root + vorheriger Block-Hash + Version + Zeitstempel + Difficulty Target + ***Nonce****)*

Miner können den Block-Header-Hash ändern, indem sie die Angaben im **Nonce-Feld** ändern – ein leeres Feld, in das die Miner Schätzungen einfügen, um den Block-Header-Hash zu ändern. Sie können keines der anderen Felder ändern.

Um dies zu verdeutlichen, betrachten wir den Block 661.803.[11] Sein Block-Header-Hash lautet

0000000000000000008acdc94cf82ee2d6a2caebe83d359ae39be7f075016c6

Diese Zeichenfolge ist eigentlich eine Zahl, aber sie ist im Hexadezimalformat, so wie Hashes in der Blockchain angezeigt werden. Es fallen die vielen Nullen auf, die ihr vorangestellt sind: 19, um genau zu sein. Das ist ein ziemlicher Zufall für einen Zufallsalgorithmus. Es gibt insgesamt 64 Stellen in dieser Zeichenfolge. Für die erste Stelle beträgt die Wahrscheinlichkeit, dass sie eine 0 ist, 0,0625. In diesem Fall haben wir 19 Stellen, die eine Null sind, was einer Wahrscheinlichkeit von $0{,}0625^{19}$ entspricht. Dies ist eine unglaublich geringe Wahrscheinlichkeit von etwa 1 zu 10^{22} (eine Chance von 1 zu 10 Billionen Billionen). Im Hexadezimalformat ist die Zahl umso niedriger, je mehr vorangestellte Nullen sie enthält. Die Chance, dass der Block-Header-Hash so niedrig ist, lag also bei 1 zu 10^{22}.

Dies ist darauf zurückzuführen, dass Tausende von Minern auf der ganzen Welt mehrfach wiederholend das **Nonce-Feld** ändern, um einen Hash zu erzeugen, der kleiner als das Target ist. Außer dem Nonce-Feld kann keines der Felder von einem Miner verändert werden (es gibt ein weiteres Feld, das die Miner innerhalb der Merkle-Root verwenden können, aber der Einfachheit halber beschränken wir uns auf das Nonce-Feld). Das Nonce-Feld ist ein leeres Feld, in das Miner zufällige Ziffern eingeben, um einen Hash zu erzeugen, der kleiner als das Target ist. Wenn wir uns den Block 661.803 ansehen, erkennen wir, dass die Nonce, die den Hash erzeugte, der diese Anforderung erfüllt, 1.638.968.946 war.[11] Wenn man diese Zahl in das Nonce-Feld eingibt, erhält man den folgenden Block-Header-Hash (im Hexadezimalformat):

0000000000000000008acdc94cf82ee2d6a2caebe83d359ae39be7f075016c6

Während das Target lautet:

000000000000000000f137200000000000000000000000000000000000000000

Es ist zu beachten, dass die Anzahl der vorangestellten Nullen bei beiden gleich ist (jeweils 19). Hätte der Block-Header-Hash mehr Nullen vorangestellt, wüssten wir, dass er niedriger ist. Da die Anzahl der vorangestellten Nullen jedoch bei beiden gleich ist, müssen wir sie in ein numerisches Format umwandeln, um festzustellen, welcher Wert niedriger ist (derzeit ist er im Hexadezimalformat). Die folgende Ausgabe des Codes zeigt den Vergleich:

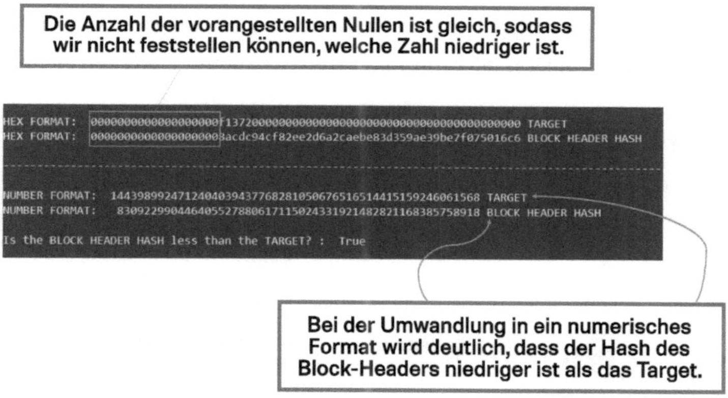

Abbildung 86: Vergleich der Berechnungen des Block-Headers mit dem Target für die Blockhöhe 661.803

Da der Hashwert des Block-Headers also kleiner als das Difficulty Target ist, wurde der Block erfolgreich gemined. Man kann nicht einfach eine niedrige Zahl wählen, weil die Ausgabe der Hash-Funktionen zufällig ist (es gibt keine Möglichkeit, sie dazu zu bringen, einfach eine niedrige Zahl zu erzeugen).

Die Miner wetteifern darum, das Proof-of-Work-Rätsel zu lösen, indem sie das Nonce-Feld so lange ändern, bis ein Block-Header-Hash erzeugt wird, der unter dem Difficulty Target liegt.

Die Regel der längsten Kette – Beilegung von Unstimmigkeiten

Sobald ein Miner eine Lösung gefunden hat, sendet er sie sofort an seine Peers (d. h. an die Nodes, mit denen er verbunden ist). Diese Nodes überprüfen, ob die Lösung korrekt ist, und geben die korrekte Lösung dann an ihre Peers weiter. Innerhalb weniger Sekunden weiß der Großteil des Netzwerks, dass der neueste Block nun gemined worden ist. Die unten stehende Grafik zeigt, dass 95 % der Blockchain im Durchschnitt nach etwa 40 Sekunden davon erfahren.

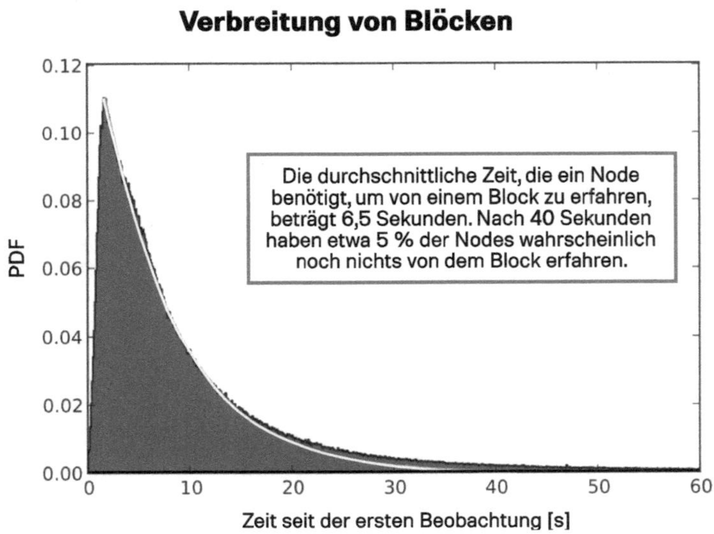

Abbildung 87: Funktion der Wahrscheinlichkeitsdichte der Blockverbreitungszeit (Bildquelle Christian Decker und Robert Wattenhofer mit Ergänzungen von Eric Yakes)[2,5]

Die Nodes akzeptieren diesen neuen Block, indem sie ihn in ihre Kopie der Blockchain einfügen. Die Miner akzeptieren ihn und beginnen mit dem Mining des nächsten Blocks, wobei der neueste

Block zu ihren Blockchains hinzugefügt wird, sodass der Prozess von neuem beginnt. Dieser Zyklus findet im Durchschnitt alle zehn Minuten statt – dies wird durch die automatische Schwierigkeitsanpassung ermöglicht.

Was passiert, wenn verschiedene Kopien der Blockchain von unterschiedlichen Nodes gleichzeitig gelöst werden? Wenn es Unstimmigkeiten zwischen Nodes gibt, folgen sie der **Regel der längsten Kette.** Mit diesem Verfahren werden Unstimmigkeiten zwischen den Kopien der Blockchain gelöst. Satoshi hat es am besten zusammengefasst:

> *Die Nodes halten immer die längste Kette für die richtige und arbeiten weiter an ihrer Erweiterung. Wenn zwei Nodes gleichzeitig verschiedene Versionen des nächsten Blocks übermitteln, kann es sein, dass einige Nodes eine der beiden zuerst erhalten. In diesem Fall arbeiten sie an der zuerst empfangenen Version, speichern aber den anderen Zweig für den Fall, dass er länger wird. Der Gleichstand wird aufgelöst, wenn der nächste Proof-of-Work gefunden und dadurch ein Zweig länger wird; die Nodes, die an dem anderen Zweig gearbeitet haben, wechseln dann zu dem längeren Zweig.*
> *Die Übertragungen neuer Transaktionen müssen nicht unbedingt alle Nodes erreichen. Solange sie viele Nodes erreichen, werden sie schon bald in einen Block gelangen. Blockübertragungen sind auch tolerant gegenüber verloren gegangenen Nachrichten. Wenn ein Node einen Block nicht erhält, fordert er ihn an, wenn er den nächsten Block erhält und dabei feststellt, dass er einen verpasst hat.*

Die Nodes folgen der Regel der längsten Kette, die alle Unstimmigkeiten mit der Zeit löst.

Der Bitcoin-Ausgabeplan

Unterschiede in der Blockchain-Kopie werden mit der Zeit aufgelöst, und die Nodes finden ständig eine Nonce, die einen Hash erzeugt, der unter dem Target liegt. In den letzten Jahren ist die Difficulty des Netzwerks exponentiell angestiegen. (Das bedeutet, dass das Difficulty Target immer kleiner wird, was das Mining immer schwieriger macht.) Dieses Phänomen ist darauf zurückzuführen, dass immer mehr Mining-Computer dem Netzwerk beitreten, um Bitcoin zu verdienen.

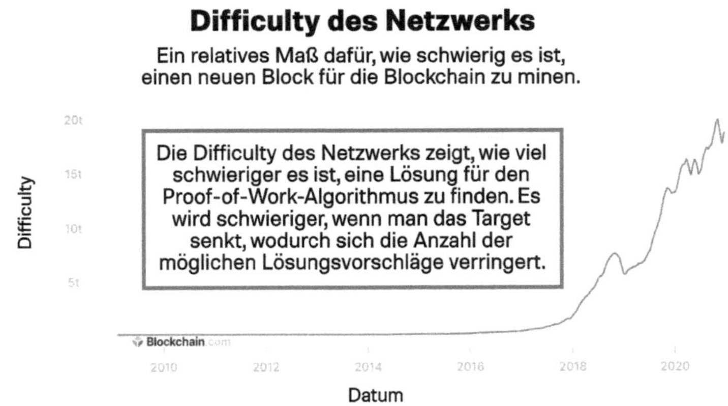

Abbildung 88: Difficulty des Netzwerks (Bildquelle blockchain.com mit Ergänzungen von Eric Yakes) [6]

Satoshi hat das Target so konzipiert, dass es sich im Durchschnitt alle zwei Wochen selbst anpasst, und zwar anhand des **Zeitstempels** im Block-Header, der die Erstellungszeit neuer Blöcke aufzeichnet. Anhand des Zeitstempels **überprüft die Bitcoin-Software alle 2016 Blöcke, wie lange es im Durchschnitt gedauert hat, einen Block zu finden.** Liegt der Durchschnitt unter zwei Wochen, wird das Difficulty Target so angepasst, dass es schwieriger wird, Blöcke zu finden (d. h. schwieriger, eine Lösung für den PoW zu finden). Liegt der Durchschnitt über zwei Wochen, wird die Anpassung des Targets das Finden von Blöcken erleichtern. Wenn in zwei Wochen 2016 Blöcke gefunden werden, bedeutet dies, dass im Durchschnitt alle zehn Minuten ein Block gefunden wird. **Dieser sich selbst anpassende Mechanismus stellt also sicher, dass auf lange Sicht im Durchschnitt alle zehn Minuten ein neuer Bitcoin-Block gefunden wird.**

Warum machen sich die Miner die Mühe, dies zu tun, wenn es doch immer schwieriger wird, je besser sie werden? Weil sie dafür mit Bitcoin durch den **Block-Reward** (z. Dt. Blockprämie) belohnt werden.

Block-Reward *= Coinbase-Transaktion (Block Subsidy, z. Dt. Blocksubvention – Anm. d. Hrsg.) + Transaktionsgebühren*

Wenn ein Miner erfolgreich einen neuen Block mined, gibt es eine spezielle Transaktion bei Bitcoin, die **Coinbase-Transaktion** genannt wird (das Unternehmen Coinbase ist danach benannt) und die eine bestimmte Anzahl von Bitcoin (Blocksubvention – Anm. d. Hrsg.) an den erfolgreichen Miner schickt. Nur auf diese Weise können neue Bitcoin geschaffen werden. Beim Start von Bitcoin im Jahr 2008 betrug die Blocksubvention 50 BTC (Bitcoin), heute liegt er bei 6,25. Das liegt daran, dass die Blocksubvention alle 210.000 Blöcke (oder vier Jahre) halbiert wird (**Halving** genannt), und zwar beabsichtigt (50, 25, 12,5, 6,25, usw.). Bitcoin verfügt über einen in seiner Software fest verankerten, festgelegten Zeitplan für die Erzeugung neuer Bitcoin:

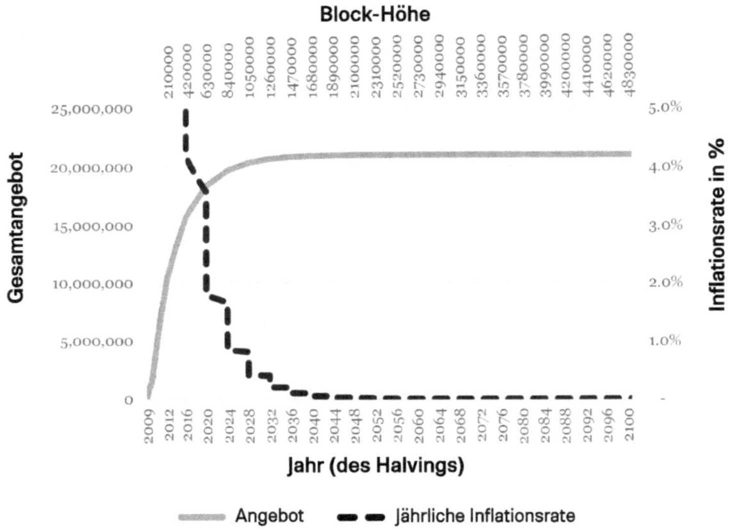

Abbildung 89: Bitcoin-Gesamtangebot und jährliche Inflationsrate in Bezug auf die Halving-Jahre und die Blockhöhe (Daten entnommen von bitcoin.it)

Dies ist ein disinflationärer Emissionsplan, der um das Jahr 2140 mit einer maximalen Gesamtmenge von 21 Millionen Bitcoin enden wird. Danach wird es keine Coinbase-Transaktionen mit neuen Bitcoin mehr geben, und die Miner werden nur noch **durch die Transaktionsgebühren vergütet.** Heute wird der Großteil des Minings aber für die Coinbase-Transaktion durchgeführt, während zusätzlich geringe Gebühren an die Miner gezahlt werden.

Die Gebühren sind bei Bitcoin freiwillig, wobei die Miner Transaktionen mit höheren Gebühren bevorzugen. Wenn eine Transaktion dringend ist, dann wird eine hohe Gebühr dafür sorgen, dass sie schnell in einen neuen Block aufgenommen wird. Wenn man keine Gebühren zahlt, wird die Transaktion wahrscheinlich trotzdem aufgenommen, allerdings kann es bis dahin ein paar Blöcke dauern. Wie man in der folgenden Grafik sehen kann, haben die Gebühren in der Vergangenheit einen kleinen, aber zunehmenden Anteil an der Blockprämie ausgemacht. Der höchste Wert lag Ende 2017 bei 30 % der Prämie, und heute liegt er bei etwa 10 % (Stand 2021. Mit verringerter Blocksubvention und höheren Gebühren nimmt der Anteil der Gebühren stetig zu. Im Jahr 2023 gab es Transaktionen, bei denen der Anteil der Gebühren mehr als die Hälfte der Blockprämie ausmachte. – Anm. d. Hrsg.).

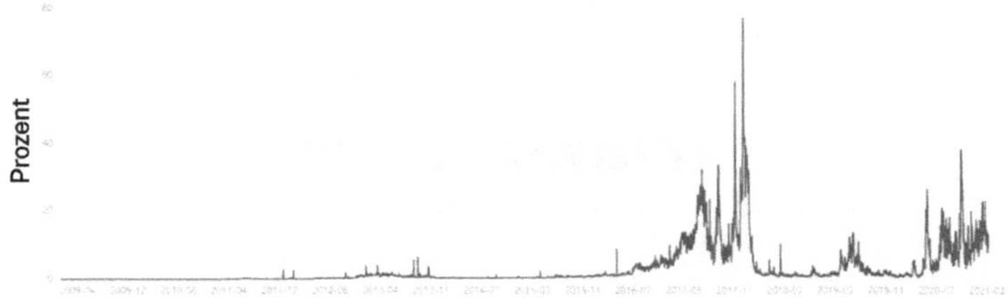

Abbildung 90: Transaktionsgebühren als Prozentsatz der Blockprämie seit 2009 (Bildquelle btc.com)[8]

Zusammenfassend lässt sich sagen, dass die Miner einen Anreiz zum Mining haben, indem sie die Blockprämie erhalten, die aus neuen Bitcoin und den Transaktionsgebühren besteht. Je mehr Miner versuchen, Bitcoins zu minen, desto wahrscheinlicher wird es, dass jemand eine Nonce findet, die einen Hash erzeugt, der unter dem Difficulty Target liegt. Anders ausgedrückt: Blöcke werden schneller gefunden, wenn es mehr Miner gibt. Dies erhöht die Rate, mit der neue Blöcke in die Blockchain aufgenommen werden, und damit das Angebot an Bitcoin. Jede erhöhte/verringerte Emissionsrate kann nur für maximal zwei Wochen aufrechterhalten werden, da das Target bzw. die Schwierigkeit angepasst wird, um einen Emissionsplan einzuhalten, der im Durchschnitt alle zehn Minuten eine Blockprämie vorsieht.

Es wird immer nur 21 Millionen Bitcoin geben.

Je mehr Miner dem Bitcoin-Netzwerk beitreten, desto kompetitiver wird der Mining-Prozess. Die Anzahl der Miner im Netzwerk wird durch die Gesamtmenge an Rechenleistung ausgedrückt, die dazu beiträgt, einen kleinen Block-Header-Hash zu finden, bekannt als die **Hashrate des Netzwerks**. Diese ist in den letzten Jahren zusammen mit dem Preis von Bitcoin exponentiell gestiegen:

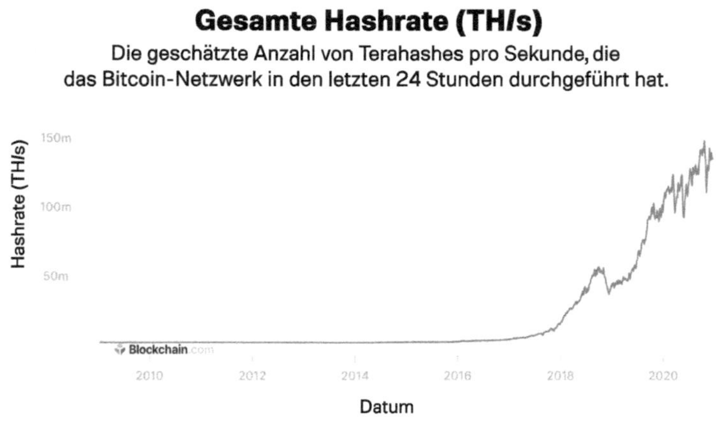

Abbildung 91: Gesamte Hashrate des Netzwerks seit 2009 (Bildquelle blockchain.com) [9]

Du denkst vielleicht, dass 6,25 Bitcoin (derzeit 150.000 US-Dollar) alle zehn Minuten verlockend sind, aber ich kann dich vom Gegenteil überzeugen. Das Mining von Blöcken ist so konkurrenzbetont geworden, dass die Chancen, es allein zu schaffen, erstaunlich gering sind. Um dies zu verstehen, muss man die Gesamt-Hashrate des Netzwerks (150 Millionen TH/s in der obigen Grafik) durch die Anzahl der Hashes pro Sekunde teilen, die man beitragen könnte. Daraus ergibt sich, wie viele Blöcke es braucht, um eine Lösung zu finden. Einer der schnellsten Miner auf dem Markt kann derzeit 110 TH/s erreichen, was bedeutet, dass dieser Miner im Durchschnitt 26 Jahre braucht, um eine Lösung zu finden.

Um diesem ungewissen Cashflow entgegenzuwirken, schließen sich Miner zu **Mining-Pools** zusammen – d. h. sie bündeln ihre Rechenleistung in einer Gruppe. Wenn diese Gruppe eine Lösung findet, werden die Gewinne gerecht verteilt, je nachdem, wie viel Rechenleistung in den Pool eingebracht wird. Dadurch ist der Cashflow sicherer, jedoch nehmen sich die Betreiber des Pools eine kleine Gebühr von den Einnahmen. Dies führt auch zu einer Konzentration des Mining-Netzwerks auf eine Handvoll Pools und dadurch zu einer erhöhten Zentralisierung. Das ist ein Hauptkritikpunkt an Bitcoin, auf den in einem späteren Kapitel eingegangen wird.

Zu Beginn von Bitcoin waren die Mining-Maschinen gewöhnliche CPUs. Alles, was man für das Mining machen musste, war das Herunterladen des Bitcoin-Referenzclients (der Referenzclient ist die grundlegendste Bitcoin-Software namens Bitcoin Core), und der Computer begann bei jedem Block nach Nonce-Zahlen zu suchen. Dies wurde schnell unwirtschaftlich, da die typische CPU nicht spezialisiert genug ist, um Nonce-Zahlen schnell zu finden, und mehr Energie verbraucht, als man letztendlich in Bitcoin verdienen würde. Als das Mining wettbewerbsintensiver wurde, begannen die Leute

GPUs zu verwenden, die Nonce-Zahlen schneller iterieren, d. h. wiederholend ändern konnten. Diese Entwicklung endete mit der Herstellung von ASIC-Computern (Application-Specific Integrated Circuit; z. Dt. anwendungsspezifische integrierte Schaltung). Dein Laptop ist ein Allzweckcomputer, der viele verschiedene Funktionen ausführen kann. ASIC-Mining-Computer sind ausschließlich auf das Finden von Nonce-Zahlen ausgelegt. Durch den Einsatz von ASICs wurden die kleinen, privaten Miner verdrängt, da sie für den Betrieb meist eine Stromversorgung und Infrastruktur auf industriellem Niveau benötigen. Dies erhöhte die Zentralisierung und ist ein Hauptkritikpunkt an Bitcoin, auf den später eingegangen wird.

Das Mining ist im Laufe der Jahre exponentiell wettbewerbsintensiver geworden. Da diese Industrie immer größer wird, gibt es Bedenken, dass die Zentralisierung ein Risiko für das Netzwerk darstellen könnte.

Außerdem verbrauchen die Mining-Computer große Mengen an Energie. Viele Kritiker weisen darauf hin, dass diese Art des Energieverbrauchs nicht umweltfreundlich ist, worauf im letzten Kapitel dieses Buches näher eingegangen wird. Das Argument lautet, dass die Energie unnötig verbraucht wird, um ein sinnloses Rätsel zu lösen. Um zu verstehen, warum dieser Energieverbrauch notwendig ist, müssen wir den grundlegenden Zweck des Mining betrachten.

Anreize – der Proof-of-Work-Algorithmus

Eine wichtige Frage, die beantwortet werden muss, ist, warum nicht einfach alle zehn Minuten die Blockchain eines zufällig ausgewählten Miners veröffentlicht wird. Warum müssen wir diese ganze Energie verschwenden? Um diese Frage zu beantworten, müssen wir einen 51%-Angriff verstehen, der von Decker und Wattenhofer gut zusammengefasst wurde:

> *Bei Bitcoin wird eine Transaktion nie endgültig festgeschrieben. Jede Transaktion kann für ungültig erklärt werden, wenn eine längere Kette erstellt wird, die unterhalb des Blocks beginnt (bzw. zeitlich davor – Anm. d. Hrsg.), der die Transaktion enthält. Wenn eine einzelne Entität die Mehrheit der Rechenleistung des Netzwerks kontrollieren könnte und somit in der Lage wäre, Blöcke schneller zu finden als der Rest des Netzwerks zusammen, könnte sie jede Transaktion rückgängig machen. Wenn ein Angreifer versucht, eine Transaktion rückgängig zu machen, die in Block bh enthalten war, würde er eine neue Transaktion erstellen, die im Konflikt mit der ursprünglichen Transaktion steht, und diese in einen Block bho einfügen, wobei ho < h ist. Der Angreifer würde dann fortfahren, Blöcke über bho zu erstellen, bis diese neue Kette die ursprüngliche Blockchain überholt und somit die neue Blockchain wird.*[2]

Der Hauptzweck des Proof-of-Work-Algorithmus ist folgender:

Er macht das Mining eines Blocks furchtbar teuer, was die Blockchain sicher macht. Je größer das Bitcoin-Netzwerk wird und je mehr Miner ihre Rechenleistung zur Verfügung stellen, desto wettbewerbsintensiver wird es und desto teurer wird das Mining eines Blocks.

Da Bitcoin wertvoll sind, werden Menschen versuchen, sie zu stehlen. Überlegen wir einmal, wie das geschehen könnte. Jemand, der versucht, Bitcoin zu stehlen, würde dies wahrscheinlich tun, indem er die Informationen in der Blockchain verändert. Zum Beispiel würde er eine Art von Transaktion einfügen wollen, die andere Nodes nicht verifizieren und akzeptieren würden – wie zum Beispiel eine Doppelausgabe. Der Angreifer könnte zwei Bitcoin an jemanden schicken, um damit ein Auto zu kaufen, und dann versuchen, diese Transaktion in einem späteren Block rückgängig zu machen, wobei er sowohl das Auto erhält als auch die zwei Bitcoin zurückbekommt. Er könnte dies erreichen, indem er die Transaktion rückwirkend so ändert, dass die zwei Bitcoin an eine von ihm kontrollierte Adresse gehen, anstatt an die andere Person. **Um diese betrügerische Transaktion in einen Block einzubauen (den ehrliche Nodes durch den Verifizierungsprozess schnell ablehnen würden), müsste der Angreifer diesen Block selbst minen, damit er existiert.**

Wenn man eine betrügerische Transaktion durch das Mining erstellen will, bräuchte man mehr als 50 % der Rechenleistung des gesamten Netzwerks, damit die betrügerische Kette länger wird als die vorherrschende. Da die derzeitige Hashrate von Bitcoin so hoch ist, würde es wahrscheinlich die Zusammenarbeit der größten Regierungen erfordern, um einen solchen Angriff zu versuchen. Gobitcoin.io[10] schätzt, dass es Hardware-Kosten in Höhe von 30 Milliarden US-Dollar und einen Energieverbrauch von 20 Millionen US-Dollar pro Tag erfordern würde, um diese Art von Rechenleistung aufzubauen. Die USA könnten mit ihrem Verteidigungsbudget von circa 700 Milliarden US-Dollar theoretisch Bitcoin angreifen. Dies wird in späteren Kapiteln weiter ausgeführt.

Selbst wenn ein Angreifer in der Lage wäre, mehr Rechenleistung als alle ehrlichen Nodes aufzubringen, wird es für ihn wahrscheinlich profitabler sein, sich an die Regeln zu halten. Er muss sich entscheiden, ob er die Leute betrügt, indem er Rückzahlungen stiehlt, oder ob er seine Kontrolle nutzt, um neue Coins für sich zu generieren. Mit den Worten von Satoshi:

> *Er sollte es profitabler finden, sich an die Regeln zu halten, die ihm mehr neue Coins einbringen als allen anderen zusammen, als das System und die Gültigkeit seines eigenen Vermögens zu untergraben.*[1]

Mit anderen Worten: Wenn jemand Bitcoin erfolgreich angreift, würde er gleichzeitig den Wert der Bitcoin zerstören (weil das Netzwerk nicht mehr sicher ist und deshalb dann auch niemand mehr Bitcoin haben will) und der Angriff wäre nutzlos. **Dieser spieltheoretische Anreiz ist ein wichtiger Schutz von Bitcoin gegen bösartige Akteure.**

Somit wäre realistisch betrachtet der einzig mögliche Angreifer eine Gruppe, die über ein beträchtliches Vermögen in einem konkurrierenden Währungssystem verfügt und von der Zerstörung von Bitcoin profitieren würde. Anhänger von alternativen Kryptowährungen würden dies nicht versuchen, wenn sie logisch denken würden, denn die Zerstörung von Bitcoin würde dem Kryptowährungsmarkt signalisieren, dass keine der Währungen sicher ist, da Bitcoin am schwersten zu attackieren ist. Der wahrscheinlichste Angreifer wäre eine Regierung mit einem Fiat-System. Es wäre leicht nachvollziehbar, warum die US-Regierung Bitcoin abschaffen möchte, da die Menschen weiterhin ihre Dollar für Bitcoin ausgeben.

Abschließend kann man sagen, dass der Proof-of-Work-Algorithmus mit einer Prüfung in der Schule vergleichbar ist. Prüfungen oder Tests sind eine unproduktive Energieverschwendung, da sie nichts von Wert hervorbringen. Eine Prüfung ist jedoch der Beweis dafür, dass man sich die Mühe gemacht hat, den Stoff zu verstehen.

Dies schützt die Gültigkeit des Schulkonzepts, indem nicht einfach die Schüler einen Abschluss erhalten, die behaupten, den Lernstoff gelesen zu haben, sondern jene, die Zeit und Energie aufgewendet haben, dies zu beweisen. Die Schüler haben viel Zeit und Energie aufgebracht, um Prüfungen zu absolvieren, die außer dem Nachweis ihres Wissens keinen greifbaren Wert erzeugen. Auf diese Weise gewinnen die Schulen durch die Leistungen ihrer Absolventen an Glaubwürdigkeit und können sie beruhigt ihren Abschluss machen lassen, weil sie ihr Wissen bewiesen haben.

In ähnlicher Weise gewinnt Bitcoin durch die Sicherheit seines Netzwerks an Glaubwürdigkeit. Seine Sicherheit besteht darin, dass die Menschen mit Gewissheit wissen, dass es immer nur 21 Millionen Bitcoin geben wird. Die Kosten für das Mining tragen zu dieser Gewissheit bei. Das Bitcoin-Netzwerk zu sichern bedeutet, ein vertrauensfreies, dezentralisiertes Geldmedium zu sichern, das nicht dem moralischen Risiko unterliegt. Ein monetäres System ist das Fundament einer Wirtschaft, und dementsprechend ist seine Sicherheit von höchster Bedeutung. Bei Bitcoin wird die Notwendigkeit der Verifizierung durch die Millionen von Mining-Nodes deutlich, die jeden Tag Ressourcen aufwenden, damit das System funktioniert. Fiat-Geld ist eher wie eine Schule ohne Prüfungen.

Fazit

Bitcoin ist ein dezentralisiertes Netzwerk, in dem die Nodes bereitwillig den Regeln der Software folgen, indem sie sich beteiligen. Die Nodes können an einer Vielzahl von Funktionen teilnehmen und sind dabei durch ihren Speicher und ihre Rechenleistung eingeschränkt. Mining-Nodes stellen alle Funktionen für das Netzwerk bereit und minen Blöcke in der Blockchain. Dazu probieren sie nach dem Zufallsprinzip Eingaben in das Nonce-Feld aus, um einen Block-Header-Hash zu erzeugen, der niedriger ist als das vorgegebene Difficulty Target. Sobald sie eine Lösung gefunden haben, fügen sie diese zu ihrer Blockchain hinzu und geben sie an das Netzwerk weiter. Andere Nodes überprüfen, ob sie korrekt ist, fügen sie ihrer Blockchain hinzu und beginnen mit dem Mining des nächsten Blocks. Die Miner tun dies, weil sie dafür mit neu geschaffenen Bitcoin und Gebühren belohnt werden. Mit jedem erfolgreich geschürften Block werden neue Bitcoin erzeugt, wodurch sich das Gesamtangebot erhöht. Das Angebot steigt mit abnehmender Rate, da sie alle vier Jahre halbiert wird. Bis zum Jahr 2140 wird es nur 21 Millionen Bitcoin geben (nach den derzeitigen Regeln). Das Mining ist ein teurer Prozess und notwendig, um die Blockchain zu sichern.

Die gemeinsam akzeptierten Regeln, die die in diesem Kapitel besprochenen Prozesse diktieren, können sich theoretisch ändern. Wie dies geschehen könnte, ist das Thema des nächsten Kapitels.

Quellenangabe

1. Nakamoto, Satoshi: *Bitcoin: A Peer-to-Peer Electronic Cash System*
2. Decker, Christian; Wattenhofer, Roger: *Information Propagation in the Bitcoin Network*
3. https://en.wikipedia.org/wiki/Decentralised_system#/media/File:Decentralization_diagram.svg
4. https://bitnodes.io/
5. https://tik-old.ee.ethz.ch/file/49318d3f56c1d525aabf7fda78b23fc0/P2P2013_041.pdf

6. https://www.blockchain.com/charts/difficulty
7. https://en.bitcoin.it/w/images/en/4/42/Controlled_supply-supply_over_block_height.png
8. https://explorer.btc.com/btc/insights-fees?chart=daily-fees-reward-percent
9. https://www.blockchain.com/de/explorer/charts/hash-rate
10. https://gobitcoin.io/tools/cost-51-attack/
11. https://www.blockchain.com/btc/block/00000000000000000008acdc94cf82ee2d6a2caebe83d359ae39be7f075016c6

Kapitel 11

Die Regeln von Bitcoin

Ich habe zwar alles verloren, aber gleichzeitig alles gewonnen, weil ich die Angst verloren habe.
KANYE WEST

Mit dem Verständnis von den Grundlagen und der Funktionsweise von Bitcoin, können wir nun die markantesten Regeln zusammenfassen, denen die Nodes des Bitcoin-Netzwerks folgen. Bitcoin ist eine Software, wenn man also die Regeln wissen will, ist der beste Weg, den Code zu lesen. Wenn du nicht weißt, wie man das macht, folgt nun eine Zusammenfassung. Diese Regeln sind notwendig, um zu verstehen, wie die Bitcoin-Software Transaktionen erstellt, sie in Blöcken zusammenfasst, die Blöcke in einer Kette sichert und einen festen Emissionsplan mit neuen Bitcoin gewährleistet. Im Folgenden werden die Regeln zwischen der Transaktions- und der Blockebene unterschieden, um ein besseres Verständnis zu ermöglichen, obwohl einige Regeln sich nicht gegenseitig ausschließen und in beide Kategorien fallen können. Wenn man sich einen kurzen Moment Zeit für diese Liste nimmt und sie genauer betrachtet, wird man verstehen, wie sich diese Regeln ändern könnten.

Regeln auf Transaktionsebene

- Eine Bitcoin-Adresse wird von einem privaten Schlüssel abgeleitet.
  - **Private Schlüssel** werden nach dem **Zufallsprinzip** generiert, und die Zufallsquelle ist entscheidend für ihre Sicherheit.
  - Die **elliptische Kurve secp256k1 elliptic** wird verwendet, um **private Schlüssel in öffentliche Schlüssel** umzuwandeln.
  - **Adressen sind der Hash des öffentlichen Schlüssels** über die Hash-Funktionen **SHA256 und RIPEMD160**.
- Es gibt **zwei Arten von Transaktionen**:
  - **Peer-to-Peer-Transaktion (P2P)** – eine Transaktion, die von einer Adresse zu einer anderen gesendet wird. Die Eingangsquelle (Input) jeder Transaktion ist die Adresse und die Signatur des privaten Schlüssels des Besitzers und das Ausgabeziel (Output) ist die Adresse des Empfängers.
  - **Coinbase-Transaktion** – sendet neue Bitcoin an den Miner, der den Proof-of-Work-Algorithmus gelöst hat.
    - Diese Transaktion erfordert keine Inputs und ist nur ein Output an die Adresse des Miners.
    - Die Belohnung der **Coinbase-Transaktion halbiert sich automatisch alle vier Jahre bis etwa zum Jahr 2140**.
    - Im Jahr 2008 gab es 50 Bitcoin als Belohnung, im Jahr 2021 sind es **6,25 Bitcoin (ca. 1,8% Inflation)**. Dies ist ein fester Versorgungsplan, der sich wahrscheinlich nie ändern wird (mehr dazu später).
- P2P-Transaktionen setzen voraus, dass der **Output gleich oder geringer ist als der Input**.
  - Die Differenz zwischen dem Input und dem Output ist eine implizite Gebühr, die an den Miner geht, der den Block gemined hat.
- **ECDSA-Algorithmus**: Damit eine Adresse Bitcoin an eine andere Adresse senden kann, muss die Senderadresse eine ECDSA-Signatur vorlegen, mit der die Kenntnis des privaten Schlüssels verifiziert werden kann.
- Transaktionen verbreiten sich im Netzwerk durch ein **Klatschprotokoll** – die Nodes leiten nur Transaktionen weiter, von denen sie vorher noch nichts mitbekommen haben und die den Verifizierungsprozess bestehen.

Abbildung 92 (1): Die wichtigsten Regeln auf Transaktionsebene im Bitcoin-Code (die Kategorien auf Block- und Transaktionsebene schließen sich nicht unbedingt gegenseitig aus)

Regeln auf Blockebene

- Wenn ein Node von einer gültige Transaktion erfährt, fügt er sie seinem **Memory-Pool** hinzu – seiner temporären Kopie der Transaktionen, die bald der Blockchain hinzugefügt werden.
- Differenzen zwischen Nodes bezüglich der Memory-Pools und der Blockchain-Kopien werden durch die **Regel der längsten Kette** beigelegt.
- Die **Blockgröße ist seit 2017 auf vier Megabyte begrenzt**.
  - Dies bestimmt die Anzahl der Transaktionen, die in jeden Block aufgenommen werden können, und damit, wie viele Transaktionen pro Sekunde das Netzwerk verarbeiten kann.
  - Ursprünglich war es nur ein Megabyte, aber die Bitcoin-Community beschloss, dies zu ändern (mehr dazu später).
- Transaktionen werden gehasht und in einem **Merkle-Tree** angeordnet.
- Die **Merkle-Root** ist ein Hash, der alle Transaktionen des **Merkle-Trees** enthält und im **Block-Header** enthalten ist.
- Der **Block-Header** enthält einen **Verweis zum vorherigen Block**, der alle Blöcke miteinander verbindet und so eine Blockchain bildet.
- Damit ein Block von Transaktionen in der Blockchain veröffentlicht werden kann, muss ein **Mining-Node den Proof-of-Work-Algorithmus (PoW) lösen.**
  - Der PoW-Algorithmus erfordert die Erzeugung eines Hashes (Zufallszahl), der kleiner ist als das Difficulty Target.
- Durch das **Target** werden im Durchschnitt **alle zehn Minuten Bitcoin erzeugt**.
  - Das **Target erhöht/verringert sich alle zwei Wochen**, sodass die Miner den PoW-Algorithmus im Durchschnitt alle zehn Minuten lösen.
- Miner werden für das Lösen des PoW-Algorithmus mit der **Blockprämie** belohnt, die die **Coinbase-Transaktion** und die **Transaktionsgebühren** umfasst.
- **Im Jahr 2140 wird es maximal 21 Millionen Bitcoin geben.**

Abbildung 92 (2): Die wichtigsten Regeln auf Blockebene im Bitcoin-Code (die Kategorien auf Block- und Transaktionsebene schließen sich nicht unbedingt gegenseitig aus)

Diese Regeln beruhen auf **Konsens, da die Netzwerkteilnehmer sie freiwillig akzeptieren.** Die Teilnehmer akzeptieren sie, indem sie die Bitcoin-Software herunterladen und sie nutzen. Bitcoin existiert jedoch nicht nur durch das Erreichen eines Konsenses über die Regeln (Code), sondern auch durch das Erreichen eines Konsenses über seine **Historie** und den **Wert** der Coins.

Konsens

Die Autoren von *Bitcoin and Cryptocurrency* Technologies[1] fassen dieses Konzept gut zusammen:

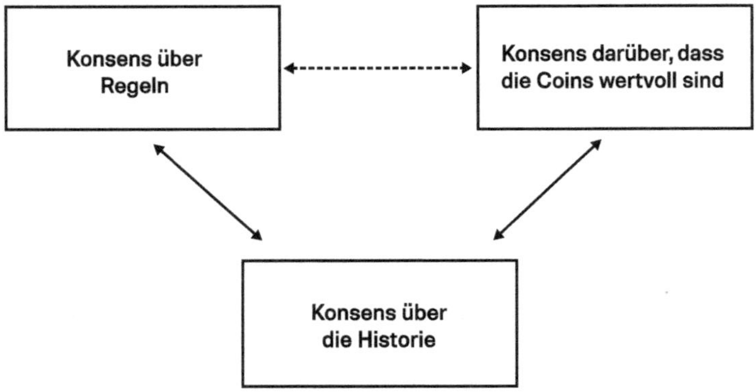

Abbildung 93: Das Verhältnis vom Konsens zwischen Regeln, Historie und Wert von Bitcoin

1. **Konsens über die Regeln** – Die Netzwerkteilnehmer haben sich auf die oben aufgelisteten Regeln geeinigt und akzeptieren sie freiwillig. Sie akzeptieren sie, indem sie die Bitcoin-Software verwenden, die sie ändern könnten, wenn sie wollten. Wenn sie

sie jedoch ändern, kann es sein, dass sie nicht mehr mit dem Netzwerk interagieren können. Der Konsens über diese Dinge ermöglicht es den verschiedenen Teilnehmern des Systems, miteinander zu kommunizieren und sich darüber zu verständigen, was gerade passiert.

2. **Konsens über die Historie** – Historie bezieht sich auf das, was in der Blockchain enthalten ist und was nicht, oder genauer gesagt, welche Transaktionen stattgefunden haben. Das Ergebnis ist ein Konsens über die UTXO-Liste (welche Bitcoin auf welchen Adressen existieren).
3. **Konsens über den Wert** – Die Menschen müssen sich einig sein, dass Bitcoin wertvoll sind. Zu Beginn des Bitcoin-Netzwerks war dies noch eine schwierige Aufgabe, aber mit seinem Wachstum hat der Netzwerkeffekt eine sich selbst erfüllende Prophezeiung seines Wertes geschaffen.

Vergleichen wir dies mit einer Fiat-Währung. Eine Fiat-Währung erfordert nur einen Konsens über den Wert, aber nur teilweise, weil sie uns als gesetzliches Zahlungsmittel für Steuern aufgezwungen wurde. Die Historie und die Regeln werden von den Akteuren bestimmt, die die Fiat-Währung kontrollieren. **Die Regeln entstehen nicht durch Konsens, sondern per Dekret** (die Definition des Wortes „fiat"). Wir stimmen nicht über unsere Geldpolitik ab. Vielmehr wird die Geldpolitik von Politikern beeinflusst und von diesen kontrolliert:

Abbildung 94: Der Gouverneursrat der Federal Reserve auf seiner Sitzung im April 2019

Die Entscheidungen des Gouverneursrates beeinflussen die Existenzgrundlage jedes einzelnen Bürgers stärker als die Entscheidungen, die von irgendjemandem innerhalb der Regierung getroffen werden, und dennoch findet die Entscheidungsbildung des Rates zentralisiert statt, abseits unserer demokratischen Systeme.

Bitcoin zwingt seine Teilnehmer dazu, einen Konsens über seine Regeln, seine Historie und seinen Wert zu erzielen, während Fiat-Währungen teilweise einen Konsens über ihren Wert erfordern – alles andere erfolgt per Dekret.

Die verschiedenen Konsensformen von Bitcoin interagieren zirkulär miteinander, was sich folgendermaßen darstellen lässt:

- Einige Leute glauben, dass Bitcoin einen Wert besitzt, weil er über grundlegende monetäre Eigenschaften verfügt, die ihn zur weltbesten Spartechnologie machen (oder zumindest machen werden, sobald seine Akzeptanz groß genug ist).

- Das bringt diese Menschen dazu, auf seinen Preis zu spekulieren, indem sie ihn kaufen und durch Höhen und Tiefen halten. Sie halten ihn während des Abwärtstrends, weil sie seine monetären Eigenschaften verstehen.
- Das zieht weitere Spekulanten an, die den Preis in die Höhe treiben wollen, was den Preis dann auch weiter in die Höhe treibt. Wenn der Preis steigt, wird das Mining von Bitcoin profitabler und zieht mehr Miner an.
- Diese Miner stellen mehr Rechenleistung zur Verfügung, wodurch sich die Anzahl der Hashes pro Sekunde erhöht, mit denen die Lösung des Proof-of-Work-Algorithmus ermittelt werden kann, was dazu führt, dass die Lösungen schneller gefunden werden (d. h. in weniger als zehn Minuten).
- Die Bitcoin-Regeln erfordern dann eine Erhöhung des Schwierigkeitsgrads, sodass die Miner dann wieder alle zehn Minuten eine Lösung finden.
- Durch diesen Prozess treten immer mehr Miner dem Netzwerk bei, um Bitcoin zu verdienen, wobei dies immer schwieriger zu bewerkstelligen ist. Einige weniger profitable Miner scheiden aus, aber das Endergebnis ist ein Anstieg der gesamten Hashing-Leistung.
- Dadurch vergrößert sich das Netzwerk kontinuierlich und erhöht seine Rechenleistung und Sicherheit, sodass es nicht zu einem 51 %-Angriff kommen kann.

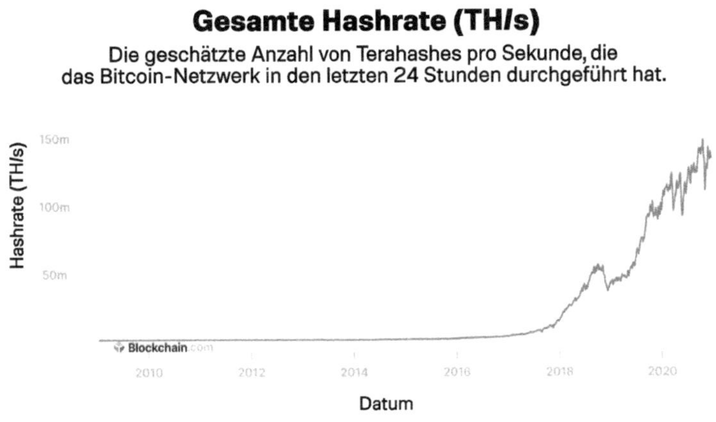

Abbildung 95: Gesamt-Hashrate des Netzwerks seit 2009 (Bildquelle: blockchain.com) [2]

- Diese Steigerung der Sicherheit gewährleistet, dass der Konsens über die Regeln und die Historie sicherer ist als zuvor.
- Daraufhin steigt der Wert von Bitcoin und der Zyklus wiederholt sich.

Zusammenfassend lässt sich sagen, dass spekulative Preisanstiege mehr Miner anlocken, was die Rechenleistung des Netzwerks erweitert und das Netzwerk sicherer und wertvoller macht. Dadurch steigt der Preis mit der Zeit weiter an. **Wenn der Bitcoin-Preis steigt, entsteht eine positive Rückkopplungsschleife**, in der die Teilnehmer glauben, dass der Preis weiter steigen wird. Das ist die Kraft des Netzwerkeffekts, wenn er auf einen Wertstandard angewendet wird. Neben dem Netzwerkeffekt gibt es noch die grundlegenden monetären Eigenschaften, die dazu führen, dass Bitcoin von denjenigen, die diese Eigenschaften verstehen, angenommen wird. Ohne diese Eigenschaften hätten die Menschen gar nicht erst auf Bitcoin gesetzt. Die monetären Eigenschaften von Bitcoin werden im nächsten Kapitel behandelt.

Diese Anreizstruktur ist nicht zufällig entstanden, sondern war das Ergebnis eines cleveren Designs der Bitcoin-Schöpfer. Sie mussten das Netzwerk zunächst einmal in Gang setzen, damit sich diese Dynamik in großem Umfang entfalten konnte. Aus diesem Prozess entstand eine Gemeinschaft von Menschen, die begeistert für Bitcoin warben und es einsetzten, wo immer sie konnten. Sobald es sich etabliert hatte, waren alle Voraussetzungen für die Gemeinschaft gegeben, es weiter voranzutreiben.

Das Erreichen eines Konsenses in jeder Dimension schafft eine positive Rückkopplungsschleife, erzeugt einen starken Netzwerkeffekt und steigert den Wert von Bitcoin.

Bitcoin von heute unterscheidet sich von dem, was es einst war. Im Laufe der Zeit gab es Aktualisierungen und Änderungen an der Software. Die Änderungen entstanden durch das Erreichen eines Konsenses innerhalb der Gemeinschaft.

Wie sich die Regeln ändern können

Die Bitcoin-Software heißt **Bitcoin Core** und kann auf bitcoin.org heruntergeladen werden. Dies ist die am weitesten verbreitete Bitcoin-Software, aber es gibt auch andere Versionen der Bitcoin-Software. Die anderen Versionen müssen ein Mindestmaß an Ähnlichkeit mit Bitcoin Core aufweisen, um am Bitcoin-Netzwerk teilnehmen zu können. **Dieses Mindestmaß besteht darin, dass ein Node die Gültigkeit von Transaktionen und Blöcken auf die gleiche**

Weise überprüfen muss wie andere Nodes. Wenn er dies nicht tut, werden die von ihm erstellten und weitergegebenen Transaktionen/Blöcke von anderen Nodes wahrscheinlich nicht akzeptiert, und umgekehrt. Bitcoin Core ist der Standard für diese Regeln und somit das De-facto-Regelwerk von Bitcoin.

Bitcoin Core kann durch **Bitcoin Improvement Proposals (BIPs)** geändert werden. Ein BIP ist ein formeller Änderungsvorschlag, mit der Vorgehensweise und der Begründung dafür. Jedes BIP ist nach Nummern geordnet und eingereicht – man kann die vollständige Liste der BIPs auf github.com einsehen.[3] Zu jedem BIP gehört ein Autor, der es erstellt und, entweder durch sich selbst oder eine Gruppe, sich dafür einsetzt. Die Bitcoin-Gemeinschaft bzw. Community diskutiert dann darüber, und wenn ein Konsens erreicht wird, wird Bitcoin Core geändert. Das bedeutet nicht, dass die Nodes (Nutzer) sich für den Download von Bitcoin Core entscheiden werden, aber es ist die Standardsoftware, die die meisten verwenden.

Die vereinbarten Änderungen werden von den Bitcoin-Core-Entwicklern implementiert. Bitcoin-Core-Entwickler haben „Commit"-Zugriff auf die Bitcoin-Core-Software. Jeder kann eine beliebige Änderung vorschlagen, aber ob sie in die Software implementiert wird, bestimmen diejenigen, die Commit-Zugriff haben. Dieser Zugriff kann nur von jemandem erteilt werden, der bereits über die entsprechenden Rechte verfügt. Satoshi Nakamoto war der ursprüngliche Schöpfer von Bitcoin, und als er das Projekt verließ, übernahm Gavin Andresen, der Zugang hatte, die Leitung.

Wie mächtig sind die Entwickler? Jede Änderung, die sie vornehmen, kann in Bitcoin Core implementiert werden und wird standardmäßig befolgt. Wenn der Community jedoch nicht gefällt, was sie tun, kann sie immer eine andere Richtung einschlagen – das nennt man einen **Fork.** Es gibt **Hard Forks** und **Soft Forks** – Soft Forks sind rückwärtskompatibel, Hard Forks hingegen nicht. Da Hard Forks nicht rückwärtskompatibel sind, erfordern sie eine Spaltung der Blockchain. Das bedeutet, dass einige Miner die Regeln akzeptieren, während andere Miner die Blockchain verlassen und eine neue Blockchain starten.

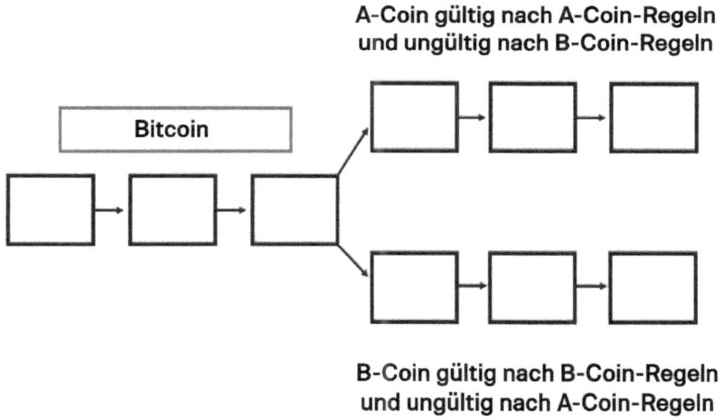

Abbildung 96: Veranschaulichung einer Spaltung bei einem Hard Fork in zwei separate Blockchains, die neuen Regeln folgen

Wenn es zu einem Fork kommt, würden alle Bitcoin-Besitzer auch eine entsprechende Menge des neuen Fork-Coins erhalten. Sie können entweder beide Währungen halten, ihre Bitcoin für die neue Währung verkaufen oder ihre neue Währung für mehr Bitcoin verkaufen. Beide Coins haben separate Netzwerke und Regeln. Das Ziel des neuen Fork-Coins ist es, das Netzwerk von Bitcoin in den Schatten zu stellen. Allerdings ist dies bisher noch keinem geforktem Netzwerk gelungen.

Um die Regeln zu ändern, ist ein Konsens erforderlich. Wenn innerhalb der Community kein Konsens erreicht wird, wird das Netzwerk geforkt und ein neues Netzwerk mit anderen Regeln geschaffen.

Das bekannteste Beispiel für einen Bitcoin-Hard-Fork war die Gründung von Bitcoin Cash. Es begann Ende 2015 mit einem BIP von Peter Wuille, bekannt als **SegWit** (Segregated Witness), wodurch das Limit für die Blockgröße von 1 MB auf 2 MB erhöht wurde. Das Ziel von SegWit war es, die Größe jeder Bitcoin-Transaktion zu reduzieren, sodass mehr Transaktionen auf einmal stattfinden können und der Durchsatz des Netzwerks erhöht wird. Dieses BIP war ein Soft Fork, da es rückwärtskompatibel war (die Nodes mussten das Update nicht annehmen, um weiterhin im Netzwerk zu funktionieren). Als Reaktion auf SegWit wurde jedoch von einigen Community-Mitgliedern ein Hard Fork durchgeführt, aus dem der Coin Bitcoin Cash hervorging. SegWit speicherte mehr Transaktionen, indem es ihre Größe im Block verringerte und somit 2 MB Transaktionsspeicher erlaubte, sodass es nicht zu einem Hard Fork kam. Die Unterstützer von Bitcoin Cash wollten die Blockgröße über diesen Betrag hinaus erhöhen und glaubten, dass dafür ein Hard Fork notwendig sei. Während SegWit also eine Soft-Fork-Lösung für den Transaktionsdurchsatz darstellte, war die Erhöhung der Blockgröße die Hard-Fork-Lösung, die andere Community-Mitglieder anstrebten.

Als der Hard Fork stattfand, erhielt jeder Bitcoin-Inhaber die entsprechende Menge Bitcoin Cash. Zu diesem Zeitpunkt besaß jeder die beiden Coins und konnte entweder beide halten oder einen für den anderen verkaufen. Dadurch können die Netzwerkteilnehmer auf demokratische und wirtschaftliche Weise abstimmen. Wenn die Mehrheit ihre Bitcoin für Bitcoin Cash verkauft hätte, wäre das

Mining von Bitcoin Cash viel profitabler geworden, was mehr Miner angelockt und das Wachstum des Netzwerks gefördert hätte.

Seitdem ist der Preis von Bitcoin jedoch deutlich gestiegen, während Bitcoin Cash relativ unverändert geblieben ist. Aus technologischer Sicht ist Bitcoin Cash Bitcoin überlegen, aber Bitcoin hat ein viel größeres Netzwerk, und es ist noch nicht gelungen, mit seinem Netzwerkeffekt zu konkurrieren. **Tatsächlich liegt ein Hauptvorteil von Bitcoin darin, dass es so schwierig ist, die Community dazu zu bringen, sich auf irgendwelche Änderungen zu einigen.** Dies bietet eine größere Gewissheit, dass sich Bitcoin nicht verändern wird. Seit dem Fork von Bitcoin Cash gab es drei weitere Forks: BSV (Bitcoin Satoshi's Vision), BCHN (Bitcoin Cash Node) und BCHABC (Bitcoin Cash ABC).

In der zwölfjährigen Geschichte von Bitcoin haben die Nodes, die sich dafür entschieden haben, Bitcoin zu besitzen und zu betreiben, wesentlich mehr Wert erhalten als jedes konkurrierende Netzwerk. Viele der heutigen Altcoins wurden durch Forks geschaffen. Dies ist ein ganz natürlicher Prozess bei der Uneinigkeit zwischen Netzwerkteilnehmern. In meinem letzten Kapitel gehe ich darauf ein, wie dieses Phänomen wahrscheinlich enden wird.

In den zwölf Jahren seines Bestehens wurde das Bitcoin-Netzwerk schneller ausgebaut als jede andere geforkte Alternativwährung.

Die Stakeholder

Zwischen den verschiedenen Interessengruppen (Stakeholder) von Bitcoin besteht eine starke Wechselwirkung. Jede hängt von der anderen ab, um ihre Funktion zu erfüllen.

Stakeholder	Funktion	Konsenskontrolle	Einfluss
Entwickler/ Community	Wächter über das Regelwerk (Code), das die meisten Nodes verwenden.	Sie kontrollieren den Konsens über die Regeln	Sie können die Aktualisierung von Bitcoin stoppen: Vorgeschlagene Änderungen können nicht ohne die Entwickler implementiert werden, was notwendige Änderungen verhindern könnte.
Miner	Sie haben die Kontrolle darüber, welche Transaktionen in die Historie von Bitcoin aufgenommen werden.	Sie kontrollieren den Konsens über die Historie	Sie können das Mining stoppen: Wo die Miner Mining betreiben, bestimmt, welches Netzwerk sicher und damit wertvoll ist.
Investoren	Sie kaufen und halten Bitcoin durch Höhen und Tiefen.	Sie kontrollieren den Konsens über den Wert	Sie können Bitcoin verkaufen: Dies beeinflusst die Entscheidungen der Community über die Entwickler. Und es macht das Mining von Bitcoin unrentabel.

Abbildung 97: Die Stakeholder-Gruppen des Bitcoin-Netzwerks

Man erkennt, dass jede Gruppe eine Form von Macht besitzt, aber keine hat die volle Kontrolle. Man kann sich das wie eine **intransitive Struktur** vorstellen, die dem Spiel Stein/Schere/Papier entspricht.

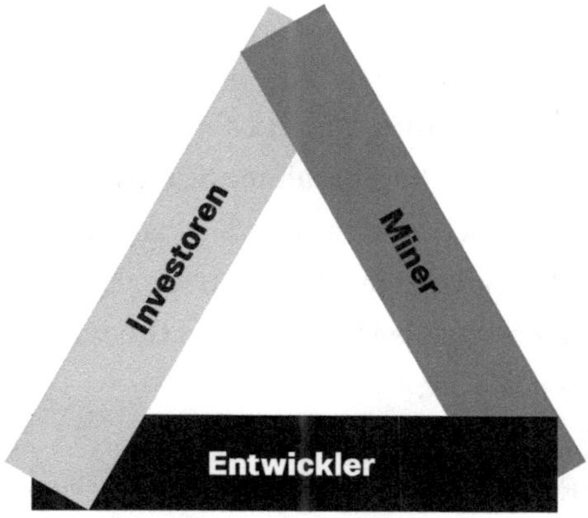

Abbildung 98: Die intransitive Struktur der Stakeholder-Gruppen von Bitcoin

Die Entwickler haben die Kontrolle über den Code, den die Miner verwenden. Die Miner haben die Kontrolle über die Rechenleistung des Netzwerks, die für die Investoren attraktiv ist. Die Investoren beeinflussen die Community, die die Entwickler brauchen, damit ihre Software heruntergeladen wird.

Ganz so einfach ist es jedoch nicht. Die Investoren haben ebenso Macht über die Miner, die Entwickler haben Macht über die Investoren und die Miner haben Macht über die Entwickler. **Außerdem schließen sich diese Gruppen nicht gegenseitig aus.** Der Punkt ist, dass diese primären Interessengruppen alle in irgendeiner Form voneinander abhängig sind und dass als Ergebnis davon ein ausgewogenes Machtverhältnis besteht. **Wenn sich in Bitcoin etwas ändern soll, muss ein Konsens zwischen diesen drei Gruppen erreicht werden.**

Man muss noch einmal betonen, dass die Gruppe der Entwickler wesentlich kleiner ist als die anderen. Es gibt viele Investoren und viele Miner, aber nur eine Handvoll Entwickler. Die Gruppe der Entwickler wird jedoch durch eine Entwicklergemeinschaft unterstützt. Bitcoin ist eine Open-Source-Software, das heißt, jeder kann einen Vorschlag zur Veränderung von Bitcoin einreichen und ihn in der Community anpreisen. Es gibt zahlreiche Entwickler ohne Commit-Zugang, die aus verschiedenen Gründen daran arbeiten, Bitcoin zu unterstützen. Man kann sich also die Entwickler als die Community vorstellen und die dazugehörige kleinere Gruppe mit Commit-Zugang als die Gatekeeper.

Die Bitcoin-Regeln werden von der Community entworfen und von den Entwicklern mit Commit-Zugriff implementiert. Damit eine Regel geändert werden kann, müssen beide zustimmen.

Und wenn jemand versuchen würde, diese kleine Gruppe von Entwicklern mit Commit-Zugriff zu kontrollieren? Nun, sie haben die Macht, neue Software zu entwickeln, die die Gemeinschaft freiwillig herunterladen kann, aber sie können sie nicht dazu zwingen. Außerdem werden alle Änderungen an der Software von den Mitgliedern der Community begutachtet, weil die Software Open Source ist – jede Änderung wird schnell erkannt. Würde die Regierung diese Gruppe verhören und sie zwingen, an der Software herumzupfuschen, wäre in der Community schnell bekannt, dass etwas nicht stimmt.

Könnte die Regierung die Personen mit Commit-Zugang unter ihre Kontrolle bringen und alle neuen Updates für Bitcoin bestimmen? Nein. Wenn so etwas passieren würde, könnten Tausende von Nodes ihre eigene Kopie der Software verwenden und eine neue Gruppe von Entwicklern auswählen, die die Software für die Community kontrolliert. Die Community würde einfach anfangen,

Software-Updates von dieser neuen Gruppe zu übernehmen. Die Gemeinschaft hat hier wirklich die Kontrolle.

Die Gruppe der Entwickler könnte in einer Krisensituation ersetzt werden.

Was ist mit den Händlern, die Bitcoin akzeptieren? Haben sie keinen Einfluss? Nun, zu Beginn von Bitcoin war die Antwort ja, aber heute nicht mehr so sehr. Bitcoin kann auch ohne ihre Akzeptanz existieren. Bitcoin muss nicht für Zahlungen verwendet werden, wenn es effektiv Werte speichert. Die Gründe dafür werden im nächsten Kapitel erläutert. Bitcoin ist ein Peer-to-Peer-System und benötigt keine Händler, um als Wertübertragungssystem zu funktionieren.

Fazit

Die Regeln von Bitcoin sind seine Software. Bitcoin Core ist die am häufigsten verwendete Software und das De-facto-Regelwerk von Bitcoin. Eine Änderung dieses Regelwerks erfordert einen Konsens zwischen allen drei Stakeholder-Gruppen. Jede Gruppe verfügt über eine Form von Macht, die ihr an anderer Stelle fehlt, wodurch eine gegenseitige Abhängigkeit entsteht, die einen Konsens erfordert. Wenn der Konsens nicht erreicht wird, müssen die Abweichler ein neues Netzwerk gründen, um nach ihren neuen Regeln zu spielen. Die Notwendigkeit eines Konsenses, Änderungen durchführen zu können, ist ein wesentlicher Wert von Bitcoin, da sie die Gewissheit schafft, dass Bitcoin sich nicht einfach ändern wird.

Unser derzeitiges Finanzsystem wird von einer stark zentralisierten Gruppe kontrolliert. Man hat die Wahl, ob man sich an die Demokratie des Bitcoin-Systems oder an die sich ständig ändernden Regeln des derzeitigen Fiat-Systems halten möchte. Je mehr Menschen das Bitcoin-System annehmen, desto einfacher wird diese Entscheidung. Doch dazu muss sich das derzeitige Ökosystem, das das Bitcoin-Netzwerk unterstützt, erheblich weiterentwickeln, was das Thema des nächsten Kapitels darstellt.

Quellenangabe

1. Narayanan, Arvind; Bonneau, Joseph; Felten, Edward; Miller, Andrew; Goldfeder, Steven: *Bitcoin and Cryptocurrency Technologies*, S. 195
2. https://www.blockchain.com/charts/hash-rate
3. https://github.com/bitcoin/bips/blob/master/README.mediawiki

Kapitel 12

Das Bitcoin-Ökosystem

Ich bin kein Fan von Büchern.
KANYE WEST

Die Bitcoin-Software nutzt ein dezentrales Netzwerk, um Peer-to-Peer-Transaktionen durchzuführen. Aufgrund dieser Funktionalität kann Bitcoin als **monetäre Basisschicht für ein neues Finanzsystem** dienen. Bitcoin kann zwar für sich alleine existieren, benötigt aber ein Ökosystem von Produkten und Dienstleistungen, um unser derzeitiges Finanzsystem zu ersetzen. Dieses Ökosystem ist für die weitere allgemeine Akzeptanz notwendig, da es sich auf die einfache Benutzbarkeit von Bitcoin auswirkt. Bitcoin kann noch nicht als alternative finanzielle Grundlage zum US-Dollar fungieren. Bitcoin muss noch die Vielfalt der Finanzdienstleistungen entfalten, die unser derzeitiges Bankensystem unterstützen.

Um die wichtigsten Aspekte dieses Ökosystems zu verstehen, gehen wir die folgende Grafik Schritt für Schritt durch. Danach werden wir untersuchen, wie sich das regulatorische Umfeld auf dieses Ökosystem auswirken kann.

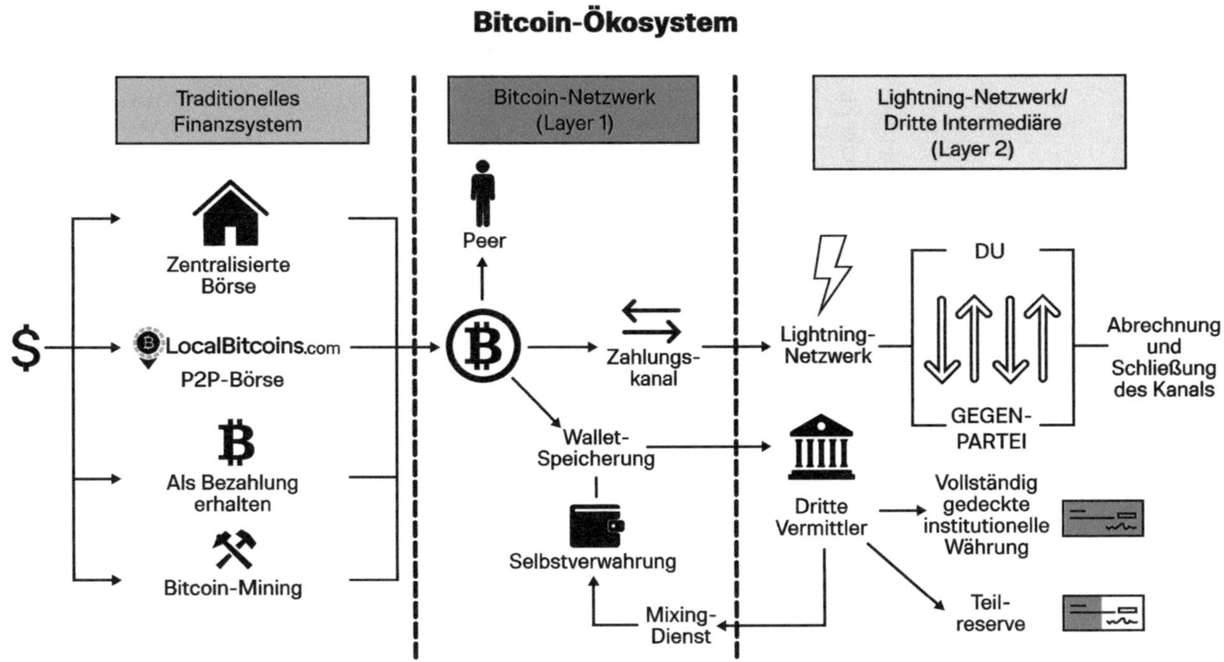

Abbildung 99: Das Ökosystem von Bitcoin

Traditionelles Finanzsystem

Das erste Element ist die Verbindung zwischen dem traditionellen Finanzsystem und Bitcoin. Diese Verbindung ermöglicht es den Menschen, Fiat-Währung über vier primäre Wege in Bitcoin zu tauschen:

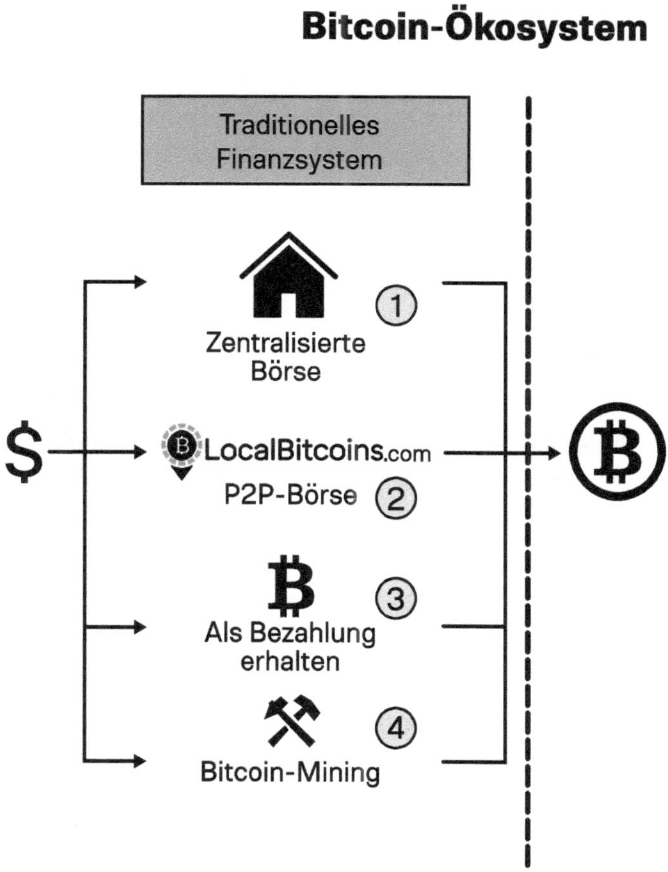

Abbildung 100: Zugangsmöglichkeiten vom traditionellen Finanzsystem zu Bitcoin

1. **Zentralisierte Börsen** – Online-Tausch von Fiat-Währung gegen Kryptowährung. Sie sind zentralisiert, weil es sich um ein Unternehmen mit einem CEO handelt, das von seiner lokalen Regierung reguliert wird. Gute Beispiele sind die Unternehmen Binance und Coinbase.
2. **P2P-Tauschbörsen** – localbitcoins.com ist eine Online-Tauschbörse, bei der man seine Fiat-Währung direkt mit Gleichgesinnten in Bitcoin umtauschen kann, ähnlich wie Craigslist.
3. **Als Bezahlung erhalten** – Mit der zunehmenden Verbreitung von Bitcoin sind immer mehr Menschen bereit, für Waren und Dienstleistungen in Bitcoin zu bezahlen. Wenn man jemanden findet, der bereit ist, mit Bitcoin zu bezahlen, ist dies eine weitere Möglichkeit, Bitcoin zu erhalten und zu horten. Wenn eine Regierung versuchen würde, zentralisierte und P2P-Börsen zu schließen, könnte man auf diese Weise immer noch Bitcoin verdienen.
4. **Bitcoin-Mining** – Eine weitere Möglichkeit, an Bitcoin zu kommen, ist die Fiat-Währung gegen einen speziellen Mining-Computer einzutauschen und die von ihm verbrauchte Energie zu bezahlen. Das Mining ist inzwischen sehr spezialisiert und erfordert teure Computer und Ausrüstung, um es wirtschaftlich zu betreiben. Es gibt große Mining-Unternehmen, die das Mining sehr wettbewerbsintensiv machen. Eine Einzelperson kann zwar wirtschaftlich Mining betreiben, aber es ist ein zeitaufwändiger Prozess. Die Investition in Zeit, Energie und Ausrüstung ist wahrscheinlich besser angelegt, wenn man Bitcoin einfach direkt kauft. Wenn jedoch die Börsen angegriffen werden, kann man mit Computern immer noch Bitcoin verdienen.

Dies sind die wichtigsten **Zugangsmöglichkeiten** zu Bitcoin, und ihre Schaffung hat die Verbreitung von Bitcoin erheblich gesteigert. **Sie ermöglichen es dem Einzelnen, unser herkömmliches Finanzsystem zu verlassen und in das neue digitale Finanzsystem zu wechseln.** Wenn diese Möglichkeiten morgen wegfallen würden, bliebe Bitcoin ein Peer-to-Peer-System, in dem Menschen sich gegenseitig für Waren und Dienstleistungen in Bitcoin bezahlen können. Ein solcher Vorfall würde das Wachstum von Bitcoin bremsen, aber nicht komplett unterbinden. Es könnte sogar sein, dass Bitcoin davon profitiert. Wenn die Börsen aus der Gleichung gestrichen würden, gäbe es Anreize für neue Gruppen, Miner zu werden und Bitcoin als Bezahlung anzunehmen. Dies würde die Akzeptanz und Sicherheit weiter dezentralisieren und das Netzwerk langfristig stärken.

Um es mit den Worten des großen Propheten Kanye West zu sagen: „*Was mich nicht umbringt, kann mich nur stärker machen.*"

Es gibt vier primäre Möglichkeiten, Fiat-Geld in Bitcoin umzuwandeln. Sollten Börsen jemals von Regierungen verboten werden, kann man immer noch Bitcoin durch Mining oder als Bezahlung verdienen.

Das Bitcoin-Netzwerk (Layer 1)

Sobald du Bitcoin besitzt, bist du ein Teilnehmer des Bitcoin-Netzwerks, und es gibt eine Vielzahl von Dingen, die du damit tun kannst. Das Bitcoin-Netzwerk wird als „Layer 1" (z. Dt. Schicht 1) bezeichnet, weil es als monetäre Basisschicht dienen soll, auf der andere Produkte und Dienstleistungen (Layer 2) aufgebaut werden können.

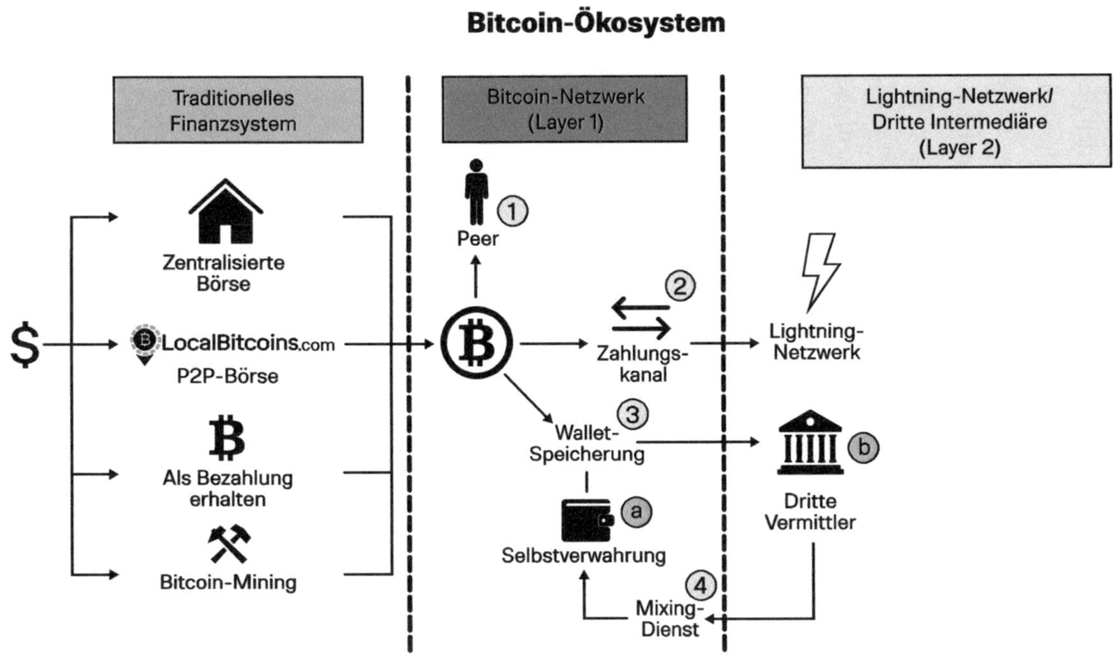

Abbildung 101: Das Bitcoin-Netzwerk (Layer 1) und seine Interaktion mit den Systemen auf Layer 2

1. **Du kannst jemandem mittels Peer-to-Peer-Transaktion Bitcoin im Austausch für etwas schicken.** Dies ist der wesentliche Zweck von Bitcoin. Allerdings sind Peer-to-Peer-Transaktionen aufgrund der Gebühren immer teurer geworden. Während man diese Gebühren bei Transaktionen mit hohem Wert, wie z. B. dem Kauf eines Autos von einem Freund, vernachlässigen kann, wären sie zu teuer, wenn man sich die Vier-Dollar-Rechnung in einem Café teilen möchte. Zahlungen mit geringem Wert müssen von Vermittlern und Protokollen unterstützt werden, die Gegenstand des nächsten Abschnitts sind.
2. **Du kannst deine Bitcoin einem Zahlungskanal zuweisen.** Dies ermöglicht es dir, deine Bitcoin als Sicherheit in ein System außerhalb des Bitcoin-Netzwerks zu hinterlegen. Die Details dieser sekundären Systeme (Layer 2) werden später erklärt.
3. **Du kannst Bitcoin in einer Wallet aufbewahren.** Als Bitcoin-Investor/Sparer möchtest du deine Bitcoin vielleicht selbst verwahren. Es gibt zwei grundlegende Methoden, dies zu tun, aber nur eine Möglichkeit ohne die Zwischenschaltung eines Vermittlers.
   a. **Selbstverwahrung** – bedeutet, dass du deine Bitcoin selbst verwahrst, indem du eine bestimmte Wallet-Software benutzt. Um dies vernünftig zu machen, musst du dich entsprechend einarbeiten, vor allem, wenn du einen großen Teil deines Vermögens in Bitcoin hältst. Es gibt zwei hauptsächliche Methoden zur Selbstverwahrung von Bitcoin, bei denen man Sicherheit gegen Komplexität abwägen muss:
      - **Hot Wallet** – Du lädst dir eine Wallet-Software auf deinen Computer herunter und bewahrst deine Bitcoin dort auf. Die gängigste Form ist die Bitcoin-Core-Software, aber es gibt auch viele andere Anbieter, wie z. B. Exodus. Einige Wallet-Dienste sind besser als andere. Bitcoin Core ist die sicherste Option, aber die Handhabung ist etwas komplizierter als

bei anderen. Diese Art von Wallets werden Hot Wallets genannt, weil dein Computer mit dem Internet verbunden ist und daher immer noch anfällig für Hackerangriffe ist. Wenn dein Computer gehackt werden kann, könnten deine privaten Schlüssel und damit auch deine Bitcoin gestohlen werden.

- **Cold Wallet** – Dies ist vergleichbar mit der Verwahrung deiner Bitcoin auf einem USB-Stick, sodass sie nicht mit dem Internet verbunden sind. Da keine Verbindung besteht, kann niemand deine Bitcoin stehlen, es sei denn, dein Computer wird gehackt, bevor du sie auf den USB-Stick überträgst. Unternehmen wie Trezor und Ledger stellen Hardware für diesen Zweck her. Die Idee ist, dass du deine privaten Schlüssel auf einem dieser Geräte speicherst, sie in ein wasserdichtes Gehäuse steckst und dieses in einen feuerfesten Safe einschließt. Wenn niemand deine privaten Schlüssel vor diesem Vorgang entwendet hat, wird niemand in der Lage sein, sie zu finden, ohne dir die Hardware zu stehlen, die ebenfalls durch ein Passwort geschützt ist. Dies ist die am wenigsten bequeme, aber zugleich sicherste Form der Verwahrung.

b. **Fremdverwahrung durch Dritte** – Diese Option erlaubt es einer dritten Partei, deine Gelder für dich zu verwalten. Die beliebteste Option für diese Art der Verwahrung ist eine Web-Wallet, aber es gibt immer mehr Institutionen, die auch anspruchsvolle Verwahrungsdienste anbieten.

- **Web-Wallet** – Du kannst deine Bitcoin einfach auf der Börse lassen, auf der du sie gekauft hast, was bedeutet, dass du von der Fähigkeit dieses Dienstleisters, die Bitcoin sicher zu verwahren, abhängig bist. Wenn die Börse gehackt und dein privater Schlüssel gestohlen wird, dann sind deine Bitcoin für immer weg. Viele Börsen haben eine Versicherung gegen

Cyber-Diebstahl, aber warum solltest du das Risiko eingehen, wenn du es nicht musst? Dies ist zwar die bequemste Option, bietet aber die geringste Kontrolle und Sicherheit.

- **Institutionelle Verwahrung** – Es gibt immer mehr Institutionen, die Bitcoin sicher und langfristig aufbewahren können. Wenn du jedoch deine Bitcoin einer Institution überlässt, gibst du (1) deine Kontrolle ab (und setzt somit Vertrauen in die Institution) und (2) du zentralisierst die Kontrolle über das Bitcoin-Netzwerk. Wenn jeder seine Bitcoin bei Institutionen aufbewahren würde, dann könnte die Regierung nur diese kleine Gruppe angreifen, um die Bitcoin zu konfiszieren. Wenn du das für unwahrscheinlich hältst, dann solltest du dich an die Konfiszierung von Gold während der Großen Depression erinnern. Dies ist ein wahrscheinliches Risiko, wenn die Menschen das Fiat-Währungssystem verlassen und sich Bitcoin zuwenden. Natürlich muss jeder einen Kompromiss zwischen Bequemlichkeit und Sicherheit eingehen. Diese Entscheidung muss jeder für sich selbst treffen.
- **Multi-Signatur-Adressen** – Es entstehen immer mehr Dienstleister für Institutionen, die Bitcoin mit **Multi-Sig** verwahren. Dabei handelt es sich um Bitcoin-Adressen, die du erstellen kannst und die zwei von drei privaten Schlüsseln (oder drei von fünf, fünf von sieben usw.) benötigen, um die verwahrten Bitcoin zu entsperren und zu senden. Dies beseitigt eine einzelne Schwachstelle, falls ein Schlüssel gestohlen wird, und erhöht so die Sicherheit. Eine beliebte Anwendung könnten Gemeinschaftskonten sein, bei denen die Bitcoin an eine Adresse gesendet werden, die zwei von drei Schlüsseln erfordert, von denen zwei Familienmitglieder jeweils einen besitzen und eine dritte Partei den letzten Schlüssel besitzt, falls ein

Schlüssel der Familienmitglieder verloren geht. Dies erhöht die Sicherheit und ermöglicht es dir und deinem Partner, Bitcoin auszugeben, wann ihr wollt, ohne die Verwaltung an den Dienstleister abzugeben, der nur einen Schlüssel besitzt.

4. **Bitcoin über einen Mixer-Dienst versenden** – Ein Hauptkritikpunkt an Bitcoin ist, dass seine Blockchain öffentlich ist. Bitcoin ist pseudonym, nicht anonym. Wenn jemand deine Identität mit deiner Bitcoin-Adresse verknüpfen kann, dann kann er eine Menge über deine finanzielle Situation erfahren. Im Endeffekt verlierst du deine Privatsphäre für alle – vergangenen, gegenwärtigen und zukünftigen – Transaktionen, die mit dieser Adresse verbunden sind. Hier geht es nicht darum, illegale Aktivitäten zu verbergen, sondern um eine praktische Angelegenheit des täglichen Lebens. Die Menschen wollen nicht, dass ihr Vermögen öffentlich bekannt ist, und die Unternehmen wollen nicht, dass ihre Konkurrenten wissen, wen sie für Waren und Dienstleistungen bezahlen. Wenn man beispielsweise ein Unternehmen leitet und eine Zahlung in Bitcoin für einen Großeinkauf von einem Lieferanten (bei dem es sich um einen Konkurrenten handeln könnte) sendet, kann dieser diese Adresse mit der eigenen Identität verknüpfen und alle getätigten Transaktionen verfolgen. Mixer-Dienste sind eine Möglichkeit, Transaktionen mit anderen Transaktionen zu vermischen und sie an neue Adressen zu senden, etwa so:

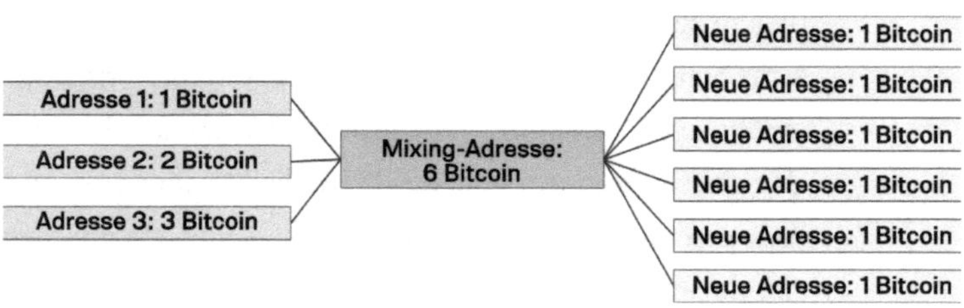

Abbildung 102: anschauliches Beispiel für den Mixing-Vorgang

Jeder, der diese Transaktionen verfolgt, kann sehen, was in den Mixing-Vorgang hineingegangen ist, aber er weiß nicht, wo es letztlich hingeht. Dadurch wird die Verbindung zwischen deiner früheren Bitcoin-Adresse und der neuen aufgehoben, da jeder, der die Blockchain betrachtet, nicht sehen kann, welche Bitcoin dir gehören. Allerdings musst du dem Anbieter des Mixer-Dienstes vertrauen, und diese Art von Diensten könnte verboten werden. **Es gibt auch dezentrale P2P-Protokolle zum Mixen und sogar eine alternative Kryptowährung, Zcash, die die Möglichkeit bietet, anonyme Transaktionen zu senden.** Wie funktioniert das, wenn für das Senden von Transaktionen auf einer Blockchain eine öffentliche Verifizierung erforderlich ist? Zcash verwendet sogenannte Zero-Knowledge-Proofs, eine leistungsstarke Technologie, die den Rahmen dieses Buches sprengen würde. Zusammenfassend lässt sich sagen, dass der Datenschutz ein Nachteil von Bitcoin ist, bei dem Vermittler auf dem Layer 2 wahrscheinlich helfen müssen. Andere Layer-2-Lösungen, wie das Lightning-Netzwerk, könnten jedoch auch Datenschutz ermöglichen.

Man kann Bitcoin aufbewahren oder ausgeben. Dritte Intermediäre bieten nützliche Dienste an, bei denen Vertrauen gegen Nutzen und Bequemlichkeit getauscht werden muss.

Das Lightning-Netzwerk / Dritte Intermediäre (Layer 2)

In den Anfangsjahren von Bitcoin wurde vor allem darüber diskutiert, wie Bitcoin zur Durchführung kleinerer Transaktionen verwendet werden könnte. Der Grundgedanke war, dass Banken als Vermittler benötigt würden, um diese Funktion zu erleichtern. Eine

Aussage eines der ersten Bitcoin-Mitwirkenden, Hal Finney, erklärt dies gut:

> *Eigentlich gibt es einen sehr guten Grund für die Existenz von Bitcoin-gestützten Banken, die ihre eigene digitale Bargeldwährung herausgeben, die gegen Bitcoin eingelöst werden kann. Bitcoin selbst kann nicht so skaliert werden, dass jede einzelne Finanztransaktion auf der Welt an alle übertragen und in die Blockchain aufgenommen wird. Es muss eine zweite Ebene von Zahlungssystemen geben, die weniger umfangreich und effizienter ist. Auch die Zeit, die Bitcoin-Transaktionen benötigen, um abgeschlossen zu werden, ist für Käufe von mittlerem bis hohem Wert unpraktisch.*
> *Bitcoin-gestützte Banken werden diese Probleme lösen. Sie können so arbeiten, wie es die Banken vor der Verstaatlichung der Währung taten. Verschiedene Banken können unterschiedliche Strategien verfolgen, manche aggressiver, manche konservativer. Einige würden über Teilreserven verfügen, während andere zu 100 % durch Bitcoin gedeckt wären. Die Zinssätze können variieren. Bargeld von einigen Banken kann mit einem Abschlag zu dem von anderen gehandelt werden.*
> *George Selgin hat die Theorie des wettbewerbsorientierten freien Bankwesens im Detail ausgearbeitet und argumentiert, dass ein solches System stabil, inflationsresistent und selbstregulierend wäre.*
> *Ich glaube, Bitcoins endgültige Bestimmung wird die Rolle als „monetäre Basis" sein, die als Reservewährung für Banken dient, die ihr eigenes digitales Geld emittieren. Die meisten Bitcoin-Transaktionen werden zwischen Banken*

stattfinden, um Nettoüberweisungen abzuwickeln. Bitcoin-Transaktionen von Privatpersonen werden so selten sein wie... nun ja, wie es Bitcoin-basierte Einkäufe heute sind. [1]

Bargeld vs. Kredit: Der Unterschied zwischen Bargeld und Kredit besteht darin, dass Bargeld die physische Abwicklung von Geld ist, während der Kredit nur ein Versprechen dafür ist. Wie wir bereits festgestellt haben, ist Papiergeld nicht mehr durch etwas mit starken monetären Eigenschaften gedeckt und selbst zum Kredit geworden. In dieser Diskussion beziehe ich mich auf Bargeld in seiner ursprünglichen Bedeutung – die physische Abwicklung von Geld. Barzahlungen erfordern kein Vertrauen, weil das erhaltene Bargeld einen monetären Wert hat. Kreditsysteme erfordern Vertrauen, da sie ein Versprechen darstellen, dass Bargeld in der Zukunft zur Verfügung gestellt wird (Tausch von Vertrauen gegen Effizienz). Wenn du z. B. eine Zahlung über Venmo sendest, aktualisiert das Unternehmen seine Konten, um den Wert von deinem Konto abzuziehen und ihn dem Konto einer anderen Person hinzuzufügen. Bei Venmo wechselt kein Bargeld den Besitzer, es wird lediglich die Zahl im Computer geändert. Für Venmo ist es wichtig, wann du die Zahlung auf dein Bankkonto überweist, denn sie müssen das Geld von ihren Konten physisch auf dein Bankkonto überweisen (was innerhalb von ein bis drei Tagen erledigt ist). Venmo ist ein Kreditsystem, das auf dem Bankensystem aufbaut und einfache Zahlungen ermöglicht. Visa, Paypal, CashApp usw. tun das Gleiche. Venmo ist schnell bei Kredittransaktionen, aber langsam bei Bargeldtransaktionen.

Bitcoin ist ein Bargeldsystem, das eine physische Abwicklung deiner Bitcoin ermöglicht (alles ist digital, aber wirtschaftlich gesehen dasselbe wie die physische Abwicklung in unserem derzeitigen System). Man muss beachten, dass dies die wichtigste Innovation von Bitcoin ist, wobei man dies eigentlich nicht als eine physische Abwicklung bezeichnen kann, weil die physischen Eigenschaften in einem digitalen System repliziert wurden. Der Punkt ist, dass das Geld direkt auf deinem Konto ist, im Gegensatz zu dem Versprechen, dass es dort sein wird.

Wenn man ein Bargeldsystem mit einem Kreditsystem vergleicht, vergleicht man Äpfel mit Birnen – so wenn jemand Bitcoin mit Visa vergleicht. Das Bitcoin-Netzwerk kann maximal circa zehn Transaktionen pro Sekunde abwickeln, während Visa circa 1700 Transaktionen abwickeln kann. Daraus können wir nur schließen, dass ein Kreditsystem schneller ist als ein Bargeldsystem. Ein angemessener Vergleich für Bitcoin wäre die Bargeldabwicklung in unserem Bankensystem, wobei mehrere Tage für die Bearbeitung einer Transaktion benötigt werden, während es bei Bitcoin zehn Minuten sind. Ebenso wäre es fair, ein Kreditsystem, **das auf Bitcoin aufbaut**, mit Visa zu vergleichen.

Systeme, die auf Bitcoin aufbauen, d. h. Bitcoin ist der zugrunde liegende Vermögenswert (als Sicherheit), sind **Layer-2-Systeme**. Diese Systeme sind entweder Vermittler und/oder Anwendungen, die mit dem Bitcoin-Netzwerk interagieren. In ähnlicher Weise gibt es bei Instagram Anwendungen und Dienstleister wie Boomerang, die mit dem Netzwerk interagieren, um zusätzliche Funktionen bereitzustellen, die Instagram selbst nicht anbietet. Es gibt eine Vielzahl von Anwendungen, die in diesem Teil des Ökosystems existieren, aber wir werden uns auf das **Lightning-Netzwerk** und die **dritten Intermediäre** konzentrieren.

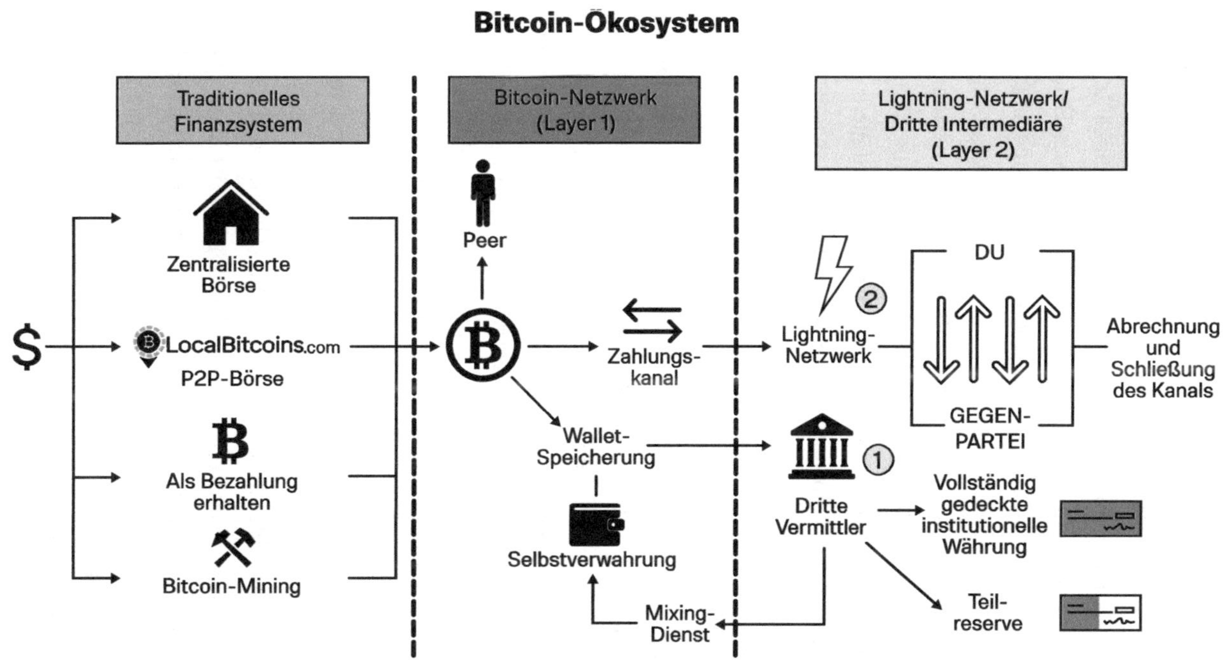

Abbildung 103: Darstellung von Layer-2-Systemen einschließlich dritten Intermediäre und Lightning-Netzwerk

1. **Dritte Intermediäre** – Hal Finneys Vision für Zahlungen. In einem wettbewerbsorientierten Umfeld können dritte Intermediäre (Banken auf Bitcoin-Basis) volle oder anteilige Reserven halten und darüber hinaus ihr eigenes handelbares Geld emittieren. Dies würde es den Marktteilnehmern ermöglichen, sich für die Bank, der sie am meisten Vertrauen entgegenbringen, zu entscheiden und mit ihr zu handeln. Teilreservesysteme sind nicht per se schlecht, sie erfordern nur ein wettbewerbsorientiertes Umfeld und Informationstransparenz (und nicht unsere verstaatlichte Währung und das zentralisierte Bankensystem). In Kombination mit einer dezentralisierten Währung wie Bitcoin haben die Menschen immer die Möglichkeit, ebendiesen anstelle von Bankguthaben zu halten (eine Option, die wir heute aus praktischen Gründen nicht haben). **Die Banken werden mit der Erfindung der öffentlichen Blockchains konkurrieren müssen; jeder auf der Welt könnte genau sehen, wie viel Bitcoin sie in ihren Reserven haben.** Die Gesamtverbindlichkeiten einer Bank müssen jedoch nach wie vor vorgelegt und geprüft werden, da die Verbindlichkeiten nicht auf der Blockchain vorhanden sind.
    a. Diese Vermittler werden eine Vielzahl von Funktionen anbieten müssen, die über den reinen Zahlungsverkehr hinausgehen. Alle Finanzdienstleistungen, die es in unserem derzeitigen System gibt, müssen im digitalen Bitcoin-System nachgebildet werden, wobei die Einzelheiten den Rahmen dieses Buches sprengen würden. Wichtig ist, dass es **einige Zeit dauern wird, bis die Vermittler auftauchen, und bis dahin wird das alte System aus praktischer Sicht die bessere Wahl bleiben.**
2. **Das Lightning-Netzwerk** – eine dezentralisierte Alternative zu Hals Vision, die sich derzeit im Aufbau befindet. Es ist ein Layer-

2-Protokoll, das ein gewisses Maß an Vertrauen erfordert, aber Mikrotransaktionen ermöglichen wird. Man kann es sich als ein dezentrales Kreditsystem vorstellen, das vollständig mit Bitcoin besichert ist. Es basiert auf dem Konzept von **Zahlungskanälen**, bei denen Bitcoin von zwei Parteien an eine Adresse mit einer zeitlichen Befristung gesendet werden, was bedeutet, dass die Bitcoin nach Ablauf der Zeit zurückgegeben werden. Innerhalb dieser Frist kann die Transaktion bzw. der Transaktionsverlauf mehrfach aktualisiert werden, und die Parteien haben die Möglichkeit, eine Verlängerung der Frist zu vereinbaren, wenn sie dies wünschen. Durch die mehrfache Aktualisierung der Transaktion, bevor sie im Bitcoin-Netzwerk veröffentlicht wird, können die beiden Parteien ständig neu verhandeln, wie viel Geld sie der anderen Partei geben. Dies ist wirtschaftlich gleichwertig mit dem Versenden so vieler Mikrotransaktionen, wie beide Parteien wünschen, und schneller als der Transaktionsdurchsatz von Visa. Wenn beide Parteien sich darauf einigen, die Kanäle zu schließen, kann der endgültige Stand des Zahlungskanalsaldos an das Bitcoin-Netzwerk übermittelt werden. Wenn man also zehn Bitcoin hat, kann man einen davon in einen Zahlungskanal hinterlegen und Lightning für alle kleineren, alltäglichen Transaktionen nutzen (wenn die Händler ebenfalls Zahlungskanäle haben). Die wichtigsten Vorteile des Lightning-Netzwerks sind

a. **Skalierung**: Es reduziert die Anzahl der Transaktionen, die im Bitcoin-Netzwerk durchgeführt werden müssen, indem sie in das Lightning-Netzwerk verlagert werden.

b. **Vollständig besicherte Transaktionen**: Da die Transaktionen im Lightning-Netzwerk vollständig durch den Code abgesichert sind, ist dies einem Bargeldsystem bemerkenswert ähnlich und schneller als jedes bestehende Kreditsystem.

c. **Datenschutz**: Lightning-Transaktionen werden nicht in der Blockchain aufgezeichnet und nutzen das Onion-Routing. Das bedeutet, dass **die Datenschutzprobleme von Bitcoin auf Lightning erheblich reduziert sind.**

Das Lightning-Netzwerk befindet sich noch in der Entwicklung und ist nicht perfekt. Seine technischen Herausforderungen würden den Rahmen dieses Buches sprengen, aber es lohnt sich, tiefer in die Materie einzutauchen. Wichtig ist, dass dies eine praktikable Option für eine sekundäre Zahlungsebene darstellt, und selbst wenn es scheitern sollte, könnten dritte Intermediäre die Lücke füllen. Allerdings wird die Akzeptanz dafür durch eine Sache sehr behindert – die Besteuerung.

Dritte Intermediäre und Layer-2-Protokolle werden die Finanzdienstleistungen des traditionellen Finanzsystems in das neue digitale System übertragen müssen.

Regulierung

Das regulatorische Umfeld von Bitcoin und seine Zukunft ist wohl das kontroverseste Thema in diesem Bereich. In dem Moment, als ich die Möglichkeiten von Bitcoin verstand, war mein erster Gedanke, dass es einen Finanzkrieg mit den etablierten Institutionen auslösen würde. Wie ich jedoch gelernt habe, gibt es meiner Meinung nach ein starkes alternatives Argument für eine friedliche Annahme dieses aufkommenden neuen Finanzsystems.

Derzeit ist das regulatorische Umfeld eine Grauzone, die sich noch in der Entwicklung befindet. Ich werde nicht näher auf die Einzelheiten eingehen, da sie sich wahrscheinlich schon bald nach der Veröffentlichung dieses Buches stark verändern werden. Vielmehr möchte ich hier einen Rahmen für die Bewertung des sich entwickelnden Umfelds bieten, beginnend mit einem kurzen Überblick über den derzeitigen Stand.

Bitcoin ist eine neue Technologie, die nicht eindeutig in eine einzige Regulierungskategorie passt. Unser derzeitiges Regulierungssystem wurde entwickelt, um die bestehenden Gegebenheiten der Dinge so zu regulieren, wie sie waren: Geld, Eigentum, Waren, Wertpapiere usw. Bitcoin ist eine dezentralisierte P2P-Transaktionstechnologie und die erste ihrer Art. Sie ist eine Verschmelzung mehrerer Technologien und passt so nicht in diesen bestehenden Rahmen. Das führt dazu, dass verschiedene Regulierungsbehörden Bitcoin auf unterschiedliche Weise definieren und sich oft widersprechen. Bitcoin fällt derzeit in den Zuständigkeitsbereich der folgenden Regulierungsbehörden:

Regulierungsbehörde	Relevante Gesetze	Kategorisierung von Bitcoin	Auswirkungen
FinCEN	Bank Secrecy Act – Gesetze gelten für „Geldübermittler" Anti-Geldwäsche (AML)	Bitcoin ist ein P2P-Netzwerk – kein Geldübermittler, da es keinen Betreiber hat	FinCEN wendet das Gesetz auf Teilnehmer im Bitcoin-Ökosystem an, kann es aber nicht auf Bitcoin selbst anwenden
IRS	Besteuerung	Eigentum	Besteuert als Kapitalvermögen – unter dieser Steuerstruktur ist die Verwendung von Bitcoin oder einem abgeleiteten Kryptowährungsprodukt für Zahlungen nicht möglich (jede Zahlung ist ein steuerpflichtiges Ereignis)
CFTC	Commodities Exchange Act	Ware	Die Regulierung der Derivatemärkte, die Bitcoin unterstützen, soll durch diese Gruppe geregelt werden
OCC (Teil von FinCEN)	Reguliert nationale Banken und Sparkassen	keine Angaben	Erlaubt Banken derzeit, als Node (Knotenpunkt) in einem dezentralen Netzwerk zu agieren
SEC	Wertpapierrecht	Geld – Bitcoin ist Geld und kein Wertpapier	Wertpapierprodukte, die an Bitcoin gebunden sind, werden (zukünftig) reguliert. Bei anderen Kryptowährungen wird von Fall zu Fall entschieden, ob es sich um Wertpapiere handelt.
FINRA (beaufsichtigt von der SEC)	Know Your Customer (KYC)	Bitcoin-Geschäfte unterliegen der KYC-Compliance	Dritte Parteien, die Kryptowährungen halten, unterliegen den Verwahrungsregeln
CFPB	EFTA und Verbraucherbeschwerden	Bitcoin-Geschäfte können sich als „Finanzinstitute" qualifizieren	Informiert die Verbraucher über die Risiken von Kryptowährungen

Abbildung 104: Relevante Regulierungsbehörden für Bitcoin

In der Tabelle gibt es einige Punkte zu beachten:

1. Bitcoin unterliegt aufgrund seiner Beschaffenheit einer Vielzahl von Regulierungsbehörden, da es in zahlreiche Kategorien des Regulierungsrahmens des traditionellen Systems fällt.
2. Die IRS sagt, Bitcoin sei Eigentum, die CFTC sagt, es sei eine Ware, und die SEC sagt, es sei Geld. Um sinnvolle Fortschritte zu erzielen, ist eine Koordinierung zwischen den Regulierungsbehörden erforderlich.
3. FinCEN hat erkannt, dass Bitcoin selbst nicht reguliert werden kann und konzentriert sich daher auf die Regulierung der zugehörigen Technologien/Geschäfte im Ökosystem. Ich denke, dieser Trend wird sich fortsetzen, wenn die Regulierungsbehörden verstehen, dass Bitcoin keinen CEO hat. Sie werden sich an die Teilnehmer des Ökosystems wenden, um Druck auszuüben. Man muss verstehen, dass Bitcoin auch ohne das Ökosystem existieren kann, obwohl es ohne dieses wesentlich beeinträchtigt wäre. Als letzten Ausweg könnten die Regulierungsbehörden versuchen, das Netzwerk selbst anzugreifen. Alle theoretisch möglichen Angriffsmethoden auf Bitcoin werden im letzten Kapitel erläutert.
4. Das Finanzamt (IRS) besteuert Bitcoin und andere Kryptowährungen als Eigentum, und solange sich das nicht ändert, werden Zahlungstechnologien wie Lightning nicht umsetzbar sein. Ich denke, dass sich dies aufgrund des Wettbewerbs in der globalen Wirtschaft wahrscheinlich ändern wird (mehr dazu später). Außerdem hat das IRS keine Möglichkeit, die Besteuerung von Einzelpersonen zu verfolgen, da es sich auf die Einhaltung der Vorschriften durch die Einzelpersonen selbst verlässt – dies ist

keine nachhaltige Möglichkeit für das IRS, Prüfungen durchzuführen.

5. Die Vorschriften erschweren die Innovation in diesem Bereich erheblich: „*Zwei der finanzstärksten Bitcoin-Unternehmen, Coinbase und Circle, berichten, dass es für jedes Unternehmen etwa zwei Millionen US-Dollar an Gebühren und Compliance-Maßnahmen und mehrere Jahre gekostet hat, eine Lizenz von nur 25 US-Staaten zu erhalten.*" [2]
6. Für einige Aspekte von Bitcoin gibt es im derzeitigen Rechtsrahmen einfach keine Kategorie: „Es ist nicht klar, wie sich die Klausel ‚Beibehalten der Verwahrung oder Kontrolle' auf Multisignatur-Transaktionen auswirkt, bei denen ein Bitcoin-Dienstleister möglicherweise nur einen von mehreren privaten Schlüsseln im Namen eines Kunden kontrolliert." [2]

Der derzeitige Rechtsrahmen ist unzureichend, es mangelt an Kontinuität, und Veränderungen werden nur langsam umgesetzt. Dies soll kein Seitenhieb in Richtung der Regulierungsbehörden sein – ihre Aufgabe ist nicht einfach –, sondern die Erkenntnis, dass es einer übergeordneten Gruppe bedarf, die die Leitung übernimmt. Viele Unternehmen mussten ohne Leitlinien vorankommen und wurden durch die Vorschriften in den Ruin getrieben (wie bei der New Yorker BitLicense).[3] Positiv ist jedoch, dass es einige Leitlinien gibt und das Ökosystem weiter wächst.

Verschiedenen Regierungsbehörden fehlt es an regulatorischer Kontinuität, da Bitcoin nicht in den aktuellen regulatorischen Rahmen passt.

Mit diesem Ansatz im Hinterkopf können wir nun die treibenden Kräfte hinter der Entwicklung des Regulierungsumfelds betrachten.

Was wollen die Regierungen?

Das hängt davon ab, ob man die Weltreservewährung besitzt, aber im Großen und Ganzen wollen alle Regierungen Kapitalkontrollen und Steuern. Einfach ausgedrückt: Sie wollen wissen, wohin das Geld fließt, und die Möglichkeit haben, es zu kontrollieren oder einzuziehen.

Kapitalverkehrskontrollen sind Regeln oder Gesetze, die den Kapitalfluss ins oder aus dem Land begrenzen sollen. Die Kontrolle der Finanzinstitute ist die wichtigste Methode der Kapitalkontrolle. Nicht zurückverfolgbares digitales Bargeld, wenn es denn existiert, umgeht Kapitalkontrollen. Bitcoin ist zwar nicht wirklich ein nicht zurückverfolgbares digitales Bargeld, aber mit seinem Ökosystem könnte es das sein. Eine Regierung würde wahrscheinlich versuchen, Bitcoin zu bekämpfen, indem sie sein Ökosystem vom traditionellen Fiat-System abkoppelt. China hat dies bereits bis zu einem gewissen Grad getan.

Steuern: Die Regierungen wollen mehr Kontrolle und mehr Geld. Diese Macht wurde von Franklin D. Roosevelt während der Großen Depression mit der Schaffung des Wohlfahrtsstaates erweitert.

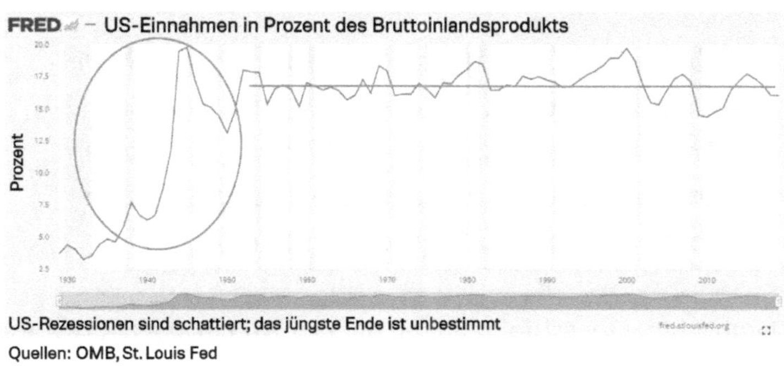

Abbildung 105: Steuereinnahmen der USA in Prozent des BIP seit 1930

In der zweiten Hälfte des 20. Jahrhunderts war Bargeld das wichtigste Zahlungsmittel. Bargeld lässt sich außerhalb des Bankensystems nur schwer zurückverfolgen und wurde jahrhundertelang genau aus diesem Grund verwendet. Die ganze Zeit über führten die Regierungen Maßnahmen zum Erzielen von Steuereinnahmen durch, um einen Teil dieses Bargelds abzuschöpfen. Gesetze zur Bekämpfung der Geldwäsche wurden erst in den 1970er Jahren eingeführt, und KYC-Gesetze (Know Your Customer) wurden als Teil des Patriot Act im Jahr 2001 geschaffen, um den „Terrorismus" zu bekämpfen. Zusammen mit der Aufhebung des Goldstandards in den 70er Jahren stellten diese Gesetze einen weiteren Eingriff in die finanzielle Privatsphäre der Bevölkerung dar. Interessanterweise waren die Regierungen in der Lage, die Steuereinnahmen als Prozentsatz des BIP sowohl vor als auch nach der Verabschiedung dieser Gesetze aufrechtzuerhalten. Das Einzige, was sich änderte, war der Verlust der Privatsphäre und die Einschränkung der Freiheit.

Der Trend zur staatlichen Kontrolle wird sich bei den Kryptowährungen wahrscheinlich fortsetzen. Donald Trump hat während seiner Amtszeit als Präsident Folgendes getwittert:

> *Ich bin kein Fan von Bitcoin und anderen Kryptowährungen, die kein Geld sind und deren Wert sehr volatil ist und auf heißer Luft basiert. Unregulierte Krypto-Assets können rechtswidriges Verhalten begünstigen, einschließlich Drogenhandel und anderer illegaler Aktivitäten.*

Darüber hinaus wird John Bolton mit den Worten zitiert, der Präsident habe den Finanzminister angewiesen, „*Bitcoin zu bekämpfen*".[4]

Bargeld ist für die Geldwäsche gut geeignet, aber es ist schwierig, es über große Entfernungen zu transportieren. Bitcoin und andere Kryptowährungen sind grenzenlos (sie lassen sich eigenständig über große Distanzen hinweg versenden), was ihnen einen Vorteil gegenüber Bargeld verschafft, **aber sie sind nicht so anonym wie Bargeld.** Es gibt Millionen von Bargeldtransaktionen in der Welt, von denen niemand weiß. Bitcoin-Transaktionen sind dagegen alle in einer öffentlichen Blockchain sichtbar. Wenn die Regierung etwas nachverfolgen will, sind alle Transaktionsdaten jederzeit verfügbar. Es ist nur eine Frage der Verknüpfbarkeit – der Verknüpfung der persönlichen Identität mit der Adresse. Der Gründer von Silk Road wurde letztendlich vom FBI erwischt, als er seine Identität mit seinem Online-Pseudonym verknüpfte. Der Punkt ist, dass Kryptowährungen nicht, wie oft dargestellt, eine neue Front für gesetzlose Geldwäsche eröffnen – sie ermöglichen es den Menschen, ihr Vermögen über die Zeit hinweg zu speichern. **Die Behörden benutzen die bösartigen Akteure, die es in unserem Bargeldsystem ohnehin schon gibt, lediglich als Sündenböcke, um durch Beeinflussung der öffentlichen Meinung Kontrolle über das Bitcoin-Ökosystem auszuüben.**

Was wollen die Menschen?

Die Menschen wollen reicher werden. Jedes Mal, wenn der Preis von Bitcoin steigt, interessieren sich mehr Menschen dafür und informieren sich über Bitcoin. **Unabhängig davon, was in den Medien behauptet wird, werden die Menschen auch weiterhin durch den Besitz von Bitcoin wohlhabender, und dies wird weiterhin mehr Menschen anziehen.** Je mehr der Preis von Bitcoin steigt, desto sicherer und wertvoller wird Bitcoin. Bitcoin erzeugt einen massiven Netzwerkeffekt, der mathematisch bald nicht mehr aufzuhalten sein wird. Wenn das so weitergeht, werden die Menschen Bitcoin weiterhin auf jede erdenkliche Weise besitzen.

Immer mehr Menschen werden von Bitcoin erfahren und entscheiden, ob sie selbst eigenständiger Besitzer ihrer finanziellen Mittel sein möchten oder ob sie einen Vermittler beauftragen wollen, der dies für sie erledigt. Es wird von großer Bedeutung sein, wofür sich die Verbraucher entscheiden, da die häufige Inanspruchnahme derselben Vermittler zur Zentralisierung des Eigentums am System führen könnte. In der Bitcoin-Community gibt es ein Sprichwort: „*Not your keys, not your Bitcoin*" (z. Dt. Nicht deine Schlüssel, nicht deine Bitcoin) – das bedeutet, wenn jemand anderes deinen privaten Schlüssel kontrolliert, dann gehören die Bitcoin nicht dir. Aber manche Menschen möchten nicht die Zeit aufwenden, um selbst die Verwahrung zu übernehmen, und das ist absolut verständlich, aber möglicherweise sehr kostspielig.

Wie könnte sich das alles entwickeln?

Aus der Sicht einer Regierung wurde die Büchse der Pandora geöffnet. Es wurde eine neue dezentrale Spartechnologie geschaffen, an der die Menschen auf die eine oder andere Weise festhalten werden. Die Regierungen können die Gesellschaft nicht mehr durch Mechanismen wie Geld drucken und niedrige Zinssätze bestehlen.

Es beginnt gerade ein globaler Wettbewerb. Regierungen, die die Verwendung von Bitcoin einschränken oder es nicht selbst einführen, werden Wohlstand verlieren. Diejenigen, die Bitcoin frühzeitig einführen, werden eine beträchtliche Menge an Wohlstand gewinnen. Ich denke, dass Länder, die vom globalen Bankwesen der USA ausgeschlossen sind, die ersten sein werden, die Bitcoin einführen. Der Iran nutzt es bereits, und andere werden bald folgen (wie El Salvador, das am 7. September 2021 als erstes Land Bitcoin zum gesetzlichen Zahlungsmittel machte – Anm. d. Hrsg.).[5] Wahrscheinlich werden hyperinflationäre Volkswirtschaften die nächsten sein, die Bitcoin einführen, und die Welt wird dies aufmerksam verfolgen. Wenn alle aufstrebenden Wirtschaftsnationen den Aufstieg dieser Early Adopters (z. Dt. frühzeitigen Anwender/Erstanwender) wahrnehmen, werden sie gezwungen sein, ihre Verluste zu minimieren und dasselbe zu tun. Länder, die vom derzeitigen globalen Wirtschaftssystem ausgeschlossen sind, haben den größten Anreiz, Bitcoin einzuführen, während Länder mit den meisten Verbindungen zur globalen Reservewährung, dem Dollar, den geringsten haben.

Das bringt die USA in eine schwierige Lage, da sie riskieren, ihr großes Privileg, die Weltreservewährung zu stellen, zu verlieren. Im schlimmsten Fall könnte die Executive Order 6102 (als die US-Regierung Gold von Bürgern konfiszierte) wieder zum Leben erweckt werden, aber ich halte dies nicht für allzu wahrscheinlich. Ich glaube, dass unsere Politiker irgendwann die Weitsicht entwickeln, zu wissen, was gut für sie ist, auch wenn es schwer sein wird, sich von dem Reichtum zu trennen, den sie aus anderen Ländern abschöpfen. Es wird wahrscheinlich zu einem Kampf zwischen Regierung und Industrie kommen, und das wird höchstwahrscheinlich ein Angriff auf das Ökosystem sein. Ich bezweifle jedoch, dass ein derartiger Kampf lange andauern wird, da andere Länder immer wohlhabender werden, indem sie das knappste Gut der Welt zu ihrer neuen Reservewährung machen.

Fazit

Bitcoin wurde als monetäre Basisschicht konzipiert, auf der ein neues Finanzsystem aufgebaut werden kann. Dies steht im Gegensatz zum gegenwärtigen System, in dem unsere monetäre Basisschicht (der US-Dollar) seine monetären Eigenschaften verloren hat und jetzt nur noch aus Krediten (Fiat) besteht. Damit Bitcoin mit dem etablierten System konkurrieren kann, müssen die Finanzdienstleistungen des etablierten Systems im Bitcoin-Ökosystem nachgebildet werden. Vieles davon geschieht bereits, aber es liegt noch ein langer Weg vor uns. Dem derzeitigen regulatorischen Umfeld mangelt es an Kontinuität – für den weiteren Aufbau des Ökosystems sind erhebliche Änderungen und Richtlinien erforderlich. Manche Regierungen sehen einen bedeutenden Vorteil darin, Bitcoin einzuführen, was bei anderen jedoch nicht zutrifft. Dies schafft ein globales Wettbewerbsumfeld, und mit zunehmender Verbreitung von Bitcoin wird es immer schwieriger, diesen Trend zu bekämpfen. Die Länder, die am wenigsten mit dem internationalen System zu tun haben, werden Bitcoin wahrscheinlich zuerst einführen. Wenn die USA klug sind, werden sie nicht warten und die Letzten sein. Mit diesem Wissen können wir nun die monetären Eigenschaften von Bitcoin direkt untersuchen und sie mit den veralteten Geldformen vergleichen, die es im Laufe der Geschichte gegeben hat.

Quellenangabe

1. Bitcointalk.org: *Hal Finney Forum Post*, 30. Dezember 2010

2. Brito, Jerry; Castillo, Andrea: *Bitcoin: A Primer for Policymakers*, S. 48–50

3. https://en.wikipedia.org/wiki/BitLicense
4. https://micky.com.au/donald-trump-wanted-treasury-secretary-to-go-after-bitcoin-per-unpublished-book/
5. https://www.vice.com/en/article/qjppx3/iran-bitcoin-us-sanctions

Kapitel 13

Die Eigenschaften von Bitcoin

Würdest du an das glauben, woran du glaubst, wenn du der Einzige wärst, der daran glaubt?
KANYE WEST

Im ersten Kapitel wurden die Dimensionen des Geldes definiert. Diese Dimensionen werden durch monetäre Eigenschaften unterstützt, ohne die ein „Gut“ keine monetären Funktionen erfüllen kann. Mit diesem Verständnis haben wir uns die Geschichte und Evolution des Geldes angeschaut und die monetären Eigenschaften mit jedem Evolutionsschritt verglichen. Bitcoin oder eine dezentralisierte Form des Geldes ist der nächste Schritt in der monetären Evolution der Welt.

Wie unterscheidet sich Bitcoin von anderen Formen des Geldes? Um diese Frage zu beantworten, müssen wir zunächst definieren, was „Bitcoin“ bedeutet. Es gibt das Bitcoin-Netzwerk (Layer 1) und es gibt das Bitcoin-Ökosystem (Layer 2), das das Netzwerk unterstützt. So wie Gold für Zahlungen über weite Entfernungen durch Papierbelege nutzbar gemacht wurde, erhält Bitcoin durch Layer-2-Zahlungskanäle und dritte Intermediäre erweiterte Fähigkeiten.

Die Layer-1-Technologie ist am ehesten mit unserem derzeitigen Bankensystem vergleichbar, während die Layer-2-Technologien am ehesten mit Zahlungssystemen vergleichbar sind. Die Layer-2-Systeme von Bitcoin sind zu diesem Zeitpunkt eher theoretischer als praktischer Natur, sodass ein Vergleich am besten auf Layer-1-Ebene durchgeführt werden kann. Unter diesem Gesichtspunkt können wir Bitcoin, Eigenschaft für Eigenschaft, mit unserem Fiat-Geldsystem vergleichen.

Knappheit

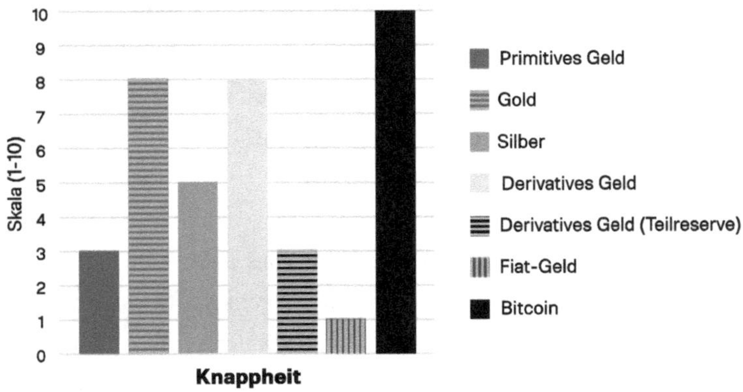

Abbildung 106: anschaulicher Vergleich der Eigenschaft der Knappheit nach Geldmedien

Bitcoin ist das knappste monetäre Gut der Welt. Es wird immer nur 21 Millionen Bitcoin geben. Die aktuelle Inflationsrate liegt bei ca. 1,8 %, gleichauf mit der von Gold, die zwischen 1,5 % und 2,5 % liegt. Die Inflationsrate von Gold bewegt sich seit Jahrhunderten in diesem Bereich und wird wahrscheinlich nicht sinken, ohne dass es zu einem signifikanten Preisrückgang kommt. Die Inflationsrate von Bitcoin wird sich garantiert alle vier Jahre halbieren. Während die Inflation von Bitcoin heute ähnlich hoch ist wie die von Gold, wird sie in Zukunft wesentlich geringer sein. Dies ist das wichtigste Wertversprechen von Bitcoin. Selbst wenn das Ökosystem komplett abgeschaltet wird, speichert Bitcoin den Wert für die Menschen immer noch besser als jeder andere Vermögenswert.

Warum kann nicht einfach jemand anderes ein noch knapperes digitales Geld als Bitcoin erschaffen?

Jemand könnte jetzt den Code von Bitcoin kopieren und den Emissionsplan anpassen, um eine noch knappere Kryptowährung zu produzieren. Diese Kryptowährung hätte jedoch kein unterstützendes Netzwerk, und diese Person müsste es von Grund auf eigenständig aufbauen.

Das Erschaffen eines Kryptowährungsnetzwerks ist heute anders als im Jahr 2008, als Bitcoin entstand. Damals gab es keine Konkurrenz, nur Bitcoin. Dadurch hatte Bitcoin Zeit, auf die richtige Weise zu wachsen. Es ermöglichte der Community, seine Nutzung zu fördern und ihn aufblühen zu lassen, ohne dass eine zentralisierte Kontrolle nötig war, um irgendeine Konkurrenz auszustechen.

Altcoins haben diesen Luxus heute nicht – es gibt sehr viel Konkurrenz. Um einen Netzwerkeffekt zu erzeugen, ist ein komplettes Team mit zentraler Kontrolle erforderlich, um ständige Entwicklungsänderungen, Forks und Adoptions-/Marketingmaßnahmen zu unterstützen. **Das wettbewerbsintensive Umfeld erfordert eine zentrale Kontrolle, allein um den Netzwerkeffekt der etablierten Akteure zu bekämpfen.**

Es gibt Altcoins mit besseren Eigenschaften als Bitcoin. Zcash beispielsweise verwendet denselben Code wie Bitcoin, mit Ergänzungen, die es den Benutzern ermöglichen, ihre Transaktionen vollständig zu anonymisieren. Zcash wird von zwei verschiedenen Gruppen kontrolliert, die Marketing- und Entwicklungsmaßnahmen unterstützen. Sie streiten sich auch mit den Communities anderer Kryptowährungen, um ein Narrativ zu bestimmen, das Anreize für die Adoption schafft. In der Zwischenzeit erfahren immer mehr Menschen von Bitcoin und es wird immer dezentralisierter.

Wenn die Regierung Kontrollmaßnahmen ergreifen würde, wären die Altcoins gezwungen, sich daran zu halten. So sehr ein Team auch gegen Regulierung sein mag, es unterliegt den gleichen regulatorischen Konsequenzen wie jeder andere auch. Ich bin mir nicht sicher, ob irgendein Altcoin dezentralisiert genug ist, um ohne weitere Entwicklungen und Marketinganstrengungen eines bezahlten Teams zu wachsen und mit Bitcoin zu konkurrieren. Altcoins sind nicht vollständig dezentralisiert, und es ist in diesem Stadium schwierig für sie, dezentralisiert zu werden, während sie gleichzeitig versuchen, zu wachsen. **Wenn die Regierung Maßnahmen gegen Bitcoin ergreift, können sie dem Layer-1-Protokoll nichts anhaben.** Das ist der Hauptunterschied.

Ist es möglich, dass Altcoins wachsen und Marktanteile gewinnen können? Ja, aber diese Möglichkeit ist nicht unbedingt wahrscheinlich. Das Verhältnis zwischen Risiko und Ertrag ist bei jedem Altcoin um ein Vielfaches größer als bei Bitcoin. Bitcoin ist groß und dezentralisiert genug, um sich behaupten zu können. In Zeiten staatlicher Kontrolle werden zentralisierte Unternehmen wahrscheinlich gezwungen sein, sich an Vorschriften zu halten, was ein großes Risiko für ihr Wertversprechen darstellt.

Am wichtigsten ist, dass die Menschen Bitcoin kaufen, weil sie sicher sind, dass sich der Emissionsplan nicht ändern wird. Je mehr das Netzwerk wächst, desto größer ist diese Gewissheit. Altcoins könnten ihre Emissionspläne schon morgen ohne die Zustimmung der beteiligten Stakeholder-Gruppen ändern.

Ethereum zum Beispiel (die zweitgrößte Kryptowährung) wird stark von seinem Gründer Vitalik Buterin beeinflusst. Sie wurde 2016 gehackt, hat mehrere Hard Forks hinter sich, und in der Community herrscht Uneinigkeit über ihr Gesamtangebot. Der Hack führte zu einem Hard Fork, um die verlorenen Coins an die Betroffenen zurückzugeben. Im Endeffekt war dies eine Veränderung der Angebotsmenge von Ether, und wenn dies mit Bitcoin passieren würde, würden die Menschen das Vertrauen in seine Knappheit verlieren. Bei Bitcoin gibt es keine Einzelperson, die Änderungen am Protokoll vornehmen könnte, es musste noch nie ein Hard Fork durchgeführt werden (andere haben sich abgezweigt, aber die Hauptkette musste nicht geändert werden), und jeder weiß genau, wie hoch die Angebotsmenge ist.

Bitcoin ist das knappste Gut der Welt. Jede andere Form digitaler Knappheit erfordert eine Netzwerkgröße, die mit der von Bitcoin vergleichbar sein muss, um konkurrenzfähig zu sein. Die Größe des Netzwerks bietet die Gewissheit, dass sich der Emissionsplan nicht ändern wird, und daher ist es unglaublich schwer, mit Bitcoin zu konkurrieren.

Beständigkeit

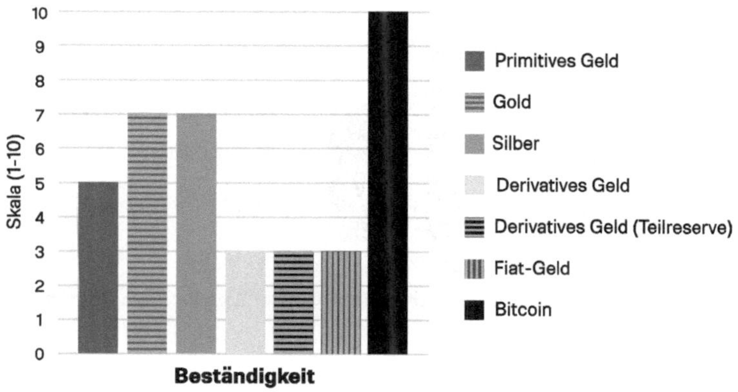

Abbildung 107: anschaulicher Vergleich der Eigenschaft der Beständigkeit nach Geldmedien

Bitcoin ist rein digital und daher absolut beständig. Fiat-Geld bezieht sich in dieser Erklärung auf seine historische physische Form (Bargeld und Münzen), aber ein Großteil davon ist jetzt offensichtlich online und besitzt die gleiche Beständigkeit. Ein Argument gegen die Beständigkeit von Bitcoin würde ebenso das Internet betreffen – wenn das Internet ausfällt, dann auch Bitcoin. Sollte dies jemals der Fall sein, wäre Bitcoin das geringste unserer Probleme. Da das Internet ein resilientes Netzwerk ist, würde ich nicht darauf wetten, dass es „zusammenbricht“. Wenn es das täte, dann würden alle Technologien, die auf dem Internet basieren, ihren Wert verlieren.

Akzeptanz

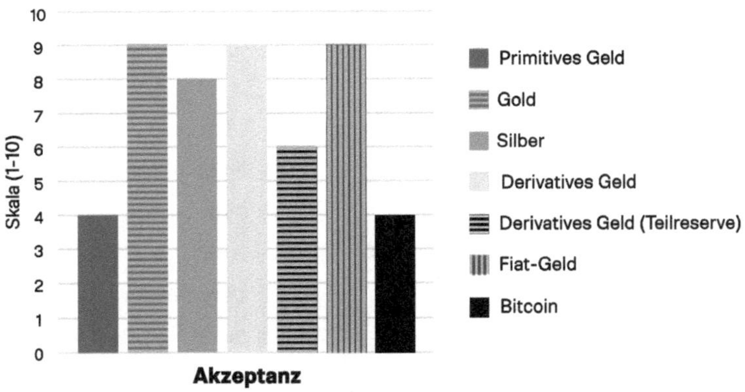

Abbildung 108: anschaulicher Vergleich der Eigenschaft der Akzeptanz nach Geldmedien

Derzeit ist die Akzeptanz für Bitcoin gering. Es handelt sich um ein aufstrebendes Geldsystem, dessen Wachstum nicht von heute auf morgen erfolgen wird. Das Wachstum von Bitcoin wird durch den Preisanstieg angetrieben. Ein kontinuierlicher Preisanstieg führt mit jedem Marktzyklus zu einem exponentiellen Wachstum der Akzeptanz. Nur die Zeit wird zeigen, was mit dieser Eigenschaft geschieht, aber es gibt einen starken Trend zur Akzeptanz.

Bitcoin wurde als monetäres Reserve-Asset entwickelt – der gesamte adressierbare Markt, der (theoretisch) alle Vermögenswerte der Welt umfasst, wird auf etwa 300 bis 400 Billionen US-Dollar geschätzt. Bitcoin steckt noch in den Kinderschuhen, mit einem aktuellen Marktwert von einer Billion US-Dollar. Der Goldmarkt hat einen Wert von zwölf Billionen US-Dollar, und der aktuelle Wert der Devisenreserven beträgt ebenfalls zwölf Billionen US-Dollar. Ein Markt von 24 Billionen US-Dollar ist gewaltig und es liegt noch ein langer Weg vor Bitcoin, bis er auch nur annähernd eine solche Größe erreicht. Diejenigen, die denken, dass Bitcoin zu teuer ist, verstehen die Größe des Marktes nicht. Sollte es Bitcoin gelingen, diese beiden Märkte zu übernehmen, könnte ein Bitcoin einen Wert von 1,1 Millionen Dollar erreichen. Selbst wenn Bitcoin nur einen geringen Teil dieser Märkte einnimmt, ist es eine kluge Entscheidung, Bitcoin langfristig zu halten.

Transportierbarkeit

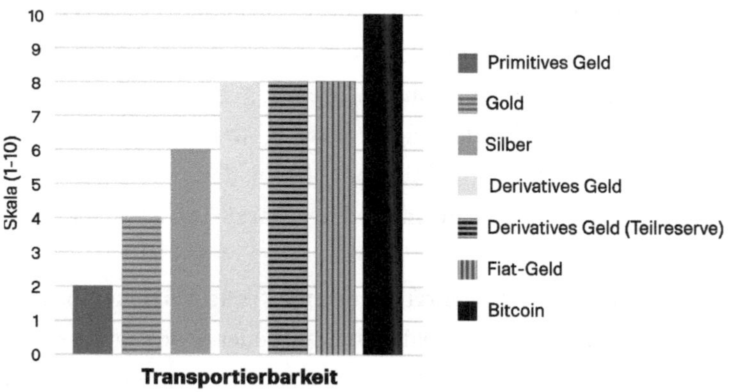

Abbildung 109: anschaulicher Vergleich der Eigenschaft der Transportierbarkeit nach Geldmedien

Bitcoin ist das am leichtesten transportierbare monetäre Gut der Welt. Im April 2020 wurden 1,1 Milliarden US-Dollar in einer Transaktion innerhalb weniger Minuten und zu einem Preis von 68 Cent bewegt.[4] Diese Transaktion wurde kostengünstig und effizient abgewickelt, ohne dass die Beteiligten sich an irgendwelche Regeln halten, ihre Identität preisgeben, jemandem ihre Informationen anvertrauen oder die Kontrolle an andere abgeben mussten. Jemand hat 1,1 Milliarden US-Dollar für 68 Cent bewegt, ohne dass man etwas dagegen tun konnte. **Kein anderes Zahlungssystem auf der Welt kann eine solche Summe zu einem solchen Preis, in so kurzer Zeit und völlig eigenständig bewegen.**

In unserem derzeitigen System musst du den dritten Intermediären sagen, wer du bist, ihre Regeln befolgen, darauf vertrauen, dass sie deine Daten sicher aufbewahren, und ihnen die Kontrolle über dein Geld geben. Bitcoin ist das Gegenteil von diesem System:

1. **Bitcoin erfordert Verantwortung.** Du bist für dein finanzielles Wohlbefinden selbst verantwortlich. Und Bitcoin bringt nicht nur Vorteile, sondern auch Verantwortung mit sich. Wenn du bei Bitcoin deinen privaten Schlüssel verlierst, hast du deine Bitcoin verloren. Niemand kann die Transaktion für dich rückgängig machen; dies wird als **Endgültigkeit der Abwicklung** bezeichnet. Dies ist eine Einschränkung bei Bitcoin, da man als Teil eines zentralisierten Systems in der Lage wäre, Transaktionen rückgängig zu machen.
2. **Bitcoin ist vertrauensfrei.** Es erfordert kein Vertrauen in eine dritte Partei, die dein Geld aufbewahrt oder es bewegt. Systeme wie Paypal, Venmo, CashApp, usw. werden von zentralisierten Drittparteien kontrolliert.

3. **Bitcoin ist pseudonym.** Du musst nicht all deine privatesten Informationen preisgeben, um am Bitcoin-Netzwerk teilzunehmen. Während die **Verknüpfbarkeit** ein großes Risiko für die Privatsphäre im Netzwerk darstellt, kannst du selbst oder mit Hilfe von dritten Intermediären Maßnahmen ergreifen, um privat zu bleiben. In unserem derzeitigen System bist du für jeden „privat", außer für deine Bank und die Regierung. Außerdem besteht ein hohes Risiko, dass deine Daten gehackt werden.
4. **Bitcoin ist grenzenlos.** Es kann in wenigen Minuten über den ganzen Globus bewegt werden. Im Fiat-Bankensystem dauert dieser Vorgang Tage, wenn nicht sogar Wochen. Außerdem musst du dafür einen großen Teil deiner Privatsphäre aufgeben und benötigst die Erlaubnis deiner Bank und der Aufsichtsbehörden.
5. **Bitcoin ist erlaubnisfrei.** Du kannst im Bitcoin-Netzwerk ohne jegliche Einschränkungen durch Dritte Transaktionen durchführen, da es ein Peer-to-Peer-Netzwerk ist. Als Teilnehmer des Bitcoin-Netzwerks bist du vollkommen souverän.
6. **Bitcoin ist ein Bargeldsystem.** Eine Transaktion mit Bitcoin bedeutet, dass du in digitaler Form einen Geldwert bewegt hast. **Es ist kein Kredit** wie bei Paypal, Venmo und CashApp – um dein Bargeld von diesen Systemen zu erhalten, sind mehrtägige Abwicklungszeiten erforderlich, die Bitcoin in wenigen Minuten erledigen kann.

Teilbarkeit

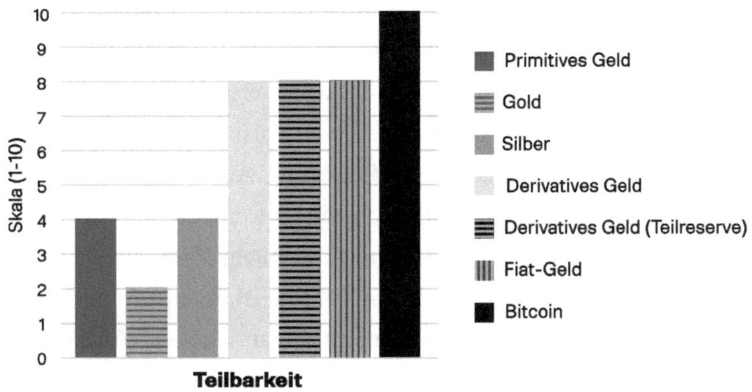

Abbildung 110: anschaulicher Vergleich der Eigenschaft der Teilbarkeit nach Geldmedien

Bitcoin ist der am besten teilbare Geldwert der Welt. Das liegt daran, dass er digital ist. Fiat-Geld kann bis auf den Cent (0,01) aufgeteilt werden. Bitcoin kann bis auf einen sogenannten Satoshi oder Sat (0,00000001) aufgeteilt werden. Wenn ein Bitcoin 1.000.000 US-Dollar wert wäre, dann wäre ein Satoshi 0,01 US-Dollar wert. Es gibt bereits Vorschläge, dieses System von Sat auf Bit umzustellen – was meiner Meinung nach auch irgendwann geschehen wird. Ein Bit ist in der Informatik die Grundeinheit der Information (1 oder 0) und war früher zufällig ein US-Ausdruck für 12 ½ Cent. Es wäre sinnvoll, wenn das digitale Geld zu dieser Bezeichnung zurückkehren würde, um seine grundlegendste Einheit darzustellen.

Es wird oft behauptet, dass Bitcoin nicht knapp ist, weil er so gut teilbar ist. Ich weiß nicht, wer dieses Argument in die Welt gesetzt hat, aber es ist eine unlogische Schlussfolgerung. Einen Eimer Wasser könnte man theoretisch bis auf das Molekül oder Atom oder was auch immer aufteilen. Dadurch wird aber kein neues Wasser geschaffen – wenn wir durch Teilung Wert erschaffen könnten, wären wir alle Götter. Es wird immer nur 21 Millionen Bitcoin geben, und egal, wie klein man sie aufteilt, die Gesamtmenge bleibt dieselbe. Wenn jemand dieses Argument vorbringt, bedanke dich für diese Information und setz dein Leben wie gewohnt fort. Notiere dir all die Leute und ruf sie an, wenn du das nächste Mal ein Schneeballsystem entwickelst.

Es gibt noch ein damit zusammenhängendes Argument gegen die Knappheit von Bitcoin, das nachvollziehbarer ist. Es wird behauptet, dass durch Hard Forks neue Währungen geschaffen werden, wodurch sich das Angebot an Bitcoin oder ähnlichen Coins kontinuierlich erhöht und Bitcoin daher nicht knapp ist. Wenn man Bitcoin versteht, begreift man sofort, dass sein Wert nicht durch seine Software, sondern in erster Linie durch sein Netzwerk definiert wird. Die Funktionalität von Bitcoin ist eine Sache, aber jeder kann diesen Code jederzeit kopieren und seine eigene Währung starten. Das Netzwerk von Bitcoin kann jedoch nicht kopiert werden. Wenn es zu einem Hard Fork kommt, können die Netzwerkteilnehmer wählen, wo sie ihre Rechenleistung einsetzen wollen. Das Netzwerk, das mehr Mining-Leistung erhält, ist dann auch sicherer und wertvoller. **Durch Forks wird zwar eine neue Währung geschaffen, aber keine neue Rechenleistung, aus der sich letztlich der WERT ergibt.** Langfristig wird der Wert der einen Währung von der anderen aufgezehrt. Es ist ein Nullsummenspiel; die Rechenleistung bleibt knapp.

Fungibilität

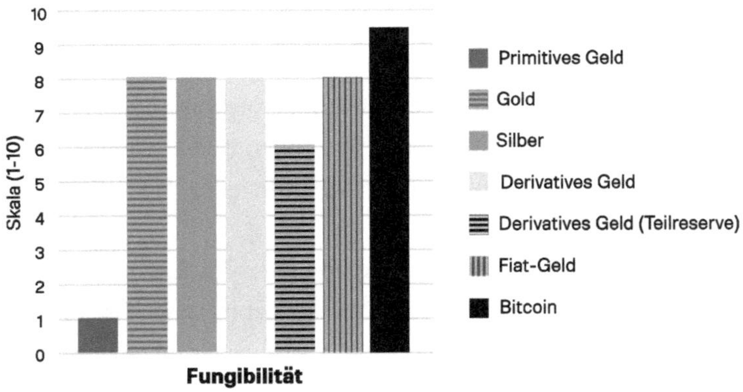

Abbildung 111: anschaulicher Vergleich der Eigenschaft der Fungibilität nach Geldmedien

Fungibilität bedeutet, dass die einzelnen Einheiten einer Ware homogen und austauschbar sind, zumindest bis zu einem gewissen Grad (d. h. ein Ein-Dollar-Schein unterscheidet sich nicht von einem anderen Ein-Dollar-Schein). Der US-Dollar ist zwar fungibel, aber nicht vollkommen fungibel. Ein Zwei-Dollar-Schein ist zum Beispiel besonders begehrt, weil er nicht so häufig zu finden ist – die Leute würden eher auf zwei Ein-Dollar-Scheine verzichten als auf einen einzigen Zwei-Dollar-Schein. Banknoten können auch in gewisser Weise nachverfolgt werden, wie z. B. markierte Scheine, was die Nutzung dieser speziellen Geldscheine im Vergleich zu anderen schwieriger gestaltet. Außerdem sind Geldscheine anfällig für Beschädigungen und werden wahrscheinlich weniger akzeptiert, sobald sie beschädigt sind.

Auch Bitcoin sind fungibel, aber ebenso nicht vollkommen fungibel. Da sich die Eigentumsverhältnisse auf der Blockchain nachverfolgen lassen, hat jeder Bitcoin eine Historie, die von jedermann eingesehen und bis zu seiner ursprünglichen Coinbase-Transaktion zurückverfolgt werden kann. Diese Vorgeschichte kann die Fungibilität des Coins auf verschiedene Weise beeinflussen.

Zum Beispiel **könnten sich unterschiedliche Vorgeschichten auf den Wert von Coins auswirken** – so wie Münzsammler Münzen aufgrund ihres historischen oder ästhetischen Wertes über ihren Geldwert hinaus schätzen. Im ersten Block, der jemals von Satoshi gemined wurde (dem sogenannten Genesis-Block), fügte er zusätzliche Metadaten hinzu, nämlich die Schlagzeile „*The Times 03/Jan/2009 Chancellor on brink of second bailout for banks*" (z. Dt. Der britische Finanzminister steht kurz vor einem zweiten Rettungspaket für Banken), womit er seine Verachtung für das englische Bankensystem zum Ausdruck brachte, das seine Verluste vergemeinschaftet und moralisches Fehlverhalten fördert. Ich kann mir vorstellen, dass jeder Coin, der auf diesen Block zurückgeht, für die Menschen in der Zukunft ähnlich begehrenswert sein wird wie historische Kunst.

Unveränderbarkeit

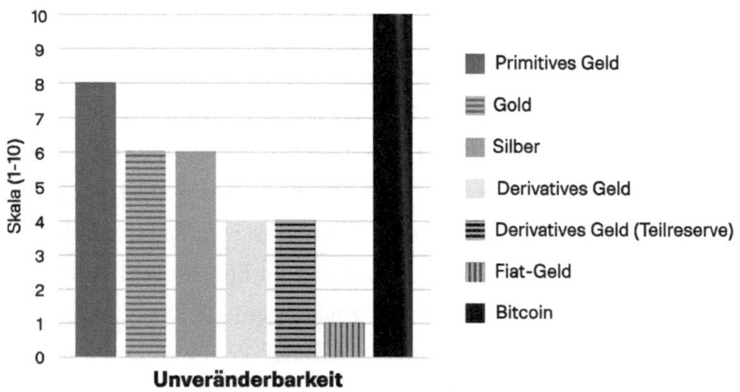

Abbildung 112: anschaulicher Vergleich der Eigenschaft der Unveränderbarkeit nach Geldmedien

Im dritten Kapitel dieses Buches fügte ich den sechs allgemein anerkannten Eigenschaften des Geldes eine **siebte Eigenschaft** hinzu, die **Unveränderbarkeit** (die durch die Dezentralisierung von Produktion und Verwahrung erreicht wird). Aufgrund der Geschichte des Geldes sollte die Unveränderbarkeit als eine Eigenschaft gelten, da sie notwendig ist, um das moralische Fehlverhalten aus dem Geldsystem zu entfernen.

Fiat-Geld wird von einer Zentralbank produziert und im Bankensystem durch Teilreserven vervielfältigt. Fiat-Geld wird in Banken gelagert und eine persönliche Verwahrung ist in digitaler Form nicht möglich und in physischer Form unpraktisch.

Produktion

Bitcoin werden dezentral durch die Bemühungen von Tausenden einzelner Mining-Nodes erzeugt. Allerdings besteht bei diesem Prozess die Gefahr der Zentralisierung:

1. **Mining-Pools** – In einem vorherigen Kapitel wurde erläutert, wie Miner sich zu Pools zusammenschließen, um ihre Chancen auf eine Blockprämie zu erhöhen und so einen beständigeren Cashflow zu erzielen. Diese Mining-Pools befolgen Regeln und werden von den Betreibern kontrolliert. In Abbildung 113 kann man sehen, dass das dezentrale Mining immer weniger wird und BitDeer – ein Mining-Pool – einen massiven Anteil an der gesamten Mining-Leistung übernommen hat. BitDeer setzt sich jedoch aus fünf Unternehmen zusammen – AntPool, BTC.com, BTC.top, F2 Pool und ViaBTC. Ob der Trend zu einer zunehmenden Zentralisierung von Mining-Pools in Zukunft anhalten

wird, ist ungewiss, aber er stellt ein erhebliches Risiko für die Dezentralisierung des Netzwerks dar.

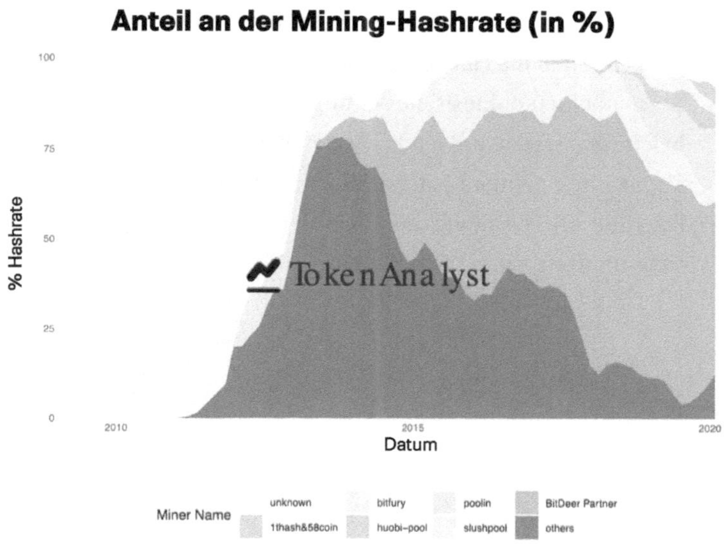

Abbildung 113: Mining-Pools als Prozentsatz der gesamten Hashrate ab Januar 2020 (Bildquelle: Token Analyst) [1]

2. **Industrielles Mining** – Neben Mining-Pools wachsen auch große Mining-Unternehmen schnell und suchen nach passenden Standorten für den Mining-Betrieb. Die Unternehmen können durch niedrige Strom- und Fixkosten Einsparungen erzielen. Natürlich wollen die Unternehmen größer werden, aber die Homogenität des Minings in einem wettbewerbsintensiven Umfeld dürfte dieser Tendenz entgegenwirken (d. h. Mining ist ein standardisiertes Geschäft mit niedrigen Eintrittsbarrieren).

3. **Geografische Konzentration** – Unternehmen errichten große Mining-Anlagen in Umgebungen mit niedrigen Energiekosten. Wenn sich genügend Miner in einem einzigen Gebiet konzentrieren, könnte dies das Bitcoin-Netzwerk anfällig dafür machen, dass ein Staat die Hardware der Miner beschlagnahmt. Im Jahr 2020 machten chinesische Mining-Betriebe etwa 65 % der globalen Hashrate aus.[5] Trends wie das Mining mit überschüssigen Kapazitäten nehmen jedoch rasch zu und hemmen die Zentralisierung. Diese Entwicklung markiert einen wichtigen Meilenstein im Reifeprozess von Bitcoin.

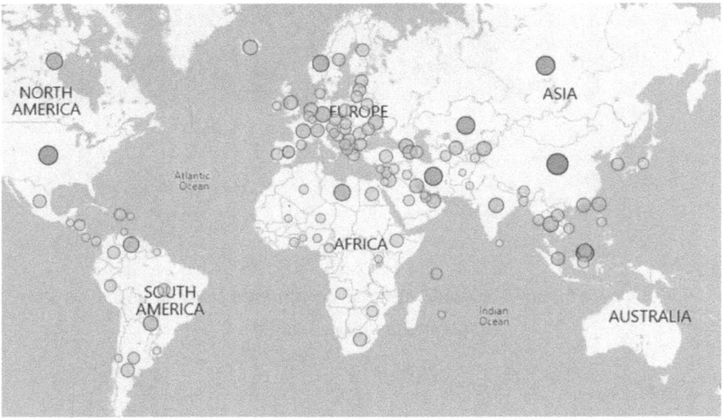

Abbildung 114: Visualisierung der Bitcoin-Mining-Hashrate nach geografischer Lage (Bildquelle: Cambridge - https://ccaf.io/cbnsi/cbeci/mining_map)[2]

4. **Mining-Hardware** – In den Anfangstagen von Bitcoin gab es nur eine Handvoll Hersteller von Mining-Hardware. Die Vielfalt der Hardwareproduzenten hat mittlerweile zwar zugenommen, doch es bleibt auf der Ebene der Halbleiterfertigung eine gewisse Konzentration bestehen.

Das Entscheidende ist, dass **das Netzwerk durch die bestehenden Anreize immer gegen 51%-Angriffe geschützt ist.** Diejenigen, die eine beträchtliche Menge an Hashing-Power besitzen, haben keinen Grund, das Netz anzugreifen, da es sich mehr lohnt, sich an die Regeln zu halten. Die einzige Ausnahme wäre ein Akteur mit böswilligen Absichten und einem großen Interesse am traditionellen System, wie etwa ein Staat.

Die langfristige Dezentralisierung ist noch keine wirtschaftliche Realität, aber eine technologische Möglichkeit. Die Produktion ist einerseits in gewisser Hinsicht zentralisiert, andererseits aber auch dezentralisiert. Dies ist wichtig für die Zukunft von Bitcoin, da der Wert des Netzwerks auf seiner Dezentralität beruht.

Verwahrung

Die Dezentralisierung der Verwahrung ist wichtig, und zwar nicht für die Sicherheit des Netzwerks, sondern um sicherzustellen, dass der Wert unter der Kontrolle der Netzwerkteilnehmer bleibt. Laut glassnode.com stieg der Prozentsatz der auf Börsen gehaltenen Bitcoin von vier Prozent im Jahr 2015 auf 16 Prozent im Jahr 2020 an.[3]

Mit dem Aufkommen von Finanzdienstleistern werden die Teilnehmer entscheiden müssen, ob sie ihre Bitcoin selbst verwahren oder bei einer dritten Partei lagern wollen. Die Zentralisierung der Verwahrung wird wahrscheinlich zunehmen, aber die Anzahl der Drittparteien wird bis zu einem gewissen Grad dezentralisiert bleiben. Die Menschen werden selbst über den Kompromiss zwischen Vertrauen und Effizienz entscheiden müssen. Außerdem wird die Selbstverwahrung immer attraktiver, je mehr die Staaten beginnen, die Drittanbieter zu kontrollieren und zu regulieren. In unserem Fiat-System ist es nicht möglich, „ohne Bank" zu agieren, doch wenn es so wäre, würde ich persönlich es tun, selbst wenn es mit großen Unannehmlichkeiten verbunden wäre. Da im Bitcoin-Ökosystem immer mehr Dienstleister auftauchen, wird die Selbstverwahrung immer plausibler.

Es ist jedoch erwähnenswert, dass selbst wenn Bitcoin „zentralisierter" wird, dies im Vergleich zu bestehenden Alternativen nur in geringem Maße der Fall sein wird. Im Bereich zwischen Dezentralisierung und Zentralisierung wird Bitcoin wahrscheinlich immer dem dezentralisierten Endbereich zugeordnet bleiben. Unser Fiat-System wird immer zentralisiert sein, und die Geschichte zeigt, dass die Zentralisierung wahrscheinlich zunehmen wird. Bitcoin ist die dezentralisierte Alternative zu dem moralischen Fehlverhalten, das sich aus der Zentralisierung ergibt. **Es ist die einzige Form von Geld, die die siebte monetäre Eigenschaft der Unveränderbarkeit beibehält.**

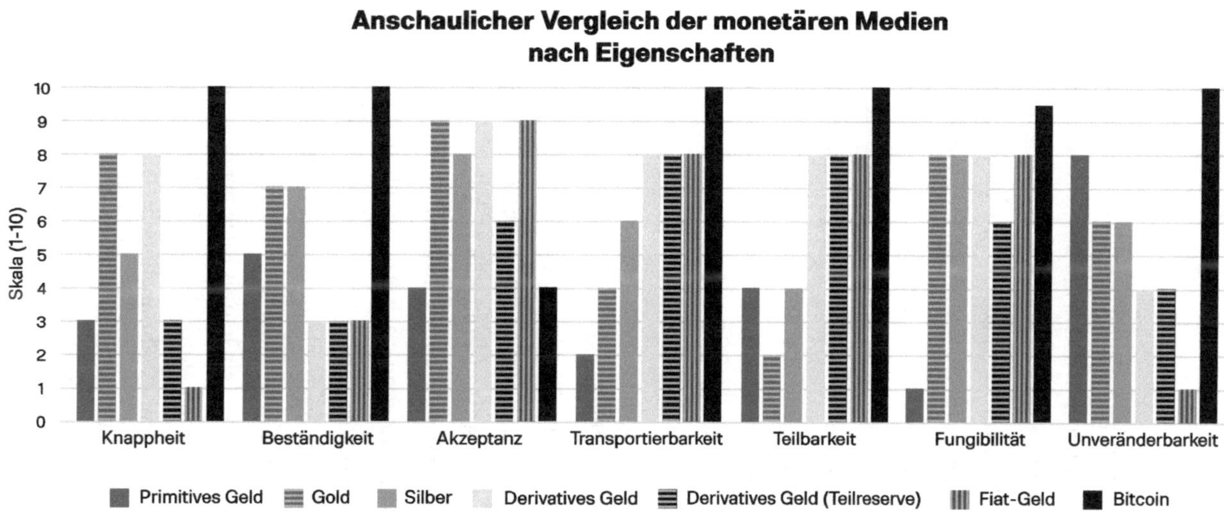

Abbildung 115: anschaulicher Vergleich der monetären Eigenschaft nach Geldmedien

Fazit

Bitcoin ist ein Peer-to-Peer-Bargeldsystem. Seine technologischen Merkmale wurden entwickelt, um überlegene monetäre Eigenschaften für die digitale Welt zu schaffen. Im Laufe der Zeit **ist sein Netzwerk so groß geworden, dass es heute das knappste, beständigste, am besten transportierbare und teilbare sowie das am meisten dezentralisierte monetäre Gut der Welt ist.**

Alles, was Bitcoin jetzt noch braucht, ist Akzeptanz. Ein florierendes Ökosystem und weitere Akzeptanz würden schließlich eine digitale Alternative zu unserem derzeitigen Finanzsystem schaffen. Dieses neue dezentralisierte System würde das moralische Fehlverhalten von zentralisierten Akteuren beseitigen, von denen man annimmt, dass sie in gutem Glauben handeln.

Bitcoin befindet sich noch in den Kinderschuhen. Es wurde entwickelt, um ein globales Reserve-Asset zu werden, aber es ist noch weit davon entfernt. Die Trends und Proportionen des Ökosystems werden sich wahrscheinlich im Laufe der Zeit deutlich verändern. Es dürfte wenig Aussagekraft haben, anhand historischer Trends zukünftige Ergebnisse vorherzusagen. Während das Netzwerk an Größe gewinnt, müssen noch strukturelle und systemische Veränderungen stattfinden. Selbst ohne ein Ökosystem bleibt Bitcoin die beste langfristige Spartechnologie der Welt; allerdings wissen das noch nicht genug Leute, weil sein Wertversprechen nicht sofort verständlich ist und man ein ganzes Buch benötigt, um es zu verstehen.

In diesem Kapitel wurden einige wichtige Kritikpunkte an Bitcoin behandelt, aber es gibt noch mehr. Das Ziel des nächsten und letzten Kapitels in diesem Buch ist es, alle wichtigen Kritikpunkte zusammenzufassen und zu erläutern. Lies weiter, um dein Verständnis für den Wert von Bitcoin zu festigen.

Quellenangabe

1. https://www.tokenanalyst.io/

2. https://cbeci.org/mining_map

3. https://studio.glassnode.com/metrics?a=BTC&category=Exchanges&m=distribution.BalanceExchangesRelative

4. https://www.cryptovantage.com/news/here-are-the-5-biggest-bitcoin-transactions-in-history/

5. https://news.bitcoin.com/65-of-global-bitcoin-hashrate-concentrated-in-china/

Kapitel 14

Die Kritik an Bitcoin

Ich werde eine Generation von Denkern hervorbringen, die das traditionelle Denken in Frage stellen, bis sie die absolute Wahrheit finden.
KANYE WEST

Mainstream-Medien, mächtige Finanzakteure und prominente Wirtschaftswissenschaftler haben in den letzten zehn Jahren gegen Bitcoin argumentiert, während es zu einem Ein-Billionen-Dollar-Netzwerk herangewachsen ist.[5,6,7] Viele ihrer Argumente zeigen, dass ihnen ein grundlegendes Verständnis der Technologie und ihrer Auswirkungen fehlt. Das gleiche Phänomen gab es zu Beginn des Internets. Tatsächlich haben sich viele einflussreiche Persönlichkeiten der Medien und der Wirtschaft bei jeder bahnbrechenden Technologie geirrt.[8] Die Kontroverse um Bitcoin zeigt, wie wegweisend diese Technologie wirklich ist, denn es gibt eine starke Korrelation zwischen Kontroversen und revolutionären Technologien.

Nur wenige Kritikpunkte an Bitcoin sind legitim. Die meisten Kritikpunkte entstehen dadurch, dass die Technologie missverstanden oder ihre Anreize ignoriert werden. Auf einige der berechtigten Kritikpunkte gibt es keine aktuelle oder potenzielle Antwort, während andere darauf zurückzuführen sind, dass sich Bitcoin noch in den Kinderschuhen befindet. Ich möchte einen Überblick über alle wichtigen Kritikpunkte geben, die meiner Meinung nach angesprochen werden sollten, um ein vollständiges Bild der Chancen und Risiken von Bitcoin zu vermitteln.

Wie kann Bitcoin angegriffen werden?

Es gibt im Wesentlichen drei Möglichkeiten, wie Bitcoin angegriffen werden kann:

1. **Angriff auf das Bitcoin-Netzwerk:** Dies würde einen 51%-Angriff erfordern, der in Kapitel 10 ausführlich behandelt wurde. Kurz gesagt, wenn eine Gruppe den Großteil der Mining-Leistung des Netzwerks für sich gewinnt, könnte sie mit hoher Wahrscheinlichkeit betrügerische Blöcke erzeugen. Wenn ein betrügerischer Block gemined wird, würde jeder im Netzwerk realisieren, dass Bitcoin nicht mehr sicher ist, wodurch sein Wert zerstört würde. Die Gruppe, die letztlich diese manipulierten Blöcke gemined hat, würde es folglich schwer haben, ihre betrügerischen Bitcoin zu verkaufen, da sie nun öffentlich die Sicherheit des Netzwerks untergraben hätte und die Bitcoin nicht mehr viel Wert haben würden. Heute würde ein 51%-Angriff Dutzende von Milliarden Dollar an Hardware- und Energiekosten kosten, wobei diese Kosten mit dem Wachstum des Netzwerks weiter steigen. Das Hauptargument gegen die Wahrscheinlichkeit eines solchen Angriffs ist, dass eine Gruppe, die viel Kapital investieren müsste, **es viel profitabler fände, sich an die Regeln zu halten und selbst Bitcoin zu verdienen**, als den Wert der Bitcoin zu zerstören, die sie möglicherweise auf betrügerische Weise verdienen könnten. Die einzige Gruppe, die wahrscheinlich bereit wäre, so viele Ressourcen für die Zerstörung des Wertes von Bitcoin einzusetzen, hätte wahrscheinlich großes Interesse an einer konkurrierenden (Fiat-)Währung, also am ehesten eine Regierung. Allerdings wäre ein Angriff auf das Bitcoin-Netzwerk wahrscheinlich ihr letzter Ausweg, da ein Angriff auf das Bitcoin-Ökosystem viel effektiver wäre.

2. **Angriff auf das Bitcoin-Ökosystem:** Diese Methode wäre für einen Staat am praktischsten. Es könnten Vorschriften für verschiedene Akteure eingeführt werden, um ein erwünschtes Verhalten zu erzwingen.
   a. Der Staat könnte versuchen, die Möglichkeit zum Erwerb von Bitcoin zu unterbinden, indem er Kryptowährungsbörsen kontrolliert oder verbietet.
   b. Der Staat könnte die Verwendung von Wallets zur Selbstverwahrung verbieten und die Verwaltung von Kryptowährungen durch Dritten erzwingen, die dann kontrolliert werden könnten. Dies könnte eine Lockvogeltaktik sein, bei der der Staat ein attraktives regulatorisches Umfeld für dritte Intermediäre schafft und dann hart gegen sie vorgeht, sobald eine beträchtliche Menge an Vermögen in das System geflossen ist.
   c. Der Staat könnte die Nutzung von Kryptowährungen für Zahlungen bekämpfen, indem er entweder Händlern verbietet, sie in jeglicher Form zu akzeptieren, oder indem er die entsprechenden Transaktionen mit Strafsteuern belegt. Zahlungen mit Kryptowährungen sind derzeit aufgrund der Besteuerung nicht praktikabel, da jede Transaktion ein steuerpflichtiges Ereignis darstellt.
   d. Alle diese Methoden würden dazu führen, dass ein globaler Schwarzmarkt geschaffen wird. Das Internet ist grenzenlos und Kryptowährungen sind ein Medium innerhalb des Internets. Um den Umgang damit zu unterbinden, müssten nationale Firewalls implementiert werden. An diesem Punkt wäre unsere persönliche Freiheit ein weitaus größeres Anliegen als Bitcoin (auch wenn Bitcoin diese Freiheit erst ermöglicht).
3. **Angriff auf die zugrunde liegende Kryptographie:** (Erläutert in Kapitel 9.) Die Datenverarbeitung mit Quantencomputern stellt

eine Gefahr für die Kryptographie dar, jedoch ist dieses Argument höchst theoretisch. Wenn die Quanteninformatik so weit entwickelt ist, dass sie unsere modernen Verschlüsselungssysteme knacken kann, werden alle unsere Sicherheitssysteme zerstört sein. Diese Bedrohung ist viel weitreichender und gilt für Internetprotokolle im Allgemeinen. In diesem Fall wäre das Schicksal von Bitcoin das geringste unserer Probleme, da die Public-Key-Kryptographie selbst untergraben werden würde und zu diesem Zeitpunkt praktisch alles unsicher wäre. Darüber hinaus könnte das Quantencomputing auch genutzt werden, um die Sicherheit von Systemen zu erhöhen und defensiv zu agieren – vielleicht um größere Primzahlen für die Systeme zu finden. Man muss bedenken, dass eine Billion Computer, die eine Billion Berechnungen in jeder Billionstel Sekunde für eine Billion Jahre durchführen, heute nicht ausreichen, um die Public-Key-Kryptographie anzugreifen.

Bei der Überlegung, wie ein Staat Bitcoin attackieren könnte, muss man bedenken, dass all diese hypothetischen Ansätze in einem globalen Wettbewerbsumfeld existieren. Jedes Land möchte seine Macht und seinen Reichtum vergrößern. Wenn eine neue Form der Vermögensspeicherung in der Welt bekannt wird, haben die Länder die Wahl, sie entweder zu ihrem Vorteil zu nutzen, indem sie sie übernehmen, oder sie anzugreifen, um das bestehende System zu verteidigen. Die Länder, die am meisten zu verlieren haben – wie die USA als das Land, das die globale Reservewährung stellt –, würden sich wahrscheinlich dafür entscheiden, die Innovation zu bekämpfen. Demgegenüber würden die Länder, die am meisten davon profitieren könnten, sie wahrscheinlich annehmen wollen, wie beispielsweise die Länder, die vom internationalen Währungssystem ausgeschlossen sind (z. B. der Iran). Wenn andere Länder mit ansehen, wie die Länder, die das System annehmen, im Vergleich zum Fiat-System an materiellem Reichtum gewinnen, werden sie ebenfalls zu diesem System wechseln. Sobald die Dominosteine zu fallen beginnen, wird Bitcoin schwer zu stoppen sein. Die USA und andere große Industrieländer werden allmählich ihre monetäre Dominanz verlieren und gezwungen sein, sich entweder dem System anzuschließen oder einen weiteren Machtverlust zu riskieren. Es wäre klug von der US-Regierung, wenn sie jetzt damit beginnt, Bitcoin zu übernehmen, anstatt zu versuchen, es zu bekämpfen. Sobald die Amtsträger der USA die Unvermeidbarkeit von dezentralisiertem Geld verstehen, wäre es vernünftig, den Kampf zu überspringen und Bitcoin einfach als Währung zu akzeptieren. Das ist die Stärke von Bitcoin, der nun kurz davor steht, mathematisch unaufhaltsam zu werden. Machiavelli wäre da anderer Meinung:

> *Man muss bedenken, dass es nichts gibt, das schwieriger zu planen, zweifelhafter in Bezug auf den Erfolg und gefährlicher zu verwalten ist als ein neues System. Denn der Initiator stößt auf die Feindschaft all derer, die von der Erhaltung der alten Einrichtung profitieren würden, und auf nur halbherzige Verteidiger unter denen, die von der neuen profitieren.*[1]

Allerdings hat Machiavelli übersehen, dass die Verteidiger dieses neuen Systems nicht halbherzig sind – sondern leidenschaftlich und entschlossen. Jedoch wird der Übergang zugegebenermaßen wahrscheinlich nicht einfach sein.

Wie kann Bitcoin gehackt werden?

Das Bitcoin-Netzwerk zu „hacken" würde bedeuten, einen 51%-Angriff erfolgreich durchzuführen. Wenn die meisten Menschen den Ausdruck „hacken" in Bezug auf Bitcoin verwenden, meinen sie damit, dass *Computer* gehackt und private Schlüssel gestohlen werden können. Dies ist das Hauptrisiko bei der Verwahrung von Bitcoin in Hot Wallets oder auf Börsen und bedeutet, dass sichere Praktiken zur Selbstverwahrung, wie die Verwahrung in Cold Wallets, unglaublich wichtig sind. Multi-Signatur-Adressen oder die Verwahrung durch Dritte sind weitere Möglichkeiten, die eigenen Bitcoin zu schützen. Mit diesem neuen Finanzsystem kommen neue Verantwortlichkeiten auf diejenigen zu, die ihr Vermögen entweder selbst verwahren oder Dritten anvertrauen wollen. Wichtig ist, dass dieses System den Menschen eine Wahlmöglichkeit in Bezug auf diese Verantwortung gibt, während unser derzeitiges System dies praktisch nicht tut.

Kann eine andere Kryptowährung Bitcoin in den Schatten stellen?

Nicht alle Kryptowährungen wollen mit Bitcoin als Geld konkurrieren (dies zu erklären, würde den Rahmen dieses Buches sprengen). Bei den Kryptowährungen, die das versuchen, ist der häufigste Grund, warum eine von ihnen besser sein könnte als Bitcoin, die bessere Funktionalität. Alternative Kryptowährungen (Altcoins) können beispielsweise behaupten, schneller, skalierbarer, privater oder anpassungsfähiger zu sein. Man muss verstehen, **dass es einen Kompromiss zwischen Sicherheit und Funktionalität gibt**. Bitcoin wurde absichtlich so einfach wie möglich und mit begrenzter Funktionalität entwickelt.

Um es ganz allgemein auszudrücken: **Wenn man die Funktionalität von Bitcoin erhöht, steigt auch das Risiko von Sicherheitsbedrohungen.** Wenn man die Software so aktualisiert, dass sie mehr Funktionen bietet, steigt das Risiko, dass diese neuen Funktionen gegen sie eingesetzt werden können. Zum Beispiel wurde Bitcoin absichtlich so entwickelt, dass es eine Sprache verwendet, die keine sich wiederholenden Berechnungen durchführen kann. Dies war eine beabsichtigte Sicherheitsmaßnahme, weil Software, die iterative Berechnungen durchführt, dem Risiko eines DDOS-Angriffs ausgesetzt ist, bei dem ein Angreifer das Netzwerk überlastet, um es absichtlich lahmzulegen. Die Schöpfer von Bitcoin haben entschieden, dass Sicherheit die höchste Priorität hat, und erreichten dies durch Einfachheit, indem sie dezentralisiertes Geld mit unveränderlichen Regeln schufen. Sie glaubten, dass der Versuch, mehr Funktionalität zu erreichen, die Sicherheit des Netzwerks untergraben würde. Bitcoin ist durch seine Einfachheit sicher.

Um die Funktionalität zu erhöhen und einen Netzwerkeffekt zu erzeugen, ist außerdem eine zunehmende Zentralisierung erforderlich (erläutert in Kapitel 13). Damit alternative Währungen im derzeitigen Umfeld konkurrieren können, müssen sie über lange Zeiträume hinweg die Kontrolle über das Netzwerk und die Software behalten. Die meisten Altcoins behaupten, dass sie vorhaben, im Zuge ihres Wachstums die Dezentralisierung zu erhöhen. Es bleibt jedoch fraglich, ob sie (1) dies wirklich tun und (2) ob sie dazu rechtzeitig in der Lage sein werden. Je dezentraler etwas ist, desto widerstandsfähiger ist es gegen Angriffe. Ich kann nicht über alle Altcoins sprechen – es gibt Tausende von ihnen –, aber nur sehr wenige von ihnen besitzen ein legitimes **potenzielles** Wertversprechen, und diese müssen erst noch beweisen, ob sie tatsächlich dezentralisiert genug sind, sodass ein Konsens erforderlich ist.

Die Widerstandsfähigkeit von Bitcoin ist unvergleichlich und beruht auf seiner Einfachheit. Seine Einfachheit erfordert ein Layer-2-Ökosystem, das zwar Zeit braucht, um sich zu entwickeln, aber auf lange Sicht nachhaltig ist. **Dieses Ökosystem aus zentralisierten Unternehmen kann weitere Funktionen bereitstellen und dabei mehrmals ausfallen, ohne das zugrunde liegende Bitcoin-Netzwerk zu schädigen.** Durch die Trennung des Bitcoin-Netzwerks von den Layer-2-Funktionen werden technologische Experimente ermöglicht, ohne die zugrunde liegende Sicherheit von Bitcoin zu opfern. Altcoins mit angeblichen neuen Funktionen sind ein Experiment und müssen es gleich beim ersten Mal richtig machen, sonst verlieren die Menschen das Vertrauen in das Netzwerk. Die Schöpfer von Altcoins waren gezwungen, zentralisiert zu bleiben, um ihre Protokolle ständig zu ändern und zu aktualisieren, um mit verschiedenen Problemen fertig zu werden. Die Erfinder von Bitcoin waren so vorausschauend, um zu erkennen, dass bei einem monetären Medium weniger mehr ist (das heißt Einfachheit von größerem Wert ist – Anm. d. Hrsg.).

Wenn das Bitcoin-Netzwerk nicht widerstandsfähig genug ist, um sich zu bewähren, dann ist es auch keiner der anderen Altcoins. Das soll jedoch nicht heißen, dass **Zentralisierung kein Überlebensvorteil sein könnte, der für staatliche Akteure attraktiv wäre**. Tatsächlich könnten Altcoins von Staaten noch vor Bitcoin akzeptiert werden, weil die Staaten wissen, dass sie die zentralisierten Altcoin-Netzwerke beeinflussen können, was sie bei Bitcoin nicht können. Allerdings wäre ein vom Staat kontrollierter Altcoin für den Zweck einer privaten dezentralisierten Kryptowährung nicht mehr brauchbar.

Zur Veranschaulichung vergleichen wir kurz Bitcoin mit dem zweitgrößten Kryptowährungsnetzwerk, Ethereum.

Ethereum wurde entwickelt, um wesentlich mehr Funktionen zu haben als Bitcoin. Im Grunde wurde Ethereum so entwickelt, dass ein Layer 2 nicht notwendig ist – es sollte in der Lage sein, Layer-1- und Layer-2-Funktionen innerhalb seines Netzwerks auszuführen. Diese Funktionalität ist (1) unvollständig und (2) ging auf Kosten der Sicherheit, da Ethereum im Jahr 2016 gehackt wurde und zu einem Hard Fork gezwungen war, um allen ihre Coins zurückzugeben, die sie verloren hatten.[9] Ich will damit nicht sagen, dass Ethereum keinen Wert hat, sondern dass es die Erwartungen der meisten Menschen, mit denen ich spreche, nicht erfüllt.

Die Funktionalität von Bitcoin ist einfach und begrenzt, während die von Ethereum komplex ist und eine Fülle von Anwendungen bietet. Auf Ethereum kann allerdings viel mehr aufgebaut werden, und wir können in Echtzeit beobachten, wie das Ethereum-Ökosystem aufgebaut wird. Das Ökosystem von Bitcoin entwickelt sich weniger schnell, könnte aber (nachweisbar) die Sicherheit bieten, die sich die meisten Menschen wünschen.

Ether ist der Token, der benötigt wird, um auf der Ethereum-Plattform zu agieren, und sein Preis steigt (teilweise) mit der zunehmenden Nachfrage nach der Nutzung der Ethereum-Plattform. Das Problem mit diesem Token ist, dass er (1) aufgrund des bereits erwähnten Hacks einen Hard Fork hinter sich hat (was bedeutet, dass sein Angebot zentralisiert und anpassbar ist) und (2) die Gesamtmenge seines Angebots ungewiss ist. Es werden jedoch interessante Dinge auf Ethereum aufgebaut, die ein neues Ökosystem der dezentralen Finanzen (DeFi – Anm. d. Hrsg.) schaffen könnten. Es gibt auf Ethereum zwar legitime Erfolgskonzepte (wie dezentrale Börsen), aber sie werden häufig gehackt und sind weitgehend zentralisiert, obwohl sie als dezentralisiert vermarktet werden. Diese Protokolle werden jedoch in der realen Welt nachgefragt, was wiederum die Nachfrage nach ihren eigenen Token erhöht.

Bitcoins Angebotsökonomie ist sein wichtigstes Wertversprechen. Die Menschen kaufen Bitcoin, weil sie sich sicher sind, dass sich das Angebot nicht ändern wird. Daher wird Bitcoin bei der Vermögensspeicherung größere Gewissheit bieten als alles andere. Wenn sich das Bitcoin-Angebot ändern würde, würde dies das Wertversprechen von Bitcoin erheblich untergraben, weshalb die Community eine solche Maßnahme wahrscheinlich nie zugelassen hat. Bitcoin zu ändern, ist deshalb so schwer, weil es eine wirklich dezentralisierte Community mit dem größten Netzwerk ist. Heute kann die Ethereum-Community nicht behaupten, dass sie dieses Wertversprechen aufrechterhalten kann.

Ethereum wird nicht in der Lage sein, mit Bitcoin als Geld zu konkurrieren, aber es hat erfolgreich einen Netzwerkeffekt für eine Vielzahl von Anwendungen erzeugt. Die Debatte wird von hier an komplexer, aber wenn man das Chancen-Risiko-Verhältnis betrachtet, ist Bitcoin eine sichere Spartechnologie, während Ethereum eine unsichere Technologie für Finanzdienstleistungen ist.

Ist Bitcoin zu volatil?

Ja. Die meisten Menschen wollen etwas so Volatiles nicht kaufen. Man muss sich darüber im Klaren sein, dass Bitcoin mit einem Marktwert von einer Billion US-Dollar noch in den Kinderschuhen steckt. Sobald sein Marktwert in die Billionen geht, wird er viel weniger volatil sein. Tatsächlich hat die Volatilität mit zunehmender Größe weiter abgenommen. Bitcoin wurde entwickelt, um in großem Maßstab zu funktionieren, und seine derzeitige Größe unterliegt immer noch der Realität großer Schwankungen aufgrund der Preisfindung.

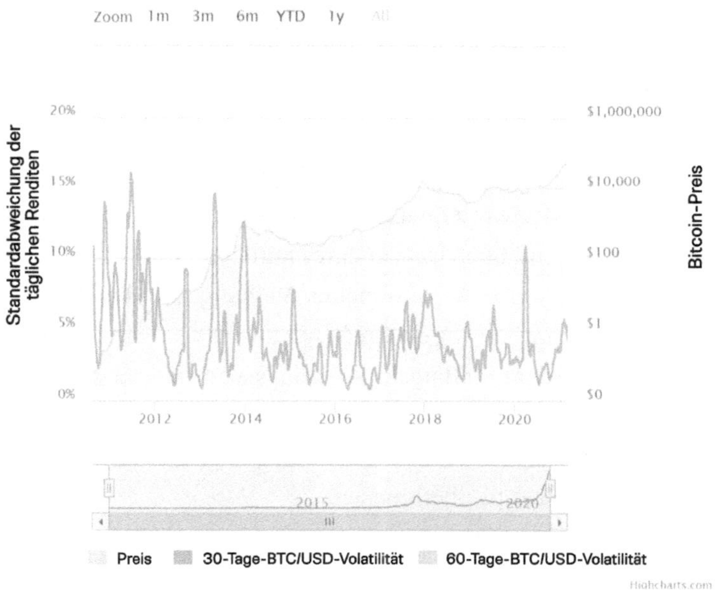

Abbildung 116: Die Volatilität des Bitcoin-Preises nimmt mit steigendem Preis ab (Bildquelle: buybitcoinworld.com)[3]

Für diejenigen, die Bitcoin ohne die Volatilität besitzen möchten, könnte es sinnvoll sein, eine dritte Partei zu beauftragen, die bei der Eingrenzung des Abwärtsrisikos (Hedging) hilft. Wenn man einen erheblichen Teil seines Vermögens in Bitcoin investiert, könnte es sich lohnen, dafür zu zahlen, dass der Kurs nie unter eine bestimmte Schwelle fällt.

Warum sollte ich Bitcoin haben wollen, wenn es nicht für Zahlungen verwendet werden kann?

Die Antwort lautet: um Werte zu speichern. Bitcoin ist das beste langfristige Wertaufbewahrungsmittel, das es gibt. Außerdem werden Zahlungssysteme kommen, wie bereits in den Kapiteln 12 und 13 beschrieben.

Zusammenfassend lässt sich sagen, dass auf Bitcoin Zahlungssysteme aufgebaut werden. Dies könnte über das Lightning-Netzwerk oder über dritte Intermediäre erfolgen, die ihre eigenen, durch Bitcoin gedeckten Finanzinstrumente emittieren. Die Verwendung des Lightning-Netzwerks wird meiner Meinung nach die Zukunft sein, da es so schnell ist wie ein Kreditsystem mit den Vorteilen eines Abwicklungssystems für Bargeld. Allerdings wird dieses System Zeit brauchen, und die Akzeptanz wird sich nur allmählich entwickeln. Die dritten Intermediäre werden im Laufe der Zeit eine Rolle dabei spielen, diese Lücke zu überbrücken.

Damit Zahlungen möglich sind, müssen jedoch zumindest in den USA die Steuergesetze geändert werden – dies ist derzeit ein großes Problem.

Ist Bitcoin zu zentralisiert?

- **Entwickler/Community:** (Erläutert in Kapitel 11.) Die Entwickler mit Commit-Zugang und die gesamte Community arbeiten zusammen, um Bitcoin zu verbessern. Dieses Verfahren hat sich mehr als zwölf Jahre bewährt und zeigt Widerstandsfähigkeit gegenüber Zentralisierung.

- **Investoren:** (Dies wird ausführlicher bei der nächsten Frage behandelt.) Eine kleine Gruppe besitzt derzeit einen großen Teil der vorhandenen Bitcoin. Das Risiko besteht darin, dass sie alle zusammenarbeiten könnten, um ihre Bitcoin zu verkaufen und damit den Wert anzugreifen. Es ist nicht ganz klar, wie die Mitglieder dieser Gruppe untereinander kooperieren (diese Gruppe besteht aus Tausenden von Adressen), aber Bitcoin lediglich zu halten, scheint bisher die beste Strategie zu sein. Außerdem wird ein Großteil der von dieser Gruppe gehaltenen Menge von Adressen (wie Satoshis Adresse) kontrolliert, die aus der Anfangszeit der Bitcoin-Entwicklung stammen, und es gibt keine Anzeichen dafür, dass sich das ändert. Einige dieser Adressen haben ihre privaten Schlüssel verloren. Verglichen mit anderen Kryptowährungen ist das Risiko eines „Pump and Dump" bei Bitcoin am geringsten, weswegen es irrational wäre, eine solche Entscheidung zu treffen. Für diese Gruppe wäre es sinnvoll, Bitcoin zu halten und im Laufe der Zeit in kleinen Mengen zu verkaufen, um einen Abwärtsdruck auf den Markt zu vermeiden.
- **Miner:** (Erläutert in Kapitel 13.) Es besteht die Gefahr, dass Mining-Pools die Zentralisierung weiter vorantreiben. Es ist ungewiss, wie sich dieser Trend fortsetzt, aber es ist ein Risiko, das man im Netzwerk im Auge behalten sollte.

Könnten sich große Technologieunternehmen zusammentun, um Bitcoin lahmzulegen (oder ist die Hardware des Netzwerks zu zentralisiert)?

Bitcoin wird nicht in einem App-Store heruntergeladen, sondern kann über jeden Webbrowser gefunden werden, und nur sechs Prozent der Nodes nutzen Amazon Web Services. Das Abschalten des

Bitcoin-Netzwerks durch seine Hardware ist ohne Verstaatlichung von Diensten oder Absprachen außerhalb der großen Technologieunternehmen nicht machbar. Aber selbst wenn dies geschehen würde, würde es nur die Verwendung von Bitcoin in den USA verhindern – Bitcoin würde an anderen Orten mit anderen Diensten weiter existieren. Eine weltweite Abschaltung des Bitcoin-Netzwerks ist nicht möglich, da sich die Akzeptanz bereits zu weit verbreitet hat.

Würde es nicht die Vermögensungleichheit verstärken, wenn nur wenige Menschen Bitcoin besitzen?

Dies ist ein berechtigter Kritikpunkt, für den es noch keine klare Lösung gibt. Schätzungen zufolge besitzen derzeit 2 % der Bitcoin-Konten 95 % des vorhandenen Angebots.[10] Dazu zwei Anmerkungen:

- Einige Gruppierungen, angeführt von Personen wie Jack Dorsey, arbeiten aktiv daran, Bitcoin den Menschen zugänglich zu machen, die unterprivilegiert sind und keine Bankverbindung haben.[11]
- Die Verteilungsungleichheit von Bitcoin wird sich wahrscheinlich erheblich verändern, wenn die Nutzung zunimmt und die Benutzer damit handeln.

Wenn wir von dem Worst-Case-Szenario ausgehen, dass 1 % der Bevölkerung 99 % der Bitcoin besitzt, während die ganze Welt sie als Reserve verwendet, dann könnte dieses eine Prozent eine erhebliche Macht über den Rest von uns ausüben. Wenn jedoch erhebliche Macht von denen ausgeübt wird, die das Angebot kontrollieren, hätten diejenigen, die um das verbleibende Angebot konkurrieren, keine Lust mehr auf das, was einer Leibeigenschaft gleichkommen würde. Sollte dieses Problem gravierend genug sein, könnten die

Leibeigenen dazu übergehen, ihre eigene Währung zu verwenden, da private Kryptowährungen nur geringe Umstellungskosten haben. Mit anderen Worten: In einem Umfeld des ständigen Währungswettbewerbs könnten andere Gruppen aus dem Bitcoin-System aussteigen und beginnen, eine konkurrierende Währung zu nutzen. Durch diesen Wettbewerb könnten mehrere Systeme entstehen, wobei jedes System den Wettbewerb nutzt, um sich gegen die Hortung des Angebots zu verteidigen. Ich denke, dies ist ein stichhaltiges Argument gegen die Idee, dass es nur eine Kryptowährung geben kann. In der Tat erwähnt Carl Menger, dass dieses Phänomen im Laufe der Geschichte immer wieder auftrat und gesetzliche Währungsstandards geschaffen wurden, um es zu bekämpfen:

> *Die Schwierigkeiten, die sich im Handel und bei den Zahlungsmethoden eines Landes* ***durch die Konkurrenzwirkung der verschiedenen als Währung dienenden Waren*** *ergeben, sowie die Tatsache, dass konkurrierende Standards vielfältige Unsicherheiten im Handel verursachen und verschiedene Umwandlungen der umlaufenden Medien notwendig machen, haben zur gesetzlichen Anerkennung bestimmter Waren als Geld (zu gesetzlichen Standards) geführt.* [2]

Diese Aussage stützt die Idee, dass zu Beginn der privaten Währungsmärkte auf natürliche Weise konkurrierende Geldmedien entstanden (nicht zu verwechseln mit Bimetallismus). Ich glaube, dass dieses natürliche Entstehen auf eine Kombination aus mangelnder Informationstransparenz, staatlichem Zwang und Abwägungen hinsichtlich des monetären Nutzens zurückzuführen ist (wie in Kapitel 1 beschrieben). Meine Vermutung ist, dass dieser Wettbewerb notwendig war, um die Monopolisierung eines Standards zu verhindern.

Abgesehen davon bin ich der Meinung, dass es von Vorteil ist, diejenigen, die vom derzeitigen System ausgeschlossen sind, schnell zu integrieren. Tatsächlich sollte das Wachstum von Bitcoin im Laufe der Zeit auch ärmere (aber technikaffine) Menschen anlocken, wenn sie daran arbeiten, Bitcoin zu verdienen, anstatt ihrer inflationären Fiat-Währung. Bitcoin könnte die notwendige Lösung sein, um die Entwicklungsländer wieder in den ökonomischen Einflussbereich der entwickelten Welt zu bringen.

Was ist, wenn ich meine Bitcoin verliere?

Dies ist ein weiterer berechtigter Kritikpunkt. Es gibt zwei Arten dieses Problems:

- **Du verlierst deinen privaten Schlüssel:** Wenn du deinen privaten Schlüssel verlierst, kannst du nicht mehr auf deine Bitcoin zugreifen. Das bedeutet, dass eine sachgerechte Verwaltung des Schlüssels unglaublich wichtig für die Selbstverwahrung ist. Um die Wahrscheinlichkeit eines solchen Szenarios zu verringern, werden professionelle Dienstleistungen wahrscheinlich sehr gefragt sein.
- **Du schickst deine Bitcoin an die falsche Adresse:** Bei Bitcoin hat man eine endgültige Abwicklung, das heißt, Transaktionen können nicht rückgängig gemacht werden. Dies ist der Preis für die Verwendung eines dezentralisierten Systems. In unserem derzeitigen zentralisierten System können Transaktionen oft rückgängig gemacht werden. Bei Bitcoin sollte man bei Transaktionen von hohem Wert die bestmögliche Vorgehensweise anwenden. Um das Verlustrisiko zu verringern, sind auch hier professionelle Dienste hilfreich, aber nicht zwingend erforderlich.

Wenn Bitcoin dritte Intermediäre benötigt, sind wir dann nicht wieder da, wo wir mit dem Fiat-System angefangen haben?

Dies wird in Kapitel 12 näher erläutert. Bitcoin wurde als monetäre Basisschicht für ein neues Finanzsystem entwickelt. Das heißt, er wird wie der US-Dollar in unserem derzeitigen System funktionieren, aber die monetären Eigenschaften zurückbringen, die der Dollar einst hatte. **Das Angebot von Bitcoin kann nicht verändert werden und bietet somit eine bessere Vermögensbildung als der US-Dollar auf der Basisschicht des Finanzsystems.**

Die Menschen werden die Möglichkeit haben, Vermittler zu nutzen, wenn sie es wünschen (oder sogar das Dollarsystem, da nichts davon jemandem aufgezwungen wird). Diese Vermittler könnten ihre eigenen, durch Bitcoin gedeckten Finanzinstrumente schaffen.

Das Risiko besteht darin, dass die Praxis der Teilreserve zur Anwendung kommt und zu einem Bank Run führt. **Bank Runs gab es, weil (1) es vor Jahrhunderten nicht einfach war, Banken zu prüfen, und (2) die ständigen staatlichen Rettungsaktionen Anreize für moralisches Fehlverhalten boten** (d. h. die Banken gingen übermäßige Risiken ein, weil sie im Falle des Scheiterns Rettungsaktionen vom Steuerzahler erwarteten und darauf angewiesen waren).

1. **Bitcoin löst das erste Problem durch eine öffentliche Blockchain.** Eine Bank kann ihre ausstehenden Wertpapierforderungen und ihre Bitcoin-Reserven veröffentlichen, um öffentlich überprüft zu werden. Neue Technologien werden es ihnen sogar ermöglichen, ihre Reserven nachzuweisen, ohne ihre Adresse(n) preiszugeben. Dies schafft Vertrauen in das System, und wenn eine Bank als Teilreservebank agieren will, werden sich die Menschen des Risikos bewusst sein, das sie eingehen. Natürlich können die Ver-

bindlichkeiten der Banken ohne Prüfungen nicht nachgewiesen werden (und selbst mit Prüfungen ist dies nicht sicher). Im Rahmen eines freien Marktes müssen Banken wieder auf ihren Ruf achten, was ein starker, aber unvollkommener Beweggrund ist.

2. **Bitcoin löst das zweite Problem, indem es die Fähigkeit der Regierung beseitigt, Geld zu drucken und Institutionen zu retten.** Sie werden nicht mehr in der Lage sein, durch Inflation Steuern einzunehmen, was ihr Verhalten ändern wird. Dadurch wird die enge Beziehung zwischen Banken und Regierung untergraben, da die beiden durch eine Partnerschaft viel weniger profitieren können. Banken müssten mit der Prämisse arbeiten, dass ihr Scheitern dann auch ein tatsächliches Scheitern bedeutet, ohne Wenn und Aber.

Mit Bitcoin als monetärer Basisschicht wird das Risiko des moralischen Fehlverhaltens von Finanzdienstleistern erheblich reduziert. Das heißt nicht, dass es keine risikoreichen Vorgehensweisen mehr geben wird, aber sie werden nicht mehr strukturell gefördert. Vielleicht könnten Finanzdienstleistungen wieder zu einer vertrauenswürdigen Branche werden. Schließlich bietet Bitcoin die Möglichkeit, Dritte einzuschalten; es ist jedoch keine praktische Voraussetzung wie in unserem derzeitigen Fiat-System.

Ein System mit dritten Intermediären wäre nicht dasselbe wie ein Goldstandard. In einem Bitcoin-gestützten System mit Drittanbietern hat jeder die Wahl zwischen der Nutzung eines Finanzdienstleisters für seine eigenen Bitcoin oder der Selbstverwahrung seiner eigenen Bitcoin, während in einem Goldstandard-System die Selbstverwahrung nicht möglich ist. Wenn du mir nicht glaubst, versuche einmal, dein gesamtes Vermögen in Gold zu verwahren und alles damit zu bezahlen.

Ist Bitcoin-Mining schlecht für die Umwelt?

Bitcoin-Mining verbraucht viel Strom, und das wird nur noch weiter zunehmen, wenn mehr Miner hinzukommen, um das Netzwerk zu sichern. Ist das schlecht für die Umwelt?

Erstens verbraucht das Bitcoin-Netzwerk wesentlich weniger als alternative Systeme. Das Argument, Bitcoin sei schlechter für die Umwelt als bestehende Finanzsysteme, ist irreführend.

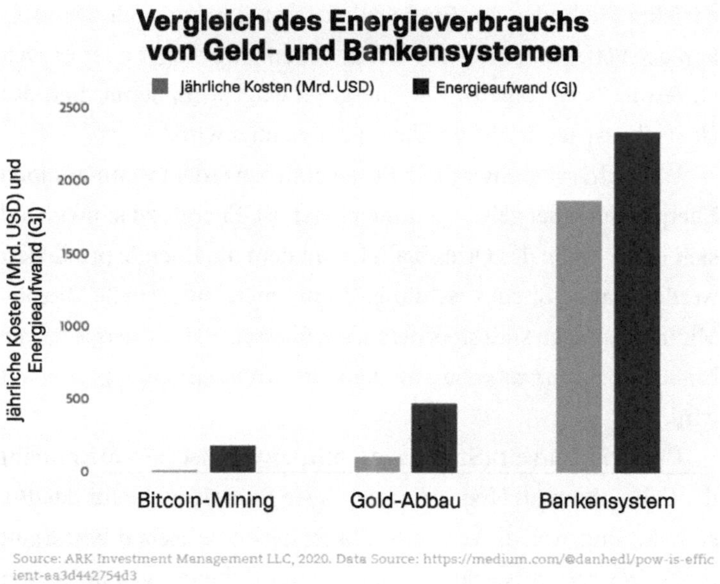

Abbildung 117: geschätzter Vergleich des Stromverbrauchs von Bitcoin, Gold und dem Bankensystem im Februar 2020 (Bildquelle: Ark Investment Management)[4]

Als nächstes befassen wir uns mit der Energie. Es gibt verschiedene Arten der Energiegewinnung: Kohle, Öl und Gas, Kernkraft, Sonne, Wind, Wasserkraft usw. Die Energieproduzenten müssen dafür sorgen, dass die Energie zu dem **Ort** gelangt, wo sie gebraucht wird, und zwar genau zu dem **Zeitpunkt**, wenn sie gebraucht wird. Während der Übertragung von Energie von einem Ort zum anderen kommt es zu einem Energieverlust. Intermittierende Energiequellen führen zu einem Überschuss an Energie, der letztlich verloren geht. Anders ausgedrückt: Diese Probleme der Energieerzeuger bestehen, weil die Energiequellen **intermittierend und an vielen verschiedenen Orten angesiedelt** sind. Gäbe es perfekte Methoden zur Speicherung von Energie, wäre das Problem der Unterbrechungen gelöst. Gäbe es perfekte Methoden zur Energieübertragung, wäre auch das Problem der Verteilung gelöst. Wenn in Zeiten zu geringer oder zu weit entfernter Nachfrage zu viel Energie erzeugt wird, nennt man das Überschussenergie, die letztlich nicht genutzt wird.

Überschüssige Energie könnte genutzt werden, **wenn es einen Energieabnehmer gäbe, der immer bereit ist, Energie zu kaufen, und sich in der Nähe des Ortes befindet, an dem die Energie produziert werden kann**. Bitcoin ist dieser Abnehmer. Industrielle Bitcoin-Mining-Anlagen sind stets bereit, die **überschüssige Energie** zu verbrauchen, und zwar genau an dem Ort, wo die Energie produziert wird.

China ist zurzeit (Stand 2021, mittlerweile ist dies nicht mehr der Fall – Anm. d. Hrsg.) die wichtigste Energiequelle für das Bitcoin-Mining, weil die zentralen Planer der chinesischen Wirtschaft große Wasserkraftwerke in abgelegenen Gebieten gebaut haben. Diese Anlagen produzieren eine Menge überschüssiger Energie, die nicht immer wirtschaftlich transportiert werden kann. Das Ergebnis ist, dass die überschüssige Energie zwar produziert, aber nicht genutzt wird, weil es nicht sinnvoll ist, sie zu transportieren, zumindest nicht immer. So werden in diesen Kraftwerken Bitcoin-Mining-Anlagen errichtet, um die überschüssige Energie kostengünstig zu verbrauchen – kostengünstig deshalb, weil sie sonst nicht verbraucht werden würde. Ich vermute, dass Energieerzeuger in Zukunft Bitcoin-Mining als Teil ihres Geschäftsmodells betreiben werden, da dies **wirtschaftlich gesehen der Speicherung dieser überschüssigen Energie gleichkommt**. Ein Beispiel dafür sind die Mining-Anlagen in den USA, die im Zentrum Washingtons aufgrund der großen Wasserkraftwerke am Columbia River errichtet wurden.

Einige Energiequellen erzeugen jedoch mehr CO2-Emissionen als andere. Da Bitcoin den Fokus auf intermittierende und weit verteilte Energiequellen legt, passt es natürlich zu den erneuerbaren Energien. Allerdings gibt es auch Bitcoin-Mining-Anlagen, die mit Bohranlagen für Öl und Gas kombiniert sind. In diesen Fällen wird das überschüssige Gas einfach abgefackelt und in die Atmosphäre abgegeben, wenn die Bitcoin-Miner es nicht verbrauchen würden.

Grundsätzlich setzt das Argument, dass der Energieverbrauch von Bitcoin schlecht für die Umwelt ist, voraus, dass bestimmte Volkswirtschaften ein Recht darauf haben, mehr Energie zu verbrauchen als andere. Der Analyst Nic Carter fasst diesen Punkt kurz und bündig zusammen:

> *Diese Frage beruht auf einer Art utilitaristischer Logik darüber, welche Industrien das Recht haben sollten, Energie zu verbrauchen. In der Praxis argumentiert niemand auf diese Weise. Die Kritiker des Bitcoin-Energieverbrauchs schweigen, wenn es um die Energie geht, die für die Weihnachtsbeleuchtung, den Betrieb der Rechenzentren von Netflix oder die Ausgabe einer ungeheuren Menge an einzeln verpackten Mahlzeiten verwendet wird. Es ist offensichtlich, dass Bitcoin aufgrund seines leicht quantifizierbaren Fußabdrucks – und als Objekt der Abneigung unter den*

meinungsbildenden Gesellschaftsschichten – eine besondere Behandlung erfährt.[12]

Zusammenfassend lässt sich sagen, dass ein großer Teil des Bitcoin-Minings überschüssige Energie verbraucht; es ist nicht immer erforderlich, dass mehr Energie produziert wird, um das Bitcoin-Mining zu betreiben (die Energie wird ohnehin produziert). Darüber hinaus ergänzt die Natur von Bitcoin die Eigenschaften erneuerbarer Energiequellen mit einem geringen CO2-Fußabdruck, und die Quellen mit einem größeren Fußabdruck würden Gas verbrennen, egal ob Bitcoin existiert oder nicht. Daher ist das Argument, dass Bitcoin-Mining schlecht für die Umwelt ist, weitgehend fehlinterpretiert. **Indem Bitcoin wirtschaftlich innovative Lösungen für die Energiespeicherung bietet, wird die Branche der erneuerbaren Energien gefördert.** Dies steigert die Umsetzbarkeit und Effizienz erneuerbarer Energiequellen.

Ist Bitcoin nicht disinflationär, also schlecht für die Wirtschaft?

Diese Antwort könnte ein ganzes Buch füllen, aber ich werde sie zusammenfassen, auch auf die Gefahr hin, dass ich es zu sehr vereinfache. Ich beabsichtige, in Zukunft mehr darüber zu schreiben.

Erstens: Bitcoin ist disinflationär, weil sein Bestand mit abnehmender Rate zunimmt. Erhöhungen des Bitcoin-Angebots gelten als **monetäre Inflation**. Monetäre Inflation ist unabhängig vom Preis von Bitcoin in US-Dollar, also von der **Preisinflation**. Diese Diskussion wird sich auf die monetäre Inflation von Bitcoin konzentrieren, die seinen Preis in US-Dollar nicht berücksichtigt.

Wir erinnern uns an die Diskussion in Kapitel 7, in der ich das **Produzententrilemma** vorgestellt habe, das daraus resultiert, dass die Zentralbanken Anreize für die Menschen schaffen, übermäßig zu konsumieren oder Fehlinvestitionen in risikoreiche Vermögenswerte zu tätigen, weil Sparen wirtschaftlich nicht sinnvoll ist. Unsere Wirtschaft ist derzeit um diese Anreizstruktur aufgebaut. Mit einer disinflationären Geldreserve wie Bitcoin würde sich dieses System grundlegend ändern, da Sparen nun eine praktikablere Alternative zu Konsum oder Investitionen wäre. Die Einführung von Bitcoin würde zu einer strukturellen Verschiebung des Verbraucherverhaltens und damit zu einem Strukturwandel in unserer Wirtschaft führen. Die Menschen würden weniger ausgeben, weniger investieren und dafür mehr sparen.

Solch ein Wandel würde vermutlich der Wirtschaft kurzfristig schaden, jedoch langfristig von Vorteil sein. Schaden insofern, als ein Rückgang von Konsum und Investitionen die Wirtschaftstätigkeit kurzfristig beeinträchtigen würde. Da wir so lange zu viel konsumiert und zu schlecht investiert haben, wird es zu einer Rückkehr zum Mittelwert kommen. Ein gesunder Übergang zu einer Wirtschaft, die auf Ersparnissen (im Gegensatz zu Schulden) beruht, würde jedoch eine Kapitalakkumulation auf individueller Ebene ermöglichen, während sie auf institutioneller Ebene reduziert würde.

Es ist schwer zu sagen, wie eine Wirtschaft mit einer disinflationären Währung genau aussehen würde, da es keinen direkt vergleichbaren historischen Präzedenzfall gibt (Gold ist inflationär). Ich glaube jedoch, dass die Veränderung der individuellen Anreize von Vorteil sein wird. Wenn jemand Geld verdienen kann, indem er einfach Bitcoin hält, ändern sich seine Opportunitätskosten für Kapital. Jede Entscheidung über Ausgaben oder Investitionen unterliegt nun einer Maxime: „Da meine Bitcoin im Laufe der Zeit erheblich an Kaufkraft gewinnen werden, werde ich sie nur für Dinge ausgeben, die ich wirklich will/brauche, und sie in Unternehmen investieren, von denen ich glaube, dass sie sich besser entwickeln werden als Bitcoin." Die Menschen werden anfangen, Vermögen anzuhäufen, ohne ein übermäßiges Risiko einzugehen, sodass der Lebensstandard steigen wird.

Ein Bitcoin-System sollte die persönliche Verantwortung erhöhen und die Abhängigkeit von Institutionen verringern. Die Vermögensanhäufung durch das Sparen wird die Nachfrage nach Schulden verringern, und die Menschen werden in der Lage sein, ihr Leben so zu finanzieren, wie sie es für richtig halten. Der Anreiz zum Sparen wird den Einzelnen dabei unterstützen, auf nachhaltige Weise Vermögen anzuhäufen. Zusammenfassend lässt sich sagen, dass die kurzfristigen Nachteile dieses Strukturwandels zwar schmerzhaft, aber nicht dauerhaft sein werden. Der wirtschaftliche Wert wird nicht verschwinden, weil wir nicht genug investieren oder Ausgaben tätigen, sondern er wird in die Zukunft verlagert. Die Menschen werden nur die Ausgaben und Investitionen tätigen, die heute sinnvoll sind, und alles andere kann für die Zukunft gespart werden. Das wäre das Gegenteil von unserer heutigen, schuldengeplagten Lebensweise, bei der wir einen Großteil unseres zukünftigen Wertes in der Gegenwart konsumieren. Bitcoin fördert langfristiges Denken.

Allerdings ist eine moderne Wirtschaft mit einer disinflationären Währung immer noch ein Experiment. Mir ist keine Wirtschaft in der Geschichte bekannt, die direkt vergleichbar ist. Eine Wirtschaft mit einer disinflationären Reservewährung wäre eine neue Welt, die wahrscheinlich das Individuum durch größeren Wohlstand stärkt. Was wir mit diesem Wohlstand anfangen ürden, ist ungewiss.

Wird Bitcoin nicht von Kriminellen zur Geldwäsche verwendet und ist damit schlecht für die Gesellschaft?

Diese Frage wurde in Kapitel 12 beantwortet. Zusammenfassend lässt sich sagen, dass Bitcoin auf ähnliche Weise gewaschen werden kann wie Bargeld.

Man muss sich die Frage stellen, warum die Regierung nicht auch die Möglichkeit abgeschafft hat, Bargeld zu nutzen, wenn sie die Geldwäsche abschaffen will?

Wenn man aufgrund von Geldwäsche gegen Bitcoin argumentiert, ist das auch ein Argument gegen die Nutzung von Bargeld. Das Bargeldsystem würde auch ohne Bitcoin weiter existieren. Außerdem ist Bitcoin nicht annähernd so anonym wie Bargeld, da Bitcoin-Transaktionen auf einer öffentlichen Blockchain stattfinden.

Dieses Argument ist ein politisches Mittel, um die öffentliche Unterstützung für die Regulierung von Kryptowährungen zu gewinnen. Dasselbe Argument wurde verwendet, als die Regierung versuchte, die Public-Key-Kryptographie zu kontrollieren, was zwei Bundesrichter als Verstoß gegen den ersten Verfassungszusatz werteten. Laut einer Studie von Chainanalysis werden zwei Prozent der Bitcoin-Transaktionen für illegale Aktivitäten verwendet.[13] Das Risiko krimineller Aktivitäten, das bereits in unserem Bargeldsystem besteht, wird als Sündenbock benutzt, um die öffentliche Meinung in Richtung einer Rechtfertigung der Kontrolle über das Kryptowährungsökosystem zu beeinflussen. Die Tatsache, dass sich die Regierung auf diesen Aspekt von Bitcoin konzentriert, obwohl nur zwei Prozent der Transaktionen illegal sind, sagt alles, was man über ihre Beweggründe wissen muss. Der Regierung sind Kriminelle egal, sie möchte bloß nicht die Kontrolle über ihre Fähigkeiten verlieren, Vermögen abzuschöpfen.

Praktisch jede neue Technologie hat kriminelle Aktivitäten ermöglicht, oft in großem Umfang. Man denke nur an all die schrecklichen Dinge, die durch das Internet entstanden sind. Neue Technologien bieten aber auch bessere Möglichkeiten, sich gegen schreckliche Dinge zu wehren. Es gibt neuartige Unternehmen, die die Blockchain rund um die Uhr analysieren, um Transaktionen für die Regierung zu überwachen (wie Chainanalysis). Im derzeitigen Bargeldsystem gibt es hingegen keine Möglichkeit, ein öffentliches Kassenbuch aller Transaktionen zu analysieren.

Ist der Preis von Bitcoin jetzt nicht zu hoch, und handelt es sich um eine Blase?

Der Wert von Bitcoin basiert nicht auf dem Marktwert, sondern auf dem Wert als Geld. Bitcoins monetärer Wert ergibt sich aus dem Qualitätsvergleich seiner monetären Eigenschaften mit konkurrierenden Geldmitteln, wie wir es getan haben. Die monetären Eigenschaften von Bitcoin sind denen von Fiat-Währung und Gold weit überlegen. Sein dezentralisiertes Netzwerk bietet die Gewissheit, dass sich diese Eigenschaften nicht ändern werden.

Die überlegenen monetären Eigenschaften von Bitcoin ermöglichen es uns, zunächst eine allgemeine und dann eine detailliertere Bewertung durchzuführen. Die aktuelle Marktkapitalisierung von Bitcoin liegt bei circa einer Billion US-Dollar. Der Markt für Gold beträgt genauso wie für Währungsreserven jeweils zwölf Billionen US-Dollar. Das sind nur die beiden Größen der Märkte für „Reserve-Assets". Wenn Bitcoin schließlich zu einer globalen Reserve wird, könnte sein Wert weit darüber liegen und alle Vermögenswerte der Welt umfassen. Bitcoin ist für den vorgesehenen Zweck immer noch sehr klein. Solange das Netzwerk weiter wächst, wird der Wert von Waren und Dienstleistungen im Handel auch weiterhin durch Bitcoin abgebildet.

Ein gängiges Argument ist der Vergleich von Bitcoin mit der berühmten Tulpenmanie, aber Bitcoin weist zwei wesentliche Unterschiede auf.

- Der erste ist, dass der Anstieg des Bitcoin-Preises mehr Miner anzieht, wodurch die Sicherheit des Netzwerks und damit der Wert steigt. Mit anderen Worten: Je mehr Menschen Bitcoin nutzen, desto wertvoller wird es – ähnlich wie bei Social-Media-Plattformen. Dieses Wachstum des fundamentalen Wertes durch das Erzeugen eines Netzwerkeffekts galt jedoch nicht für Tulpen. Die Menschen spekulierten darauf, dass andere Tulpen von ihnen kaufen würden, aber die Tatsache, dass viele Menschen Tulpen kauften, führte nicht zu einem nachhaltigen Netzwerkeffekt. Bitcoin hat einen wachsenden und nachhaltigen Netzwerkeffekt.
- Zweitens hat Bitcoin drei Marktzyklen durchlaufen, die jedes Mal von den Mainstream-Finanzmedien als Spekulationsblasen bezeichnet wurden. In jedem dieser Zyklen hat sich der Preis von seinem Kursverfall erholt und ist um das Zehnfache gegenüber seinem vorherigen Höchststand gestiegen. Bei der Tulpenmanie handelte es sich um eine Spekulationsblase, da der Preis drastisch anstieg, anschließend abstürzte und dann nie wieder zu seinen früheren Höchstständen zurückkehrte. Bitcoin weist seit nunmehr zwölf Jahren eine exponentielle Wachstumsrate auf. Die zugrunde liegenden Fundamentaldaten (d. h. die Größe des Netzwerks, die Anzahl der Transaktionen und die Anzahl der Adressen) steigen alle weiterhin an. Der Vergleich mit der

> Tulpenmanie machte im Jahr 2012 viel mehr Sinn, aber nun ist es einfach nicht mehr vergleichbar.

Bitcoin hat eine beständige, wenn auch volatile Erfolgsbilanz von langfristigen Kurssteigerungen, die das Wachstum seiner Fundamentaldaten vorantreiben, was genau das Gegenteil der Definition einer Spekulationsblase darstellt. Wir sind Zeugen der Geburt eines neuen, privaten monetären Reserve-Assets. Wie bei vielen revolutionären Technologien ist zu erwarten, dass der Verlauf alles andere als geradlinig sein wird.

Warum sollte man Bitcoin kaufen, wenn es durch nichts „gedeckt" und/oder immateriell ist?

Wenn du das erste Kapitel gelesen hast, kennst du die Antwort auf diese Frage. Damit ein Gut ein monetäres Gut ist, muss es monetäre Eigenschaften aufweisen. Durch etwas „gedeckt" zu sein, bedeutet, diese monetären Eigenschaften zu besitzen. Nach dieser Definition ist Bitcoin durch seine inhärenten Eigenschaften gedeckt. Gold hat diese Eigenschaften ebenfalls und ist daher auch von Natur aus durch sie „gedeckt". Der US-Dollar verfügt nicht über diese Eigenschaften, weshalb er durch Gold gedeckt werden musste (so entstand der Terminus „gedeckt sein"). Als der Goldstandard 1971 unter Nixon abgeschafft wurde, wurde der Dollar durch das „volle Vertrauen und die Kreditwürdigkeit" der USA gedeckt – was bedeutet, dass er durch das Versprechen gedeckt ist, dass immer mehr davon gedruckt werden kann, wodurch der Vermögensverlust vergesellschaftet wird.

Um monetäre Eigenschaften zu erhalten, muss ein Gut nicht physisch sein. Es ist offensichtlich, dass ein Großteil des in der heutigen Zeit geschaffenen Wertes in rein digitaler Form existiert. **Diese immateriellen Dinge haben einen Wert, weil sie spürbare Konsequenzen erzeugen können.** Wenn zum Beispiel jemand deinen Computer in seine Gewalt bringt und droht, alle digitalen Daten zu löschen, wie viel würdest du zahlen, um ihn aufzuhalten? Deine Antwort beschreibt, wie viel Wert die Abfolgen von digitalen Bits, die nur in deinem Computer existieren, für dich haben, denn wenn sie verschwinden, wird das konkrete Konsequenzen haben.

Der Gedanke, dass Gold als Geld wertvoll ist, weil es greifbar ist, ist ein Trugschluss. Gold ist als Spartechnologie wertvoll, weil es knapp ist, was spürbare Konsequenzen hat. Durch Bitcoin kann Knappheit nun auch digital erreicht werden, wodurch die monetäre Funktion von Gold obsolet wird.

Ist Bitcoin skalierbar?

Diese Frage wird in Kapitel 12 beantwortet. Bitcoin ist in einem Maße skalierbar, das viel schneller ist als unsere heutigen Bargeldabwicklungssysteme (Bankensysteme). Layer-2-Zahlungssysteme (wie Lightning oder Bitcoin-Banken) werden benötigt, um mit den heutigen Kreditabwicklungssystemen, wie Kreditkartenunternehmen, zu konkurrieren. Die Schaffung dieser Systeme wird es Bitcoin ermöglichen, weiter zu skalieren.

Ist Bitcoin für die Nutzung nicht privat genug?

Dies ist eine berechtigte Kritik, die in Kapitel 12 behandelt wird. Bitcoin ist pseudonym und sobald deine Identität mit einer Adresse verknüpft ist, können all deine Transaktionen verfolgt werden. Es gibt Technologien, um diese Verknüpfung zu verhindern, z. B. Mixing-Dienste, die Anonymität erzeugen. Dazu muss man jedoch technisch versiert sein. Datenschutzdienste werden wahrscheinlich in irgendeiner Form von Drittanbietern zur Verfügung gestellt, daher ist dies ein großer Teil der Entwicklungen bei Bitcoin. Die derzeitigen Fortschritte im Lightning-Netzwerk werden die Anonymität ebenfalls deutlich erhöhen, aber das wird Zeit brauchen.

Wenn Bitcoin unendlich oft geforkt werden kann, wie kann er dann noch knapp sein?

Diese Frage wird in Kapitel 13 beantwortet. Das Forken eines Coins schafft neue Coins, aber keine neuen Nodes. Die Nodes wählen aus, an welchem Netzwerk sie teilnehmen wollen, und das Netzwerk, das die meisten Nodes hat, gewinnt den Fork. Forks des Bitcoin-Netzwerks führen dazu, dass eine kleine Anzahl von Minern das Bitcoin-Netzwerk verlässt und stattdessen im Netzwerk des Bitcoin-Forks Mining betreibt. So wird das Bitcoin-Netzwerk etwas kleiner und ein neues kleines Netzwerk mit einem neuen Coin entsteht. Schließlich passen sich die Preise an, um den Wert der jeweiligen zugrunde liegenden Netzwerke abzubilden. Das Ergebnis ist ein Nullsummenspiel.

Wie kann Bitcoin eine gute Investition sein, wenn es keine Cashflows produziert?

Bei diesem Punkt wird das Konzept des Marktwerts mit dem Konzept des monetären Werts verwechselt. Der Marktwert wird durch den Nutzen eines Gutes für den Konsum bestimmt, was gleichbedeutend mit der Fähigkeit ist, zukünftige Cashflows zu generieren. Der monetäre Wert wird durch den Nutzen eines Gutes für den Handel bestimmt, der wiederum durch die monetären Eigenschaften des Gutes gemessen wird.

Bitcoin ist ein neu entstehendes monetäres Gut, das es seit Jahrtausenden nicht gegeben hat. Es ist verständlich, dass die Menschen hinsichtlich seines Wertes irritiert sind. Wir sind Zeugen der Geburt eines neuen monetären Gutes, das einen riesigen adressierbaren Markt hat. Hoffentlich wird dieses Gut eines Tages für den Handel mit allen Gütern und Dienstleistungen verwendet, die einen Marktwert haben.

Eine Investition in Bitcoin ist eine Investition in seine monetären Eigenschaften und das Wachstum des Netzwerks. Wenn sein Emissionsplan beibehalten wird und seine dezentralen Stakeholder-Gruppen weiter wachsen, wird Bitcoin die Investition des Lebens sein, da sein Wert eines Tages alle anderen Werte umfassen könnte. Selbst wenn man dies für unwahrscheinlich hält, **ist das Verhältnis zwischen Risiko und Rendite bei keiner anderen Anlagemöglichkeit so hoch.**

Langfristig ist es jedoch besser, es als eine Spartechnologie zu betrachten. Solange es noch in den Kinderschuhen steckt, kann es als Investition betrachtet werden; auf lange Sicht wird es jedoch einfach zum Sparen genutzt. Wenn du es als Investition betrachtest, wirst du dir die Haare raufen, wenn du die Volatilität beobachtest.

Wenn es dir gelingt, den Paradigmenwechsel zu vollziehen und Bitcoin als langfristige Spartechnologie zu verstehen, kannst du vermutlich auf (weitgehend) stressfreie Weise materiellen Wohlstand aufbauen.

Fazit

Ich werde die gesamte Thematik dieses Buches kurz zusammenfassen.

1. Es gibt sechs monetäre Eigenschaften, die den Nutzen eines Gutes für den Handel (im Gegensatz zum Nutzen für den Konsum) definieren. Die besten entwickeln sich zu monetären Medien.
2. Geld ist entstanden, um den Handel zu erleichtern, und wurde dezentral produziert und gelagert. Seine Produktion wurde später von staatlichen Institutionen monopolisiert.
3. Die Zentralisierung der Geldverwahrung war die Geburtsstunde unserer modernen Bankensysteme. Die Misserfolge, die sich aus der zentralisierten Produktion und Verwahrung von Geld ergaben, machten eine siebte monetäre Eigenschaft notwendig, die Unveränderbarkeit (die durch dezentralisierte Produktion und Verwahrung erreicht wurde).
4. Die Regierenden reagierten auf diese Misserfolge nicht mit Dezentralisierung, sondern mit einer weiteren Zentralisierung des Bankensystems und der Gründung der Zentralbank. Ihre Geschichte der Boom-and-Bust-Zyklen war mit Krieg und Korruption verbunden.
5. Die Federal Reserve ist heute das größte und profitabelste Unternehmen der Welt. Sie bestimmt das wirtschaftliche Schicksal eines globalen Währungssystems durch ein von Politikern ernanntes Gremium von sieben Mitgliedern.

6. Die Fed hat die Welt an den Rand der Klippe eines Schuldenberges geführt, aber zum ersten Mal in der Geschichte haben die Menschen die Möglichkeit, sich für das neue Bitcoin-Geldsystem zu entscheiden.
7. Bitcoin war das Ergebnis von 40 Jahren gescheiterter Versuche, digitales Geld zu erschaffen. Das Engagement für seine Verwirklichung wurde von einer Bewegung von Menschen vorangetrieben, die davon ausgingen, dass Regierungen versuchen würden, das Internet als Kontrollmechanismus zu nutzen.
8. Bitcoin kombiniert mehrere Technologien, um es allen Menschen zu ermöglichen, direkt und pseudonym miteinander zu handeln. Es ist schneller als jedes heute existierende Bankensystem.
9. Die Technologie ist durch ein globales dezentralisiertes Netzwerk und ein ausgeklügeltes Anreizsystem abgesichert.
10. Der wirklich dezentrale Charakter des Netzwerks bietet die Gewissheit, dass seine Regeln nicht von außen verändert werden und dass es widerstandsfähig gegen Angriffe ist.
11. Das Bitcoin-Netzwerk ist die monetäre Basisschicht eines neuen finanziellen Ökosystems, das derzeit aufgebaut wird.
12. Diese monetäre Basisschicht ist früheren Formen weit überlegen und ist der logische nächste Schritt in der monetären Evolution der Welt.
13. Bitcoin ist nicht perfekt. Es gibt viele Missverständnisse, aber auch viele berechtigte Kritikpunkte. Doch keiner der fundierten Kritikpunkte stellt eine ernsthafte Bedrohung für seinen langfristigen Wert dar.

„Die moralische Stärke ist dreimal so wichtig wie die physische.“

NAPOLEON BONAPARTE

Quellenangabe

1. Machiavelli, Niccolo: *The Prince*, Kapitel 6, S. 15
2. Menger, Carl: *The Origins of Money*, S. 52
3. https://www.buybitcoinworldwide.com/volatility-index/
4. https://research.ark-invest.com/hubfs/1_Download_Files_ARK-Invest/White_Papers/Big%20Ideas%20 2020-Final_011020.pdf
5. https://www.vox.com/2018/4/24/17275202/bitcoin-scam-cryptocurrency-mining-pump-dump-fraud-ico-value
6. https://www.cnbc.com/2018/01/09/jamie-dimon-says-he-regrets-calling-bitcoin-a-fraud.html
7. https://www.investopedia.com/news/three-leading-economists-come-out-against-bitcoin/
8. https://www.forbes.com/sites/robertszczerba/2015/01/05/15-worst-tech-predictions-of-all-time/ ?sh=208184361299
9. https://en.wikipedia.org/wiki/The_DAO_(organization)
10. https://www.bloomberg.com/news/articles/2020-11-18/bitcoin-whales-ownership-concentration-is-rising-during-rally
11. https://www.forbes.com/sites/billybambrough/2019/12/01/jack-dorseys-future-defining-plan-to-bring-bitcoin-to-12-billion-people/?sh=734b1da24f6f
12. https://www.coindesk.com/the-last-word-on-bitcoins-energy-consumption
13. https://observer.com/2019/08/bitcoin-use-illegal-finance-mit-study-blockchain-ai/

Danksagung

Vielen Dank an meinen Lektor Jon Harrison und die Designerin Christine Keleny für die harte Arbeit. Danke an all diejenigen, die sich viel Zeit für ehrliches Feedback genommen haben:

Carl Jenkins, Brett Feeley, Raymond Au Yeung, Avinash Patel, Kyle Scholtz, Matt Serrao, Dan Guetig, Jesse Berger und Heavy D. Ihr alle habt dieses Buch nicht nur möglich, sondern auch zu einem Vergnügen gemacht. Danke an Annika Spetnagel, die meine inoffizielle Lektorin war und mir geholfen hat, meine Gedanken zu filtern.

Zuletzt danke ich meiner Mutter für alles und noch mehr.

Biografie des Autors

Ich habe eine Leidenschaft für:

- die Beseitigung von Heuchelei
- das Aufzeigen, wie einfach Finanzen sein können
- wirtschaftliches Denken
- die Vertiefung der eigenen Interessen
- und Bitcoin

Ich habe ein Doppelstudium in Finanz- und Wirtschaftswissenschaften an der Creighton University abgeschlossen und drei Jahre später meine CFA-Charter erhalten. Ich begann meine Karriere bei FTI Consulting in deren Corporate Finance and Restructuring Group für die TMT-Branche und wechselte dann zu Lion Equity Partners, einem Distressed Buyout Private Equity Fund.

Die ganze Zeit über habe ich Bitcoin aufmerksam verfolgt, und seine Entwicklung hat mich schließlich dazu gebracht, in diese Branche einzusteigen. Die Welt der traditionellen Finanzen war ein großartiger Ort, um meine Karriere zu beginnen, aber ich habe dort nicht meine Leidenschaft gefunden. Ich erkannte, dass meine Leidenschaft darin lag, Wege zu finden, um Werte zu schaffen und zu speichern (durch Bitcoin), anstatt sie abzuschöpfen.

Ich beschloss, dass ich weniger professionell, aber dafür realistischer mit den Menschen umgehen wollte. Ich wollte mit anderen transparent kommunizieren, im Gegensatz zu der undurchsichtigen Natur der Finanzinstitute. Mein erster Schritt in diese Richtung war das Schreiben dieses Buches – es ist die Quelle, die ich gerne gehabt hätte, als ich Bitcoin entdeckte.

Meine Website ist yakes.io, wo du meine Gedanken über Bitcoin, Krypto-Assets, Finanzen und Wirtschaft abonnieren kannst.

Mein Twitter-Handle ist @ericyakes, wo du mir folgen kannst, um meine Sicht auf die Welt und den Humor zu erfahren, der besser wird, wenn du deine Erwartungen herunterschraubst.

Ist Bitcoin vielleicht die Lösung für eine bessere Zukunft?

Aprycot Media ist das größte deutsche Bitcoin-Verlagshaus, wir helfen dir das Geld von Morgen besser zu verstehen. Wenn du dich also für dieses Thema interessierst, sieh dir doch auf **www.aprycot.media** mal an, was es so gibt.

Der Bitcoin Standard
In Der Bitcoin-Standard führt Wirtschaftswissenschaftler Saifedean Ammous den Leser durch die faszinierende Historie verschiedener Formen von Geld. Er erkundet, was diesen unterschiedlichen Technologien ihren monetären Status gab und wie sie ihn wieder verloren, was uns das über die wünschenswerten Eigenschaften von Geld lehrt und wie Bitcoin versucht diese zu erfüllen.

Bitcoin Entdecken
Bitcoin ist die vielleicht größte Erfindung unserer Zeit. Trotzdem haben die meisten Menschen keine Ahnung was es ist, oder wie es funktioniert. Diese kurze Lektüre hilft, Bitcoin und seine Komponenten Schritt für Schritt zu entdecken und zu verstehen. Sie ist mit Sicherheit eine unerlässliche Grundlage, bevor man sich mit einer Investition auseinandersetzt.

APRYCOT

Im Auge des Bullen
Das Argument für Bitcoin

Steht eine Revolution unseres Geldsystems bevor? Dieses Buch hilft vor allem Einsteigern, die herausstechenden Merkmale von Bitcoin besser zu verstehen und in unsere moderne Welt einzuordnen. In klarer und prägnanter Weise widmet sich Vijay Boyapati der Geldtheorie, der Anatomie von Bitcoin, sowie den Gründen für die Überlegenheit von Bitcoin gegenüber Gold- und Fiatgeld-Standards.

Layered Money

Diese einzigartige Analyse des „mehrschichtigen Geldes“ beleuchtet die Geldmärkte und verdeutlicht der allgemeinen Leserschaft, warum Bitcoin zu einer vertrauenswürdigen globalen Währung wird. Der Leser entwickelt ein Verständnis für die Mechanik unseres Finanzsystems und erfährt, weshalb der US-Dollar trotz seines maroden Zustands tief verwurzelt ist.